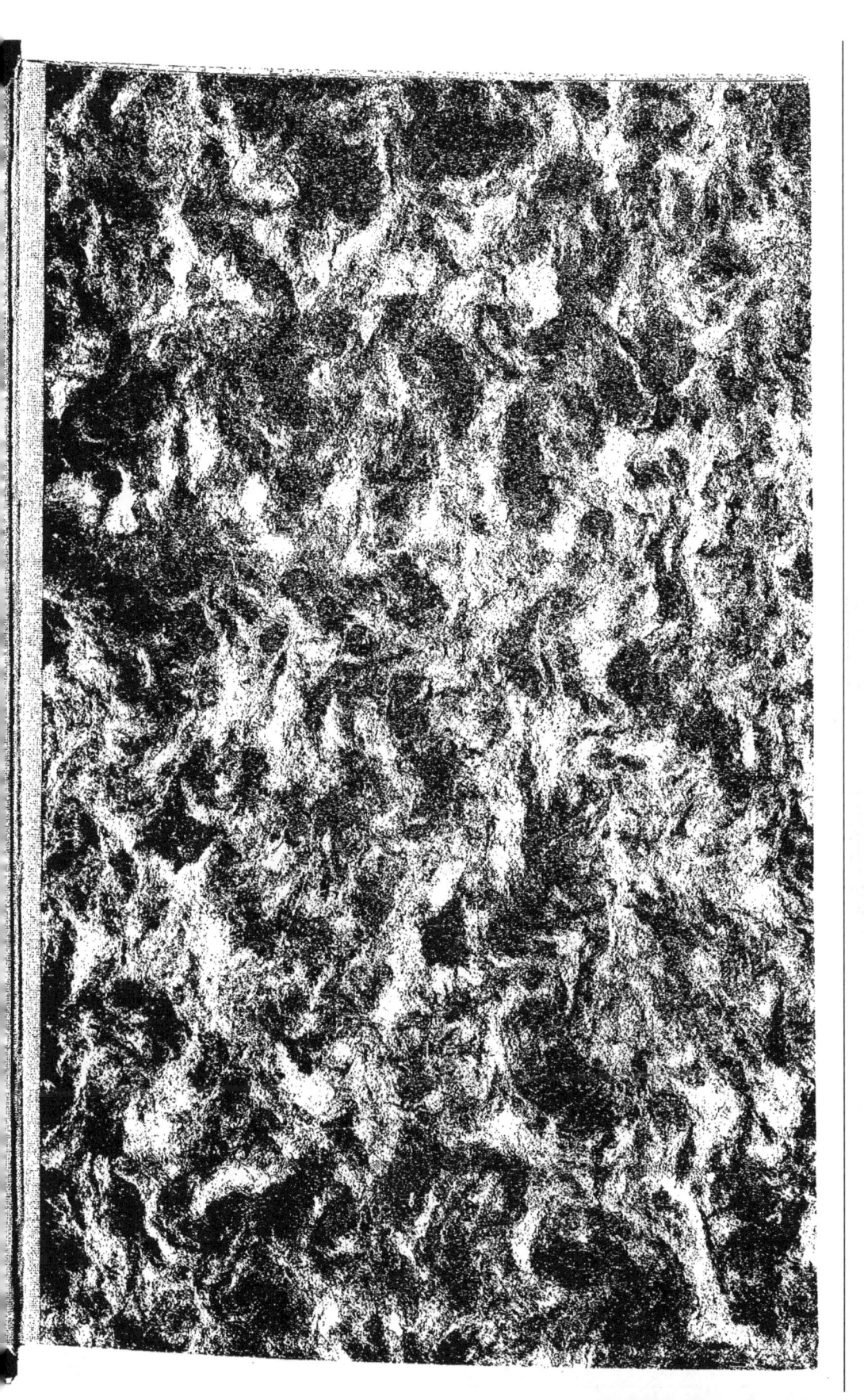

DROIT ROMAIN

DE LA

CONDITION DES ENFANTS

NÉS HORS DES JUSTES NOCES

DROIT PUBLIC

LA

LIBERTÉ DE RÉUNION
EN FRANCE
SON HISTOIRE ET SA LÉGISLATION

THÈSE POUR LE DOCTORAT

PAR

Roger ARNETTE

Avocat à la Cour d'Appel

PARIS

LIBRAIRIE NOUVELLE DE DROIT ET DE JURISPRUDENCE

ARTHUR ROUSSEAU

ÉDITEUR

14, rue Soufflot et rue Toullier 13

1894

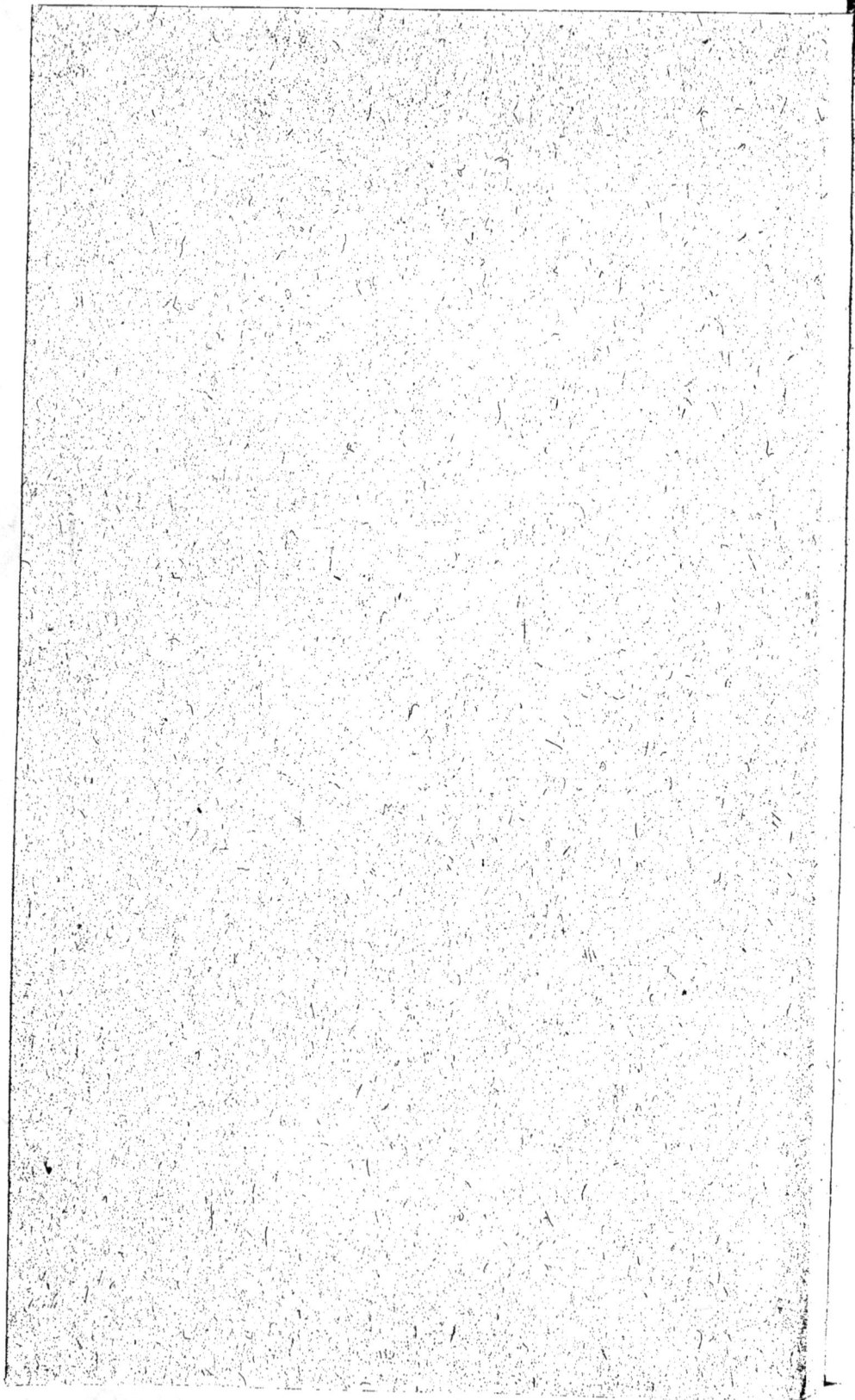

THÈSE DE DOCTORAT

FACULTÉ DE DROIT DE PARIS

DROIT ROMAIN

DE LA

CONDITION DES ENFANTS
NÉS HORS DES JUSTES NOCES

DROIT PUBLIC

LA

LIBERTÉ DE RÉUNION
EN FRANCE
SON HISTOIRE ET SA LÉGISLATION

THÈSE POUR LE DOCTORAT

*L'acte public sur les matières ci-après sera soutenu
le Jeudi 7 Juin à 2 heures 1/2*

PAR

Roger ARNETTE
Avocat à la Cour d'Appel

Président :	M. CHAVEGRIN	
Suffragants :	MM. ALGLAVE GIRARD LESEUR	*professeurs* *agregé*

PARIS
LIBRAIRIE NOUVELLE DE DROIT ET DE JURISPRUDENCE
ARTHUR ROUSSEAU
ÉDITEUR
14, rue Soufflot et rue Toullier 13

1894

A MON PÈRE

DROIT ROMAIN

—

DE LA

CONDITION DES ENFANTS

NÉS HORS DES JUSTES NOCES

DE LA CONDITION

DES

ENFANTS NÉS HORS DES JUSTES NOCES

INTRODUCTION

I

Si nous comparons, à travers les âges, les mœurs et la législation des peuples les plus prospères et les plus solidement organisés, un fait nous frappe, c'est que tous considèrent la famille comme la base même de la société. Guidée par ce principe, chaque nation s'efforce alors d'établir la famille sur des assises puissantes et lui donne pour source l'union légale de l'homme et de la femme. Par contre, le législateur s'attache à restreindre, ne pouvant les empêcher, les unions non conformes aux lois, et c'est dans ce but que nous le voyons favoriser, avec les époux, les enfants issus du mariage, au détriment des individus non mariés et de leurs enfants illégitimes.

La justice semble ici violée : en quoi, dira-t-on, ces derniers sont-ils coupables ; peut-on, avec quelque équité, leur faire un reproche de leur naissance irrégulière ? Sans doute, mais en face de l'intérêt de ces enfants, qui n'est, en somme, qu'un intérêt particulier, se dresse celui du plus grand nombre, celui de la société, qui exige qu'une condition inférieure soit faite aux enfants naturels, seul moyen d'amener les individus à contracter une union légitime et à fonder une famille. C'est, du reste, l'idée que nous voyons mise en pratique dans toutes les législations vraiment dignes de ce nom.

A ce grave point de vue, la loi la meilleure sera celle qui saura conserver un juste milieu, et se mettre en garde contre des solutions extrêmes, comme celle de la Révolution française, qui donnait aux bâtards les mêmes droits qu'aux enfants légitimes, ou celle de Justinien, qui dénie tout droit, même à des aliments, à certains d'entre eux.

II.

Ce grave problème, où s'opposent les intérêts de l'enfant illégitime et ceux de la société, comment les Romains l'ont-ils résolu au cours des siècles ? Tel est

l'objet de ce travail. Se trouvant en face d'une société
disparue, notre regard peut l'embrasser dans son ensemble. Aura-t-il devant lui un tableau unique, achevé dès
la première heure, et laissé intact, immuable, par les
générations suivantes? Non, la condition des enfants
illégitimes a subi, à Rome, les fluctuations des mœurs
elles-mêmes, elle s'est modifiée avec le temps, et ce n'est
pas une solution, mais plusieurs successives, que Rome
a données au problème que nous avons posé tout à
l'heure.

A cet égard, la législation Romaine nous semble devoir être divisée en trois périodes principales.

La première, qui s'étend depuis les origines de Rome
jusqu'à Auguste, nous a laissé peu de documents sur la
condition des enfants naturels. Le législateur semble
alors s'en être presque désintéressé : cependant, la défense du mariage entre les Patriciens et les Plébéiens
d'une part, les hommes libres et les affranchis d'autre
part, qui n'a pu faire naître entre ces classes que des
unions irrégulières, nous fait déjà pressentir bien des
différences entre les bâtards et les enfants légitimes.

La seconde période, de beaucoup plus intéressante et
plus riche en documents, va d'Auguste à Constantin.
Elle nous montre les Empereurs s'attachant à combattre
le relâchement des mœurs et subordonnant avec soin
les enfants naturels aux enfants légitimes. Nous aurons
alors à noter des modifications importantes, notamment
en ce qui concerne le *concubinat.*

Enfin, avec le Christianisme, apparaît la dernière période, période de moralisation et de bienveillance à l'égard des enfants naturels, où, par un nouveau classement des bâtards, et des moyens nouveaux de relever leur condition, la loi romaine semble s'efforcer de justifier son beau nom de *ratio scripta*.

III

Nous diviserons cette étude en trois parties:

Dans la première, nous rechercherons les sources et les modes de preuve de la filiation illégitime.

Dans la seconde, nous nous demanderons quelle était la condition des enfants illégitimes, tant dans la société que dans la famille, aux trois époques précédemment distinguées.

Enfin, dans une dernière partie, nous examinerons quels moyens furent mis en œuvre à ces mêmes époques pour effacer le vice originel des naissances irrégulières et relever la condition de ceux qui en portaient le poids.

CHAPITRE PREMIER.

DES SOURCES ET DES MODES DE PREUVE DE LA FILIATION ILLÉGITIME.

SECTION PREMIÈRE. — DES SOURCES DE LA FILIATION ILLÉGITIME.

Avant de rechercher quelle fut à Rome la condition des enfants naturels, il importe, avant tout, d'établir quels enfants naissaient illégitimes. La réponse est simple, et, sur ce point, aucune discussion n'a pu s'élever : c'étaient tous les enfants qui n'étaient pas issus du mariage, des *Justæ Nuptiæ*. Mais si, sous ce rapport, tous se ressemblaient, ils n'en formèrent pas moins, à toutes les époques de Rome, plusieurs catégories diverses, distinguées par la nature même de l'union irrégulière à laquelle ils devaient le jour.

Terminologie. — Mais, de même qu'aujourd'hui, en France, tous les enfants nés hors mariage sont qualifiés d'un mot qui les embrasse tous, celui d'enfants *naturels* (appellation qui, pour être passée dans la langue juridique, n'en est pas moins assez bizarre, comme si tous les enfants n'étaient pas dûs à la nature), (1) de même il convient de nous demander tout d'abord si les Romains n'ont pas réuni dans une même et unique appellation les *liberi* nés en dehors des *Justæ Nuptiæ?*

Les nommèrent-ils, comme notre mot *enfants naturels* porterait à le croire, *liberi naturales*? Le terme, en effet, se rencontre dans des textes assez nombreux.

Mais si, dans le droit classique, ce mot semble s'appliquer à tous les enfants illégitimes (Voy. par exemple, Instit. Lib. I, tit. XI. De adoptionibus: « non solum, naturales liberi, etc. », il semble cependant peu à peu se restreindre aux enfants issus du *contubernium* (Dig. Lib. XLIX tit. XV. De captivis et postliminio. Loi 21 Ulpien «.....et postea ex se natum sub titulo naturalis filii cum matre manumiserit) » ou du *concubinat*. A partir de Constantin, le mot *naturales* semble même réservé à ces derniers. (Voy. notamment la Novelle 89, et le tit. 27 du livre V du Code qui leur sont consacrés).

Donnerons-nous plutôt à tous les enfants illégitimes, quels qu'ils soient, l'appellation de *vulgo quæsiti* ou *vulgo concepti*, comme certains auteurs le demandent? Pas davantage. Sans doute, de même que la qualification de *naturales*, celle de *vulgo quæsiti* semble, pendant les premiers siècles de Rome, s'appliquer à tous les

(1) Bien que certains ne le soient qu'à la nature, et d'autres, en outre, à la loi.

enfants nés en dehors des justes noces. (Voy. Dig. lib. V,
tit V. Loi 9, Celse : « Cum nuptiæ legitimæ factæ sint,
patrem liberi sequuntur ; vulgo quæsitus matrem sequi-
tur) ; (Voy. aussi Dig. lib. XXXVIII, tit. XVII, Loi 2, § 1.
Ulpien « Filium autem vel filiam accipere debemus, sive
juste sint procreati, vel vulgo quæsiti) ». Mais sous les
Empereurs chrétiens le sens de ces adjectifs se restreint
pour ne plus s'appliquer d'ordinaire (1) qu'aux enfants
issus d'un rapprochement passager et qui n'ont pas de
père certain, ce qu'indique bien, du reste, le mot *vulgo*.

Nous ferons les mêmes observations au sujet du
mot *spurius*. Beaucoup d'auteurs, parmi lesquels
Modestin, l'assimilent entièrement au mot *vulgo conceptus*. Nous pensons, au contraire, avec Ulpien (Regulæ V § 7) « Si quis eam, quam non licet, uxorem duxe-
rit, incestum matrimonium contrahit, ideoque liberi
in potestate ejus non fiunt, sed, quasi vulgo concepti,
spurii sunt. » et Justinien (Inst. § 12 De nupt. I, 10),
que les *spurii* sont surtout les enfants naturels nés
d'une union défendue (tels les enfants de l'adultère et
de l'inceste) qui, bien que connaissant ou pouvant connaître, en fait, leur père n'en sont pas moins légalement
sine patre, sans père certain (1).

---

(1) Nous admettrons cependant qu'exceptionnellement certains
auteurs aient appelé *spurii* des enfants *vulgo concepti*, nés de simples relations passagères et sans père connu ; et que, par réciproque,
les enfants issus d'une union défendue et qui connaissent, en fait,

Quoi qu'il en soit, jamais le mot *spurius* ne pourra convenir à tous les enfants illégitimes, car il est, pour tout le monde, synonyme de *sine patre,* et bien des enfants nés hors mariage n'en ont pas moins, à Rome, un père certain.

Reste la dénomination de *liberi injusti.* Elle semble, au premier abord, la meilleure, car, à toutes les époques, les Romains appelèrent *justi* les enfants légitimes, issus des *justæ nuptiæ,* de l'union contractée *jure civili.* Mais encore ici nous voyons, du moins vers la fin du droit romain, le mot *injustus* ne s'appliquer qu'à une espèce d'enfants, à ceux qui sont issus du concubinat, ou tout au moins d'un mariage valable suivant l'ancien droit civil, mais contracté au mépris des défenses nouvelles des lois *Julia* et *Papia.*

En résumé, les Romains ne semblent pas avoir adopté, pour désigner les enfants illégitimes, issus en dehors des justæ nuptiæ, un mot unique, invariable à travers les siècles : le terme le plus souvent employé semble être celui de *liberi non justi,* et c'est celui que, faute d'un meilleur, nous adopterons.

---

leur père, puissent recevoir le nom de *vulgo concepti,* comme en témoigne Modestin (Dig. lib. I. tit. V. Loi 23 · « Vulgo concepti dicuntur qui patrem *demonstrare non possunt,* vel *qui possunt quidem,* sed eum habent, quem habere non licet, qui et spurii appellantur παρὰ τὴν σπορἀν, id est, a satione.) Mais, croyons-nous, cette identification des mots *spurius* et *vulgo conceptus* n'est pas la règle, quoi qu'en disent certains auteurs.

Comme nous venons de l'entrevoir dans les lignes précédentes, les Romains ont connu plusieurs catégories d'enfants *non justi* : la différence de leur condition dérivait de la diversité même des unions dont ils étaient nés.

Il n'y eut jamais à Rome, comme nous l'avons dit, qu'une seule union conférant, dès la naissance, le titre et la condition d'enfant légitime, *justus*. C'étaient les *Justæ Nuptiæ*. Mais à côté des justes noces, les Romains pratiquèrent d'autres unions, les unes licites et même reconnues par les lois, les autres illicites, et punies par le législateur, d'autres enfin qui lui étaient indifférentes et dont il dédaigna de s'occuper. Étudions-les rapidement, en commençant par ces dernières, de beaucoup les moins importantes, pour terminer par les unions licites, qui méritent de fixer plus longtemps l'attention.

Unions non régies par les lois.

Ce sont les relations passagères d'un citoyen Romain, avec une femme qui n'est pas *matrona*, avec une *persona vilis*. On appelait ainsi, à côté de celles qui, par leur inconduite ou l'exercice d'une profession inférieure, avaient perdu la dignité de matrones, toutes les femmes qui n'étaient pas nées d'un *civis romanus* c'est-à-dire les *peregrinæ,* les *libertæ,* les *ancillæ ;* toutes ces femmes étaient comprises sous la dénomina-

tion unique de *secunda classis*. Comme nous le verrons
plus tard, les enfants issus de telles unions, plus ou
moins passagères, sont dits *spurii* ou *vulgo concepti*.
Ils n'ont pas de père certain et ne se rattachent qu'à
leur mère.

Unions illicites et punies par les lois.

Les Romains ont connu plusieurs de ces unions ;
citons le *stuprum*, l'*adultère*, la *bigamie*, l'*inceste*.

Du stuprum. — Bien que ce mot soit employé par certains jurisconsultes pour désigner toute union criminelle, (nous voyons en effet au Digeste, lib. XLVIII,
Tit. V ad leg. Jul. de adulteriis coercendis loi 38 § 1,
l'inceste qualifié de *stuprum* par ces mots : « stuprum in
sororis filiam si commitattur, etc. », et le même mot *stuprum* appliqué à l'adultère (Dig. lib. XLVIII, loi 6 pr.
« inter liberas tantum personas adulterium stuprumve
passas, etc.) ou même, dans un sens encore plus large,
les relations simplement honteuses, mais non punies
par la loi (loi 3, § 2, ad leg. Jul. de adult. — Paul II, 26,
§ 16), néanmoins ce mot doit être réservé pour qualifier
l'attentat aux mœurs et le viol *in virgine, in vidua, in
puero*, mais surtout l'union, quelle qu'en soit la durée,
avec une *matrona*, une *materfamilias* (voy. Dig. lib.
XXV tit. VII de concubinis, loi 1 Ulpien,§ 1. « Cum Ati-
licino sentio et puto solas eas in concubinatu habere
posse sine metu criminis, in quas *stuprum* non com-

mittitur; » (voy. aussi, dans Vopiscus, les prohibitions de l'empereur Aurélien à ce sujet.)

Mais, peu à peu, nous voyons les mœurs se dépraver au point que les matrones cherchent, par les moyens les plus honteux, à perdre cette *dignitas* qui les sépare de la *secunda classis* pour échapper aux rigueurs de la loi qui châtie sévèrement le *stuprum*. Les historiens sont unanimes à noter ce triste état de choses, notamment Tacite et Suétone : on cherche alors à aggraver à leur égard la rigueur des lois : peine bientôt devenue inutile ; les matrones obtinrent enfin ce que depuis long-temps elles désiraient si ardemment : elles purent vivre ouvertement en concubinage, sans encourir les peines du *stuprum* : les relations avec une *matrona* ne consti-tuent plus désormais le *stuprum* que si elle ne déclare pas devant témoins, par une *testatio*, ses relations irré-gulières, ce qui, du reste, la fait renoncer *ipso facto* à toutes les prérogatives, inutiles à rappeler ici, de sa *di-gnitas matronalis* (Voy. Dig. Lib. XXV tit. VII. Loi 3 pr. Marcien.« In *concubinatu* potest esse... et *ingenua* etc. » ; Voy. aussi la décision des Empereurs Constantin et Zénon, qui n'est peut-être qu'une interpolation de Justinien).

Quelles étaient donc ces peines qui frappaient le *stuprum?* Distinguons le *viol* (et le *rapt*, qui lui est assimilé) des relations avec une *matrona*.

Le *viol* et le *rapt* sont punis de la peine capitale ; la tentative, de la *deportatio in insulam* (Voy. Dig. Lib. XLVII. tit. XI. De extraord. jud. Loi. 1. — Voy. aussi,

Dig. ad leg. Juliam de vi publica Loi 5 § 2). Même peine pour les complices (Instit. Liv. IV, tit. 18, § 8).

Les relations avec une *matrona* sont punies de la confiscation de la moitié des biens, si le coupable est *honestus* ; s'il est d'une condition inférieure ou *humilis*, il est châtié corporellement et relégué. (Voy. Instit. Lib. IV, tit. 18, § 4 in fine).

De l'adultère. — Un second genre de relations qui, de tout temps, furent à Rome considérées comme illicites et châtiées par la loi, est l'*adultère,* ou relations irrégulières et clandestines d'un homme et d'une femme dont l'un, au moins, était déjà dans les liens du mariage. Sans nous demander maintenant quelle fut, aux diverses époques de Rome, la condition des enfants issus d'une telle union, voyons en quelques mots comment la loi essaya de la réprimer. Aux premiers temps de Rome, la loi n'édicta aucune peine contre l'adultère de la femme, laissant au mari le choix du châtiment : dans la plèbe, la peine semble être alors la prostitution ; chez les patriciens, la répudiation (Val. Maxime lib. 2, ch. 4), l'amende (selon Cujas), la mort même, au dire de quelques auteurs; plus tard sous la république, le mari châtia sa femme adultère par le *retentio* de la dot ; la femme put aussi être frappée d'infamie.

Cependant la femme échappait à ces pénalités en se faisánt inscrire comme *meretrix* (courtisane) sur les registres des censeurs. (Voy. Sièye. Traité de l'adultère).

Nous arrivons ainsi aux premières années de l'Empire. Alors est rendue la célèbre Loi *Julia de adulteriis*.

Elle châtie les femmes adultères, qu'elles soient ou non *uxores justæ* : il suffit, pour les faire tomber sous le coup de la loi, qu'elles aient contracté un mariage reconnu, mais il faut qu'elles soient libres et *matronæ* et qu'elles aient agi de mauvaise foi.

Quand l'adultère a été commis par le mari, c'est pour la femme une cause de divorce : c'est à peu près la seule peine qui le frappe.

Si c'est la femme qui est coupable, à cette première peine s'ajoute, pour elle et pour son complice, la *relegatio in insulam*, qui est une peine temporaire. Paul, qui nous le dit, ajoute qu'ils doivent être rélégués dans des îles différentes, et qu'en outre la femme adultère perd la moitié de sa dot et le tiers de ses autres biens, et l'homme la moitié de sa fortune. La loi *Julia* prohibe enfin le mariage entre la femme adultère et son complice.

Avec Constantin, la peine s'aggrave : c'est maintenant la mort pour la femme et son complice, ce qui nous explique la confusion de Justinien qui, dans les Institutes, attribue cette dernière pénalité à la *Lex Julia* elle-même, (Voy. Instit. Lib. IV, tit. 18 § 4 « Item lex Julia de adulteriis coercendis, quæ non solum temeratores alienarum nuptiarum gladio punit, sed etc...) (*temerator* signifie ici *profanateur*), et qui l'introduit même dans une constitution d'Alexandre Sévère. Justinien, qui conserve ce châtiment pendant les premiers temps de son règne, l'adoucit ensuite : pour la femme, ce n'est plus que la condamnation au fouet et l'emprisonnement dans un cloître : ce dernier profite d'un tiers, de deux tiers ou de la totalité de ses biens, suivant qu'elle a des descendants, des ascendants ou que ces deux ordres d'héritiers lui manquent (Nov. 134. chap. 10. Quæ sit mulieris adulteræ pœna.)

De la bigamie. — On appelle ainsi le fait qui résulte, pour l'homme ou la femme mariés, de la conclusion d'un second mariage avant la dissolution légale du premier. La *bigamie* diffère de l'adultère, en ce que les peines qui l'atteignent sont les mêmes pour l'homme qui s'en rend coupable que pour la femme ; la non cohabitation du bigame avec son nouveau conjoint n'est pas une circonstance dont la loi tienne compte. (Voy. Accarias. Dr. romain Tom. I, pag. 225). C'est à partir de la lex Julia de Adulteriis que la bigamie est punie comme un crime ; jusque-là, en effet, la possibilité des répudiations tacites l'avait empêchée de prendre naissance. Le second mariage est désormais toujours nul : nous verrons plus loin ce que devient la condition des enfants qui en sont issus. Si le bigame et son second conjoint sont de mauvaise foi, ils sont notés d'infamie. (Voy. Dig. lib. III, tit. II. De his qui notantur infamia. Loi 1 Julien, ad Edictum : « Prætoris verba dicunt infamia notatur,... qui binas nuptias in eodem tempore constitutas habuerit) et leur crime assimilé au *stuprum.* Justinien punit la bigamie de la peine de mort.

De l'Inceste. — On appelle de ce nom le mariage ou seulement les relations irrégulières entre personnes qu'unissent certains liens de parenté ou même d'*affinitas*. Quels étaient ces liens ? C'était d'abord la parenté *in infinitum* en ligne directe, puis, dans le premier état du droit, et aussi sous Justinien, la parenté du frère et de la sœur, de l'oncle et de la nièce, de la tante et du neveu. Claude, cependant, fit admettre le mariage de l'oncle paternel avec sa nièce, innovation supprimée par les fils de Constantin ; de même la prohibition du mariage entre cousins germains, due aux premiers Empereurs chrétiens, fut abolie par les fils de Théodose le Grand ; la parenté adoptive est également dans certains cas un empêchement de mariage : l'agnation que fait naître l'adoption est, tant qu'elle dure, assimilée alors à l'agnation naturelle ; cesse-t-elle, le mariage redevient possible, du moins en ligne collatérale. Enfin, en ce qui concerne l'alliance, elle est un empêchement à tous les degrés en ligne directe, et jamais en ligne collatérale, du moins jusqu'à Constantin et Constance, qui défendent l'union du beau-frère et de la belle-sœur (1).

L'inceste, c'est donc le mariage ou l'union irrégulière entre de semblables parents ou alliés.

Le premier effet de l'inceste c'est, s'il y a eu mariage,

---

(1) Voy. Code Théodos. loi 2 De incest. nupt. — Arcadius, Théodose et Valentinien, (Code loi 5 de incest. et inut.) renouvelèrent cette prohibition. Justinien les imita.

d'en entraîner la nullité. C'est là la sanction civile. Il
n'y a ni époux, ni épouse : si la femme avait apporté
des biens en dot, ils n'en sont pas moins étrangers aux
règles de la dotalité; mais, à ce propos, il nous faut noter une distinction importante.

Il y a, à Rome, deux sortes d'inceste. Le premier, ou
inceste du droit des gens, est ainsi nommé, parce que
tous les peuples le réprouvent, c'est l'union de deux
parents en ligne directe ; le second, dit *inceste du droit
civil*, est l'inceste commis entre parents collatéraux ou
entre alliés; aussi ce dernier n'entraîne-t-il aucun
châtiment pour la femme.

Les peines sont les unes, corporelles, du moins pour
le mari qu'on punit comme le complice d'une femme
adultère (voir plus haut), les autres pécuniaires (confiscation de la dot de la femme, pour l'inceste du droit des
gens ; de la moitié des biens, pour le mari ; des donations *inter virum et uxorem*, à partir de l'an 393 ; et certaines restrictions à la capacité de faire des libéralités
entre-vifs ou de tester.) Justinien enlève aux époux incestueux tous leurs biens (Nov.12 chap.1), et prononce
même, pour certaines provinces, la peine de mort. Nous
verrons plus loin comment les époux incestueux furent
frappés dans leurs enfants issus d'une telle union. Cependant, si l'un des époux au moins était de bonne foi,
le mariage nul produira ses effets en faveur des enfants
et de l'époux de bonne foi, à la condition qu'il mette
fin à la vie commune, dès qu'il connaîtra la nature illi-

cite de son union : nous voyons Marc-Aurèle le décider ainsi dans un cas d'inceste du droit civil (Voy. Dig. lib. XXIII, tit. II. De ritu nuptiarum, Loi 57 Marcien... « Divus Marcus et Lucius imperatores... rescripserunt etc...»

Unions licites et reconnues par les lois.

Il nous reste à parler des unions qui, bien qu'absolument distinctes des justes noces, n'en sont pas moins, suivant nous, considérées comme régulières, et auxquelles la loi, en les reconnaissant, attache certains effets, bien inférieurs toutefois à ceux que produit le mariage. Ici, comme précédemment, nous ferons encore abstraction, devant les étudier plus loin, des conséquences qu'entraînent de telles unions pour ceux qui en sont issus. Ces unions régulières, autres que les justes noces, s'appellent le *contubernium*, le *mariage du droit des gens*, le *concubinat*. Nous les traiterons dans cet ordre, en commençant par les deux moins importantes, le concubinat, par ses effets et les controverses qu'il a soulevées, méritant de fixer bien plus longtemps notre attention.

Du Contubernium.

On nomme ainsi l'union durable de deux esclaves, ou de deux individus dont l'un est esclave. Il ne pouvait naturellement avoir lieu que du consentement du maître de ce ou ces esclaves, et c'est presque toujours entre *servi* appartenant au même maître que nous le voyons se former.

Une double question se pose alors : le maître pouvait-il, une fois le *contubernium* contracté, séparer les deux esclaves qu'il unissait, en vendre, par exemple, un, tout en conservant l'autre. Les jurisconsultes ne l'admettent pas aisément : ils demandent qu'on évite de les séparer l'un de l'autre ou de leurs enfants, et n'autorisent que rarement celui qui a acheté une famille d'esclaves à ne demander que pour l'un la résiliation du marché. (Voy. Dig. lib. XXI tit. I. De ædilitio edicto et redhibitione et quanti minoris. Loi 35, Ulpien). Constantin, guidé par le Christianisme, va jusqu'à défendre cette séparation (Code Théodos. II, 25, Loi 1).

Enfin l'empereur Léon assimile le *contubernium* à un véritable mariage.

Dès l'époque de Plaute, (Casine, prolog. in fine) il en était de même à Carthage, en Grèce, en Apulie : « Sans doute, dit le poète dramatique, il y a ici des personnes qui se disent à l'oreille : « Qu'est-ce que c'est que cela ? Par Hercule, dites-moi donc ? Des noces d'esclave ! On verra des esclaves se marier ou rechercher une fille en mariage ! Ils nous donnent du nouveau, ce qu'on ne voit en aucun pays du monde ! Mais moi, j'affirme que cela se pratique en Grèce, et à Carthage, et ici, dans vos contrées, en Apulie ; et les mariages d'esclaves sont, là,

chose plus sérieuse que les mariages même entre citoyens, etc. ».

Si maintenant une esclave s'est unie par le *contuber-*
nium sans la permission de son maître, et qu'elle vienne
à accoucher, quels seront les droits de celui-ci ? Envers
l'esclave coupable, nous l'ignorons ; quant à son enfant, il faut croire qu'il pouvait le faire abandonner
ou exposer, car nous voyons Constantin prohiber cette
pratique. Justinien renouvelle cette défense et va même
plus loin : il donne la liberté et la qualité d'ingénus aux enfants nés d'une esclave, qui seraient exposés, (Voy. Code lib. VIII, tit. LII. De infantibus expositis
liberis et servis etc., loi 3), du moins, si le maître l'a
ordonné. Si c'est à son insu que l'enfant a été exposé,
il peut le réclamer comme esclave (idem, loi 1. « Si invito vel ignorante te partus ancillæ.... expositus sit,
repetere eum non prohiberis. »

Entre personnes dont l'une seulement est esclave, la
situation varie, suivant que c'est une Romaine ou un
Romain qui s'unit en contubernium. Aux femmes, il
n'est permis qu'à de très dures conditions. Le Sénatus-
Consulte Claudien, rendu sous le règne de Claude et sur
les conseils de Pallas, décide que la Romaine de condition libre et le sachant, qui vit en *contubernium* avec l'esclave d'autrui malgré la défense du maître, manifestée
par trois sommations ou *denuntiationes,* deviendra l'esclave du même maître, qui aura, en outre, la propriété de
tous ses biens. Nous verrons plus loin la condition des

enfants nés ou seulement conçus de cette union défendue.
(Tacite, Annal. lib. XII, chap. LIII). Si le *contubernium*
était autorisé par le maître, la femme prenait désormais
vis-à-vis de lui la condition d'affranchie. Toutefois le Sénatus-Consulte est inapplicable, quand l'esclave est celui
du fils ou de l'affranchi de la femme libre; de même encore,
quand elle est *filiafamilias* et qu'elle a vécu en *contubernium* à l'insu de son père ; si la femme n'est qu'une
affranchie et que son patron n'ait ni connu ni permis
le *contubernium*, c'est de ce patron qu'elle redevient
l'esclave, sans qu'à l'avenir il puisse, par un nouvel
affranchissement, lui redonner la *civitas* : elle ne pourrait plus être que *Latina juniana*.

Les dispositions du S.C. Claudien furent rééditées par
Vespasien (Suétone. Vespasien, II) et considérablement
aggravées par Constantin, qui interdit, sous peine de
mort, aux femmes libres le *contubernium* avec leurs propres esclaves, et promet la liberté à l'esclave qui aura
dénoncé cette union (Voy. Code, lib. IX tit. XI. De
mulieribus quæ se propriis servis junxerunt). Tout le
monde peut poursuivre cette accusation : c'est un *crimen
publicum*.

Le Claudien ne fut aboli que par Justinien. (Voy. Code.
Lib. VII, tit. XXIV. De Senatusconsulto Claudiano
tollendo).

Quant aux hommes libres, il leur fut toujours permis
de s'unir en *contubernium* avec une esclave (la leur ou
celle d'autrui) : si, après avoir vécu en contubernium avec

son *ancilla*, le maître mourait sans l'avoir affranchie, Justinien donne à cette femme la liberté. Mais, le plus souvent, le maître affranchissait son esclave pour l'épouser. Cet affranchissement était même favorisé par les lois (Voy. Loi Ælia Sentia). Le seul effet légal du *contubernium*, c'est qu'il en résulte une alliance, (*affinitas servilis*) qui rend le mariage impossible même après l'affranchissement, dans les mêmes cas que l'alliance ordinaire.

Du mariage du droit des gens.

On appelle ainsi l'union régulière entre deux personnes libres, dont l'une, au moins, ne jouit pas de la *civitas romana*.

Or, quelles étaient les personnes libres ainsi privées de la *civitas* ? C'étaient les *Latins* et les *Pérégrins*. L'union entre eux, ou avec un individu ayant la *civitas*, ne pouvait jamais être les *justæ nuptiæ*, un des éléments essentiels du *connubium* étant précisément la *civitas* chez les deux conjoints. Il est donc naturel que la coutume et la loi aient cherché à remédier à cette dure condition et rapproché, en lui donnant quelques-uns des effets des justæ nuptiæ, cette union du mariage du droit civil. Les Romains la dénommèrent *matrimonium sine connubio, injustum, non legitimum*. La femme prend le nom d'*uxor injusta*. Ces dénominations de *matrimonium* et d'*uxor*, soigneusement réservées d'ordinaire aux justæ nuptiæ, suffisent à nous indiquer en quelle considération les Romains tenaient le mariage du droit des gens : c'est la seule union, autre que les justæ nuptiæ, à laquelle nous les voyions accordées.

L'uxor injusta, en cela semblable à l'uxor justa, acquiert, suivant M. Accarias, (Dr. Romain, tome I. page 253) la condition de son mari : peut-être garde-t-elle son domicile antérieur, que lui enlèveraient les justæ nuptiæ. Quant à l'*origo*, à la nationalité, aucun mariage ne semble l'avoir jamais fait perdre à la femme.

D'autres effets du *matrimonium injustum* le rapprochent encore des justæ nuptiæ : l'apport d'une dot y est permis (Cicéron, Topiques IV. « Si mulier, cum fuisset nupta cum eo, quicum connubium non esset, nuntium remisit (a demandé le divorce) ; quoniam qui nati sunt, patrem non sequuntur, pro liberis manere nihil (rien de la dot) oportet » et cette dot peut être répétée par l'*uxor injusta* à la dissolution du mariage. Cette dissolution, si elle ne se produit pas par la mort d'un des époux, ne peut avoir lieu que par un véritable divorce. Toutefois, il n'existait pas de succession entre le mari et la femme. (Voy. Didier-Pailhé, Dr. Rom. tome I p. 58).

Enfin, nouvelle ressemblance avec les justes noces, l'*uxor injusta* est tenue du devoir de fidélité : son adultère est punissable comme celui de l'épouse *justa*, avec cette différence toutefois, que si le mari peut intenter alors le *crimen adulterii,* il ne le peut presque toujours que dans les mêmes conditions que tout le monde.

Jusqu'ici nous avons supposé que, lors de la conclusion du mariage, l'un des deux époux n'avait pas la *civitas*. Mais que décider si, après des justes noces parfaitement régulières, l'un des conjoints vient à perdre le droit de cité, par la déportation et l'interdiction du feu et de l'eau. Suivant M. Accarias (p. 237) le *connubium* faisant défaut, les justes noces sont dissoutes et transformées en un mariage du droit des gens. (Voy. à ce propos les raisons invoquées par M. Accarias à l'appui de son opinion). La dot cependant, d'après cet auteur, conserverait son caractère : l'époux, si c'est lui qui a perdu la civitas, garde la dot ; si c'est la femme qui a subi la condamnation, l'action *rei uxoriæ* subsiste.

Inversement, le mariage du droit des gens peut devenir un matrimonium justum par la concession du *jus civitatis* à deux époux pérégrins, par la *causæ probatio* ou l'*erroris causæ probatio* (dont nous parlerons plus loin.)

Nous savons que Caracalla accorda le droit de cité à tous les sujets de l'Empire ; de ce jour, la possibilité pour tous de conclure des justes noces restreignit dans une mesure considérable les *matrimonia injusta*. Justinien, en faisant disparaître les Latins Juniens et les Déditices, acheva la destruction du mariage du droit des gens.

Du concubinat.

Nous voici arrivés à la source la plus importante de

la filiation illégitime, tant par ses conséquences que par les controverses qu'elle a fait naître parmi les Romanistes. Avant d'étudier la question dans le détail et de montrer celle des solutions qui nous paraît la meilleure, il est un point qu'il est assez facile d'établir, c'est que les mots *concubinatus, concubina* n'ont pas toujours eu le même sens à toutes les époques de l'histoire du Droit romain, et qu'en outre cette institution suivant les uns, ce pur fait, suivant les autres, semble avoir passé, au cours des siècles, par des vicissitudes et des transformations diverses.

Terminologie. — Les mots *concubina, concubinatus* n'ont pas le même sens dans la langue littéraire et dans celle du droit.

Dans la première, conformément à l'étymologie (qui n'indique que le fait de partager le même lit), le *concubinatus* est toute union continue, même criminelle, d'un homme et d'une femme. Cicéron (De Oratore I, 40) appelle *concubina* la maîtresse d'un homme marié, Plaute (passim) en fait un synonyme de maîtresse (même criminelle), Tacite identifie le *concubinatus* au *stuprum*, (Tacite. Histoir. I, 72), Suétone pareillement (Suétone. Néron, 28).

Dans la langue du droit, au contraire, le mot *concubinatus*, en règle générale, indique des rapports continus, parfois irréguliers, mais jamais criminels.

Si nous étudions, maintenant, le *concubinatus* au point de vue historique, il est une première période sur laquelle tous les Romanistes semblent d'accord.

De l'origine de Rome à l'avénement d'Auguste, le concubinat n'est qu'une union continue, licite : elle est irrégulière, mais non criminelle. La loi la tolère, sans s'en inquiéter, sans lui attacher aucune conséquence juridique, ni civile, ni pénale.

Rome, dès sa naissance, est divisée en deux classes bien distinctes : les Patriciens et les Plébéiens. M. Fustel de Coulanges (Cité Antiq. lib. IV, ch. I) nous fait d'ailleurs remarquer la même division du peuple à l'origine de toutes les cités antiques : il cite, à Athènes, la distinction originaire entre les *Eupatrides* et les *Thètes*; à Sparte, la classe des *Égaux* et celle des *Inférieurs*; en Eubée, celle des *Chevaliers* et celle du *Peuple*. Il ajoute « que plus haut on remonte dans l'histoire de la Grèce et de l'Italie, plus la distinction apparaît profonde et les rangs fortement marqués ; preuve certaine que l'inégalité ne s'est pas formée à la longue, mais qu'elle a existé dès l'origine, et qu'elle est contemporaine de la naissance des cités. »

Sans rechercher les raisons de cette division des patriciens et des plébéiens (qui sont du domaine de l'histoire et sortent, à ce titre, du cadre de ce travail) (1), qu'il nous suffise de mentionner ici toute la distance qui, pendant des siècles, séparera les deux ordres.

(1) M. Fustel de Coulanges les étudie dans la *Cité antiq.* liv. IV, ch. I, II, III, IV.

« La plèbe, dit M. Fustel de Coulanges, est une population méprisée et abjecte, hors de la religion, hors de
la loi, hors de la société, hors de la famille. Le patricien ne peut comparer cette existence qu'à celle de la
bête, *more ferarum*. Le contact du plébéien est impur. »
(loc. cit. liv. IV ch. III).

Enfin, encore plus bas, au-dessous de la plèbe dont
tous les membres étaient ingénus (c'est-à-dire libres de
naissance) et avant les esclaves qui ne comptaient pas,
les affranchis.

Les patriciens étaient alors tellement infatués de
leur rang, que prohiber le mariage entre eux et la plèbe
leur eût semblé ridicule, tant était profond le fossé qui
les séparait d'elle : aussi la loi des xii Tables n'en fait
pas mention. Mais, à la réflexion, la précaution parut
bonne, et nous voyons les seconds décemvirs interdire
formellement le mariage entre les deux ordres, dans
l'une des deux tables supplémentaires. L'union des ingénus avec les affranchis était pareillement prohibée.

Or, comme il arrivait parfois qu'un patricien s'éprit
d'un vif amour pour une femme que sa condition lui
interdisait d'épouser, et entretînt d'une façon continue
avec elle des relations irrégulières, les mœurs, peu à
peu, s'abstinrent d'envisager une telle union comme
coupable : la loi, sans doute, se refusait encore à la protéger, mais refusait de la punir.

En vain, le tribun Canuléius, en 445 av. J.-C., fit-il
établir le *connubium* entre les patriciens et la plèbe,

la noblesse, jalouse de ses prérogatives, refusa de se soumettre et pendant longtemps encore, en fait du moins, l'union irrégulière continue, le *concubinat*, fut la seule usitée entre les deux ordres.

Quant au mariage des ingénus avec les affranchis, il restait interdit par les lois : nous ne verrons l'abolition de cette dernière défense que dans les lois caducaires portées par Auguste : et, même alors, les familles sénatoriales ne purent s'unir aux affranchis.

Ainsi, peu à peu, par les services qu'il rendait aux diverses classes et les rapprochements qu'il leur facilitait, le *concubinat*, dans les mœurs, sinon dans les lois, avait grandi en utilité, en importance, et je dirai presque en considération : on le distinguait avec soin des unions criminelles ou seulement passagères. Nous arrivons ainsi à l'avènement de l'Empire.

C'est ici que les Romanistes vont, sur la nature et les conséquences du concubinat, se partager en deux camps opposés. La controverse, qui était plusieurs fois séculaire, s'est ranimée, il y a quelques années, dans notre pays même : elle a vivement intéressé le monde savant, grâce surtout à la personnalité des deux contradicteurs : MM. Gide et Giraud. Malheureusement le combat a été brusquement interrompu par la mort des deux combattants.

C'est, nous l'avons dit, sur la nature du concubinat à partir d'Auguste que la discussion s'engage. Suivant M. Gide et ses partisans, le *concubinatus* n'est alors

que ce qu'il était avant, un simple *concubinage*, une
union continue non régie par les lois, analogue au concubinage usité de nos jours.

Suivant l'opinion de M. Giraud et de son école, au contraire, le concubinatus n'est pas un concubinage, mais
une *union* reconnue par le législateur, une sorte de *demi-
mariage*, analogue, par sa nature et ses effets, au *mariage morganatique* pratiqué, aujourd'hui encore, dans
certaines parties de l'Allemagne et de l'Autriche. C'est
là aussi notre opinion. Et, suivant qu'on traduira le mot
concubinatus par *concubinage* ou par *concubinat*, on lui
attribuera l'une ou l'autre de ces deux natures, dont la
diversité est surtout importante par celle des conséquences à produire à l'égard de l'homme et de la femme
d'une part, et des enfants issus d'une telle union, d'autre
part.

Étudions successivement et comparons les deux
systèmes :

Système de M. Gide. — (1) Suivant le plan de M. Giraud, qui, dans son étude sur le concubinat, commence
par énumérer les auteurs qui partagent son opinion, demandons-nous, tout d'abord, quels sont les partisans du
système de M. Gide.

(1) Exposé par lui dans un Mémoire présenté le 20 février
1880 à l'Académie des sciences morales et politiques. Cette dissertation a été ensuite, sous le titre : *De la condition de l'enfant naturel et de la concubine dans la Législation romaine*, insérée à la suite de son étude sur la *Condition de la femme*, 2e édition, Paris, in-8.

Ces auteurs, il faut le reconnaître, sont assez nombreux, surtout dans notre siècle : on a cité Bartole (1),
Voët (2), F. Baudoin (qui dit de la loi Romaine qu'elle
tolère le concubinatus), Doneau, Pothier (Concubinatus
autem utpote naturalis tantum, lege quidem permittente
contrahitur, at *non ex lege* : unde et *minus proprie legi-
timus dicitur ; et civilia jura non parit)*, Lauterbach
(lib XXV tit. VII Dig. Comment.) qui dit : « Ceux qui vi-
vent en concubinat ne jouissent en rien des droits attachés à la qualité d'époux. » Le même auteur appelle le
concubinat : « Intemperantia quidem, sed legitima ; vi-
tium quidem, sed legitimum. » Il est, pour lui, « magis
permissus quam *probatus* » ; Puchta, l'un des membres
les plus célèbres de l'école Allemande, dit que le concubinat « n'a de commun avec le mariage que le fait et
non le droit. » Citons enfin M. Ortolan : « Ce n'était nullement un mariage…, il ne produisait pas de lien, etc… »
(Ortolan, tome II, p. 100 et suiv.), M. Labbé. « C'est
un fait toléré, voilà tout, une union naturelle sans

(1) Bartole (au titre de *concubinis)* dit notamment « Quædam
est tandem conjunctio quæ a lege non est *approbata nec impro-
bata*, ut coïtus concubinarius. »

(2) Voët (Comment. aux Pandectes, tom. II) dit « Concubinatus
jure civili non probatus, sed toleratus fuit, moribus improbatus…
Etsi enim concubinatum *licitam* consuetudinem imperator dicat
(in lege si qua illustris, 5. C. ad S. C. Orphitian.), non tamen ideo
legitima, seu per leges approbata, sed tantum tolerata conjunctio
fuit. »

effets civils » ; M. Gérardin, qui « ne fait pas du con cubinatus une sorte de mariage de la main gauche. » Telles sont les autorités principales auxquelles se réfère M. Gide; écoutons maintenant leur théorie et leurs arguments.

Jusqu'à Auguste, disent-ils, le concubinatus n'est que toléré et non régi par les lois : il ne produit pas plus d'effets civils que l'union passagère d'un homme avec une courtisane.

Nous prétendons que, depuis Auguste, il a gardé le même caractère, rien dans les mœurs, ni dans les monuments du droit romain, ne venant nous révéler dans sa nature un changement quelconque. Après, comme avant Auguste, le concubinatus est simplement assimilable au concubinage pratiqué aujourd'hui. Il n'est ni criminel, ni puni par la loi.

Les lois caducaires s'en sont occupées cependant ? Sans doute, mais dans le seul but de le distinguer du *stuprum*, qui tombe sous le coup de la loi pénale (Voy. Marcien L. 3 § 1 Dig. lib. XXV, tit. VII : « Nec adulterium (c'est-à-dire stuprum) per concubinatum committitur, nam quia concubinatus per leges nomen assumpsit, extra legis pœnam est. » Le mot *leges*, employé seul, désigne ici, comme presque toujours, les lois *Julia* et *Papia Poppœa* ou lois Caducaires (1), les plus importantes de

_____

(1) La loi Julia de maritandis ordinibus est de l'an 4 ap. J.-C. La loi Papia Poppœa, de 9 ap. J.-C. La première y fut refondue, ce qui fait parfois donner à celle-ci le nom de *Julia et Papia*.

Rome, après les XII Tables. (M. Puchta y voit la loi
Julia de adulteriis, qui date de 17 av. J.-C.)

On traduit ainsi (toujours dans le système de M. Gide) :
« Les concubins ne commettent pas de *stuprum*, car,
puisque le concubinat a eu son nom précisé par les
lois, il échappe à leurs pénalités. » Les lois Caducaires,
dit-on, ont donné au mot *concubinatus* un sens juridique bien précis, c'est désormais l'union irrégulière
distincte du *stuprum*, avec lequel la confondaient les auteurs littéraires. (Voy. Puchta. Cursus der Institu-
tionem. « Die Rœmer sagen von him : per leges nomen
assumpsit, er hat eine rechtliche Bereutung durch
Leges erhalten. »

Ainsi donc, Auguste ne se serait occupé du concubinatus que pour le distinguer du stuprum. Partant
de là, le législateur n'aurait parlé du concubinatus que
pour nous dire à quelles conditions il ne sera pas un stuprum, et, comme tel, punissable. Ainsi nous voyons au
Digeste (Ulpien, loi 1 § 4 lib. XXV, tit. VII) « Cujuscumque ætatis concubinam habere posse palam est,
nisi minor annis duodecim sit : » faute de quoi, il y aurait *stuprum*.

De même, il est impossible de prendre pour concubines les femmes auxquelles vous unissent les liens de
parenté ou d'alliance que nous avons énumérés plus
haut, sinon il y aurait encore un délit (1).

(1) Voy. Dig. lib. XXIII, tit. II, De ritu nupt. Loi 56 Ulpien.

De même encore, si une femme ne peut successivement être la concubine du père et du fils, c'est que la
morale et les bonnes mœurs en seraient offensées, d'où
acte punissable. (Voy. Dig. lib. XXV, tit. VII de Concub.
Lois 1 et 3 Ulpien. — Code lib. V. tit. IV De nuptiis.
Loi 4 Alex. Sévère). Et, ajoute-t-on, ce qui démontre
péremptoirement que le concubinatus n'est qu'un
simple concubinage, c'est que :

D'abord on peut avoir, à la fois, une femme légitime
et une concubine, du moins sous les Empereurs païens,
en s'exposant seulement aux peines qui frappaient
l'adultère du mari : le divorce et ce qu'il entraîne (1).

De même, on peut avoir, à la fois, plusieurs concubines, au témoignage de Pline le Jeune (Lettres III, 14),
de Suétone (Vie de Néron, ch. 28), de Tacite (Hist. lib. I,
ch. 72), de Justinien, dans ses Novelles (Nov. 8, ch. 5
— Nov. 89 ch. 12 §§ 4 et 5).

De même encore, vous pouvez prendre pour concubine
une esclave, qu'elle soit à vous ou à autrui (sauf, dans
ce dernier cas, à encourir l'action *legis Aquiliæ* ou l'action *de servo corrupto* (2).

etiamsi concubinam quis habuerit sororis filiam, licet libertinam
incestum committitur.

(1) C'est l'opinion de Doneau : « Il devait, dit-il, être permis
d'avoir à la fois une femme et une concubine, du moins jusqu'à
Constantin, car la Constitution de cet empereur qui le défend
serait inutile (supervacua), si cela n'avait pas été permis avant
son règne. »

(2) C'est l'avis de Voët qui s'appuie sur plusieurs textes, no-

On peut pareillement prendre pour concubines : les femmes que les lois, et notamment les lois Julia et Papia Poppæa défendent d'épouser. Ainsi, un sénateur peut prendre pour concubine une affranchie (les lois caducaires lui interdisent d'en faire sa femme) ou une femme dont les parents s'étaient montrés sur la scène, ou une prostituée. Un ingénu peut vivre en *concubinatus* avec une *lena*, c'est-à-dire une entremetteuse, avec l'affranchie d'un *leno* ou d'une *lena*, avec une femme condamnée par un jugement public, avec une comédienne (v. Pilette. Lettre à M. de Rozière sur le Concubinat).

Nous avons vu plus haut que, jusqu'à une certaine époque du moins, le *concubinatus* fut interdit aux *matronæ;* pour elles, toute union autre que les justæ nuptiæ constituait un *stuprum*. Plus tard, avec la dissolution des mœurs, le *concubinatus* leur fut permis, à la condition qu'elles se fussent auparavant aviliés, notamment par la prostitution, ou qu'elles eussent fait devant témoins la *testatio*, c'est-à-dire pris l'engagement de vivre en *concubinatus*.

Cette interdiction du concubinatus aux matronæ, puis, plus tard, la nécessité pour elles de s'être aviliés pour pouvoir vivre dans de tels liens, seraient encore autant de preuves à l'appui du système de M. Gide.

De même encore, la loi défend d'épouser, mais permet

tamment (Code loi 3. Comm. de man lib 7 tit. 15 Si quis ancillam suam nomine concubinæ habet).

de prendre pour concubine une femme condamnée pour adultère (Ulpien, loi 1 § 2 Dig. Liv. XXV, tit. VII. De concub.) « Qui autem damnatam adulterii in concubinatu habuit, non puto lege Julia de adulteriis teneri.

Un gouverneur ou simplement un fonctionnaire de Province peut prendre pour concubine une *provincialis* du pays qu'il administre : nous savons qu'il ne pourrait l'épouser (Dig. loi V lib. XXV tit. VII. De concub. Paul.) « Concubinam ex ea provincia, in qua quis aliquid administrat, habere potest. »

Autre preuve, toujours suivant la théorie de M. Gide : le concubinatus ne possède aucun de ces attributs qui lui seraient nécessairement attachés, au moins pour partie, s'il était un diminutif des *justæ nuptiæ*. Ainsi, il n'existe entre concubins :

Ni de *bonorum possessio unde vir et uxor,* ni divorce (l. 17. pr. Dig. Rer. amot. lib. 25, tit. II) les concubins se séparant à leur gré (sauf le patron et l'affranchie). ni adultère (sauf dans le cas précédent) (Loi 6 pr. loi 13 § 6 Dig. ad legem Juliam de adult. lib. 48, tit 5) ni action *rei uxoriæ*, ni action *rerum amotarum*. (Loi 17 Dig. De reb. amot. 25, 2. Ulpien : « Si concubina res amoverit hoc jure utimur ut *furti* teneatur) ni prohibition des donations (loi 31 pr. Dig. de Donat. lib. XXXIX. tit. V) ni restriction de la faculté de tester, ni bénéfice de compétence (les concubins doivent se payer la totalité de leurs dettes mutuelles), enfin pas de *jus decimarum* (Loi 29 pr. Dig. de Legatis et fideicommissis. lib. XXXI, tit II).

Si l'affranchie concubine de son patron est tenue, sous les peines de l'adultère, de lui être fidèle, si elle ne peut, l'ayant abandonné, se passer de sa permission pour devenir l'épouse ou seulement la concubine d'un autre homme, l'explication de ces différences qui la sé parent de la concubine ordinaire est des plus faciles, disent M. Gide et ses partisans, cela tient au devoir d'obéissance et de respect (*obsequium*) auquel est tenu envers son patron, sous peine de retomber en esclavage, tout affranchi, homme ou femme.

Enfin de la place des titres *de Concubinis* placés dans les Sentences de Paul, comme dans le Digeste et dans le Code, immédiatement après les livres et titres qui s'occupent des justes noces, deux explications seraient possibles : suivant M. Berthélemy *(De la condition des enfants illégitimes en Droit Romain)*. « On ne voit pas après quel titre du Digeste ou des Sentences de Paul le titre *de Concubinis* eût été mieux à sa place : on vient de traiter de l'union régulière, le mariage ; on va maintenant parler de l'union irrégulière, le concu-binage : on ne sort pas du même ordre d'idées, c'est-à-dire des diverses unions entre l'homme et la femme. » Suivant M. Gide, c'est la privation du *jus connubii*, du droit de se marier, pour l'affranchie concubine de son patron, sans le consentement de celui-ci, qui explique-rait la place du titre *de Concubinis* après les titres rela-tifs aux justæ nuptiæ.

Enfin les partisans du système de M. Gide nous mon-

trent le Christianisme condamnant le concubinatus :
ils citent quelques Empereurs chrétiens et surtout
l'Eglise elle-même, par la voix des canons apostoliques
(l. VIII c. 32), saint Ambroise et saint Augustin, et ter-
minent en rappelant que Léon le Philosophe (887 post.
Christ.) abrogea les lois qui toléraient le concubinatus.
Ils citent à ce propos sa constitution 91, Ut concubinam
habere non liceat : « Neque minus ea lex, quæ *probose*
cum concubinis immisceri non *erubescentibus* id
permittendum judicavit, honestatem susque deque
habuit. Ne ergo hoc legislatoris erratum *dedecore* nostram rempublicam afficere sinamus. Itaque lex illa in
æternum sileto. Ab illa enim non modo *religionis,* veru-
metiam *naturæ injuria* secundum divina Christianis-
que convenientia præcepta prohibemur. Et quidem si
cum *fontem* habeas, sobrie inde haurire divino præ-
cepto moneare : quæ ratione, cum puras aquas haurire
liceat, *lutum* tu mavis ? Tum tametsi fontem non habeas, rebus tamen vetitis uti non potes. Ceterum
vitæ consortem invenire difficile non est. »

Pourquoi, disent-ils, ces mots *probose, erubescentibus,
permittendum, dedecore, injuria naturæ,* et surtout
lutum (boue), si le concubinatus n'est pas simplement
le *concubinage,* de tout temps défendu par la loi chrétienne ?

Telle est, dans son ensemble, la théorie brillamment
soutenue par M. Gide et son école. Nous pensons cependant qu'elle n'est pas inébranlable, et nous croyons

même qu'on a pu victorieusement réfuter un à un tous ses arguments.

Après avoir énuméré les autorités auxquelles, avec M. Giraud, nous nous référons, nous reprendrons dans le même ordre tous les arguments du système adverse, pour essayer d'y répondre.

Système de M. Giraud (1). — La liste d'auteurs citée par M. Gide est longue, et ses éléments sont tous des noms célèbres parmi les Romanistes. Plus longue encore est celle de M. Giraud et non moins illustres les noms qui la composent.

Dès le xiie siècle, nous voyons l'école de Bologne soutenir que le concubinatus était à Rome un demi-mariage, une union reconnue par les lois ; Placentin enseigne cette doctrine à Montpellier (Placentini Summa, Moguntiæ 1536, in fol. p. 218) : selon lui, avoir une concubine, même chez lui, est permis à celui qui n'a pas d'épouse. La concubine peut avoir un âge quelconque, mais pas moins de 12 ans. La concubine peut être une affranchie et même une ingénue, etc.

Au xvie siècle, c'est aussi l'avis d'Alciat et de Cujas. Cujas (tome II. Naples col. 1065 fin et 1066), dit : « Con-

---

(1) Exposé par lui dans un Mémoire lu à la séance de l'Académie des sciences morales et politiques, le 7 mars 1880, et dont la première partie a été publiée par le journal des Savants (mars 1880). La mort a empêché M. Giraud d'en publier la dernière partie.

cubina *uxorem imitatur,* ideo *vice conjux* appellatur
in antiquis inscriptionibus..»

Le même auteur (ibid II, p. 340-341) nous dit: Concubinatus est *legitima conjunctio*; ailleurs, il appelle la
concubine une demi-épouse ἡμίγαμος, ut Zonaras loquitur.
Dans un autre ouvrage (Paratitla in lib. V. Codicis Justiniani) il dit du concubinatus : *Semimatrimonium* ; il
cite Salvien qui se sert des mots *quasi conjux* et Théodose disant *conjugium inæquale.* Ailleurs encore (Obser-
vat. V, 6, et tit. IV, p. 1185),il répéte ce qu'il a déjà dit :
Concubina est non uxor, sed eam *imitatur.*

M. Giraud cite encore Fr. Baudoin (Fr. Balduini, in
lib. IV. Instit. Comment. Francfort 1582, in-fol, p. 72, au
titre *de Nuptiis.)* «Sicuti nec duas sponsas, nec uxorem
unam et alteram sponsam, imo nec *duas concubinas
idem habere potest.* Nam quamvis jus civile *toleret*
concubinatum et *ex eo susceptæ sobolis habeat ra-
tionem.* »

Or nous voyons M. Berthélemy (op. cit.),partisan de
M. Gide, s'écrier que le mot *toleret* pourrait être exploité
pour la défense de son système. «La loi civile, traduit-il,
tolère, c'est-à-dire *ne réprime pas* le concubinage, et de là
à en faire un demi-mariage, il y a loin. » Mais n'avons-
nous pas tout aussi raison en traduisant *toleret* par
admet, fait une place à..., et la fin de la phrase *ex eo
susceptæ* etc. prouve assez que F. Baudoin partageait
notre opinion sur la nature du concubinat.

Avec nous encore, nous trouvons les deux Godefroi.

Denis Godefroi, en divers endroits, et notamment sur le Fr. 49 § 4, XXXII. De legat. 3°, professe que le concubinat est une *justa conjunctio, jure civili comprobata*. Nous le voyons appeler la concubine *Seminupta* (demi-épouse).

Son fils, Jacques Godefroi, partageait cette opinion, (Voy. sur le titre du Code Théodosien De naturalibus liberis IV, VII, (Tom. I de l'édition Ritter), alors qu'on ne connaissait pas d'importantes constitutions impériales qui confirment ses appréciations. (Voy. sur ce point le Mémoire de M. Giraud).

Citons Schilter (Juris canonici ad Ecclesiæ veteris et hordiernæ statum ; edente J.II. Bœhmer, Francfort 1713, in-8°. lib. II, tit. XIII de concubinatu, p. 400 et suiv.).

J. Hoppius (Comment. ad Institutiones Justiniani, Francfort 1746 in 4° p. 100) s'exprime ainsi : « Patet igitur hinc quod jure civili *tantum* illi legitimari possint *qui ex concubina nati*, » ce qui indique la grande différence qui sépare le concubinat des autres unions irrégulières.

Gérard Noordt, (Tom. II, Opp. p. 536), Bynkershoeck, Heineccius (dans ses Antiquités romaines) et Muehlenbruck, son savant éditeur (1841) partagent tous notre opinion.

M. Giraud s'appuie également sur le grand nom de Pothier, dont il cite le passage suivant, que nous traduisons directement : « A la suite du traité du mariage est placé le titre du concubinat, à cause de l'*affinité de l'une et l'autre union*. En effet, sous le nom de con-

cubinatus, chez les Romains, il ne faut pas se représenter une union prohibée et criminelle, mais une *sorte de mariage de droit naturel, permis par la loi*, qui emportait une *communauté d'existence perpétuelle et indivisible*, au gré des contractants, non autrement que le mariage etc. »

Mais un de nos adversaires, M. Berthélemy (op. cit.), a péremptoirement démontré que Pothier n'a pas creusé la question et qu'il a évité de se prononcer dans le débat : à cet effet, il n'y a, dit-il, qu'à continuer la précédente citation de Pothier (nous traduisons encore) « Mais le *Concubinatus* n'étant que de droit naturel, se forme, avec la permission, sans doute, de la loi, mais non par son intervention ; d'où c'est improprement qu'on l'appelle *légitime* ; quant aux droits civils, il n'en produit pas. »

Sans donc nous rattacher à Pothier qui n'a pas pris parti, nous pouvons citer encore à l'appui de notre système :

Casaubon, le savant helléniste du XVIIᵉ siècle, Glück (Ausführliche Erlæuterung der Pandecten, Erlangen in-8°) ; Mazeroll (trad. de Pellat, p. 420). Parmi les romanistes belges, M. Van Wetter (Cours élément. de Droit romain, II p. 154) ; M. Maynz, M. Arndts, M. Padeletti, trad. par M. de Holtzendorff, M. Kuntze, M. Marquardt, M. Ihering, et le savant romaniste français, M. Accarias.

M. Accarias met dans une même classification, comme

nous l'avons, du reste, fait nous-même, le *mariage du droit des gens*, le *contubernium* et le *concubinat*, espèces d'unions régulières, autres que les justæ nuptiæ, et qui produisent ou peuvent produire certains effets (page 247 tome II, Précis de Droit romain) « C'est, dit-il, probablement par les lois caducaires que cette union (le concubinat) fut définie et réglée. Jusque-là, le concubinat n'était qu'un fait absolument en dehors des prévisions de la loi, et la concubine s'appelait proprement *pellex*. Désormais elle prit le nom plus honorable de *concubina*. Ce changement de langage, l'intervention même du législateur, et plus tard l'insertion dans la compilation de Justinien de deux titres *de concubinis*, (un au Digeste, un au Code) ne sont-ce pas là autant de signes qui dénotent la transformation du fait en une *institution légale*. (Suivent des arguments que nous allons tout à l'heure retrouver parmi ceux sur lesquels nous appuierons notre opinion.)

Nous allons maintenant, comme nous l'avons dit, nous demander s'il n'est pas possible de réfuter chacun des arguments des partisans de M. Gide en faveur de leur théorie et d'en ajouter quelques autres à l'appui de la nôtre.

Jusqu'à l'avénement d'Auguste, nous ne faisons aucune difficulté de le reconnaître, le concubinatus n'a aucune existence légale, c'est un pur état de fait qui, toutefois, prend dans la société romaine une place de jour en jour grandissante et se voit l'objet d'une indulgence, voire même une faveur de plus en plus marquée.

Avec les Césars, la fin des conquêtes au dehors, et l'apaisement des luttes intestines a laissé Rome dans un état de mollesse et de dissolution que chaque heure augmente. Le patriciat, et bientôt, à sa suite, la plèbe, n'ont qu'un but, l'oubli des soucis de l'existence au milieu des plaisirs : le dérèglement des mœurs est général du haut en bas de la société : tout ce qui resemble à un devoir, à une obligation, à une charge enfin, est évité avec un soin jaloux; l'union sainte, le *matrimonium*, est de plus en plus délaissé : foin des tracas que cause une famille et combien préférable le concubinatus ! Le maître donne l'exemple, et les historiens nous renseignent pleinement à ce sujet sur la vie privée de César et de Sylla ! La désertion du foyer conjugal et l'horreur du mariage sont bientôt suivies de leur cortège inévitable : l'accroissement des bâtards et la dépopulation de l'Empire !

C'est alors que, comprenant l'étendue du mal, Auguste se décide à lui donner un remède énergique. Malgré les résistances des patriciens, il parvient, non sans peine, à faire rendre la loi *Julia de adulteriis coercendis* après 21 ans d'attente, puis les deux lois dites caducaires, la loi *Julia* et la loi *Papia Poppæa*.

Quel était exactement son but en les faisant voter ? question délicate, sur laquelle les auteurs sont loin d'être d'accord : si nous nous rappelons que les lois caducaires établissent de dures pénalités contre les *cælibes* et les *orbi*, c'est-à-dire les gens non mariés (pour ne l'avoir

jamais été ou même ne l'être plus) et les gens mariés sans
enfants, un premier but semble poursuivi par l'Empereur,
pousser les citoyens aux justæ nuptiæ et à la procréation
légitime. Un second résultat, sur lequel nous n'avons
point à nous étendre et qu'il nous suffira de constater ici,
c'est l'augmentation des revenus du fisc. Jusqu'ici l'Empereur, en cherchant à augmenter le nombre des mariages, nous semble avoir un but avant tout moralisateur.

Nous repousserons donc absolument l'assertion de
M. Fernand Desportes (Essai historique sur les enfants
naturels p. 8, 15 et suiv.) qui soutient qu'Auguste, par les
lois caducaires, a voulu favoriser l'immoralité et même
la développer pour mieux asservir les esprits et a fait
de la corruption un moyen de gouvernement, en
donnant à la débauche la forme d'une institution.
M. Desportes fait ici allusion à l'organisation, par
les *leges*, du concubinatus et sa réglementation en
union d'ordre inférieur au matrimonium. Sans doute,
pour nous aussi, Auguste, dans les *leges*, a réglementé le concubinatus, mais, à nos yeux, dans un
but très louable, de tous points opposé à celui que lui
prête M. Desportes.

Obligé de compter avec un fait indéniable, la fréquence
des concubinats, Auguste, en législateur avisé, a dû se
dire que, pour combattre ces unions irrégulières, deux
moyens s'offraient à lui : favoriser le mariage (par les
pénalités dont nous avons parlé) et réglementer, en lui
accordant quelques conséquences légales, l'union qu'on

ne pouvait extirper des mœurs, le concubinat. Un para-
doxal et spirituel auteur, M. Pilette, pousse, gratuite-
ment du .reste, l'hypothèse beaucoup plus loin : il va
jusqu'à prétendre que la reconnaissance légale, la réglementation du concubinat a été jusqu'à l'assimiler au matrimonium, en ne frappant pas les concubins des peines
atteignant les *cœlibes* et les *orbi*. Nous reparlerons
plus loin, pour la combattre, de cette théorie peu solide.

C'est, avons-nous dit, dans les lois caducaires que
semble s'être faite la règlementation du concubinatus.
C'est donc au point de vue civil (et non pénal) que les
leges ont parlé de cette union. Et, ce qui est bizarre,
c'est du même texte que nos adversaires que nous
argumentons (Marcien, loi 3, § 1. Dig. lib. 25 tit. 7) « Nec
adulterium etc... » *Quia concubinatus per leges nomen
assumpsit* veut dire, suivant nous, les *leges* ont donné
un nom, une signification juridique au concubinat, il a
trouvé parmi elles une place, elles s'en sont occupées ;
elles en ont fait une institution légale.

Un argument plus fort nous est donné par M. Accarias. La loi *Ælia Sentia* (qui date probablement de l'an
4 de J.-C., comme la loi *Julia de marit. ord.*) emploie
l'expression « uxorem ducere liberorum quærendorum
causa » et nous la retrouvons en d'autres passages du
Digeste et du Code (L. 220, § 3. Dig. de verb. signif. L.
16.— Loi 9, Code. de Nupt. V, 4). Or pourquoi ces mots
liberorum quærendorum causa, s'ils ne nous montrent
pas qu'il y a deux façons de prendre femme (*uxorem*

ducere), qu'au-dessous des justæ nuptiæ, contractées surtout dans le but de créer une famille et d'avoir des enfants, il y a une autre union, d'ordre inférieur, où l'on ne songe qu'à soi, non à sa descendance ?

Si, comme nous le croyons, le coucubinatus est une sorte de mariage d'ordre inférieur, la loi a dû, comme elle l'a fait pour les justæ nuptiæ, lui fixer des règles, analogues aux leurs, au moins pour partie. Et en effet, les textes nous apprennent notamment que la puberté est une condition nécessaire à la validité du concubinat : « cujuscumque ætatis concubinam habere posse, palam est, nisi minor annis duodecim sit. »

De même, une autre condition nécessaire est l'absence de toute parenté (civile ou adoptive) ou alliance aux degrés prohibés pour la conclusion du matrimonium justum (Voy. Dig. lib. XXIII tit. II De ritu nuptiarum Loi 56 Ulpien).

On ne peut être successivement la concubine de ceux dont on ne pourrait pas être successivement la femme légitime, par exemple de l'ascendant et d'un de ses descendants. (Dig. lib. XXV tit. VII De concub. Loi 1 § 3, Ulpien. — Code lib. V, tit. IV De nuptiis Loi 4, Alex. Sévère).

On ne peut avoir à la fois une épouse légitime et une concubine, même sous les Empereurs païens, sans encourir le divorce. Depuis Constantin, la prohibition est absolue.(Voy.Sentences de Paul,II,20 ; — Loi Unic.Code de concubinis V, 26, — et Justinien qui dit « Hominibus uxorem habentibus concubinas habere nec *antiqua* jura, nec nostra concedunt (Loi 3. C. Comm. de manumiss., 3, 15.). Et nous répondrons à l'argument (voy. plus haut) de Doneau que la Constitution de Constantin n'est pas *supervacua*, puisqu'elle vient *aggraver* et non pas seulement *répéter* une prohibition antérieure.

De même qu'on ne peut avoir qu'une épouse, on ne peut avoir à la fois qu'une seule concubine, (Voy. Nov. 18. C. 5. — Nov. 89. C. 12 § 5). Justinien permet bien *plusieurs maitresses*, mais refuse alors tout droit aux enfants nés de ces femmes : ces relations n'ont donc rien de commun avec le concubinatus. Cujas, à ce propos, déclare que le fait d'avoir une concubine et une épouse, ou bien deux concubines, constituerait une espèce de πάρεργον ἐρωτικόν ἐπιδημιόη (Cujas ad. tit. 26 liv. V Code. De concub.).

Remarquons, en effet, que tous les auteurs qui nous montrent des citoyens ayant plusieurs concubines sont des auteurs littéraires, et que, comme nous l'avons déjà fait remarquer, le mot *concubina* n'a jamais eu de sens bien précis dans la langue littéraire des Romains.

De même qu'on ne peut épouser une esclave, on ne peut prendre une esclave en concubinatus. Dans Plaute, en effet (Epidicus acte III, sc. 4, vers 443; et Pænulus, pr. vers 402), nous voyons un citoyen acheter une esclave *pour l'affranchir et en faire sa concubine;* pourquoi l'affranchir, s'il peut la prendre telle quelle en concubinat? Avec les esclaves, en effet, le *contubernium* seul est permis, et si certains auteurs semblent prétendre le contraire, c'est qu'ils confondent (fait assez fréquent) les mots *contubernium* et *concubinatus*.

Un de nos adversaires, M. Berthélemy, ne dit-il pas en effet : « Nous voyons parfois les mots *concubinatus* et *contubernium* employés l'un pour l'autre : ainsi, l'opinion frappe des peines de l'adultère le soldat, même non marié, qui a eu des relations avec sa nièce: Papinien désigne ces relations du nom de *contubernium* (loi 11, § 1, Dig. ad leg. Jul. de adult. coer. 48, 5) (1), c'est évidemment *concubinatus* qu'il aurait fallu. De même, Suétone nous dit que Vespasien, après la mort de sa femme, reprit *in contubernium* son ancienne maîtresse Cénis, affranchie d'Antonia (Suét. Vesp. vit., § 3). »

Ainsi donc souvent, même dans la langue du droit, (témoin la citation du Digeste), *contubernium* est mis parfois au lieu de *concubinatus*; qui nous interdit dès lors de prétendre qu'aussi souvent *concubinatus* est mis pour *contubernium*?

Si nous continuons à passer en revue les arguments de nos adversaires, nous les voyons citer ce fait qu'on peut prendre en concubinat toutes les femmes qu'on ne pourrait prendre en mariage. Or, pour nous qu'est-ce que cela prouve, sinon que le concubinat est une union inférieure au *matrimonium justum*, un peu faite préci-

_____

(1) Militem qui sororis filiam *in contubernio* habuit, licet non in matrimonium, adulterii pœna teneri rectius dicetur.

sément pour ceux auxquels la loi interdit les justes noces.

Ainsi, si un gouverneur de province peut prendre pour concubine, mais non pour épouse, une *provincialis* de la contrée qu'il administre, c'est que le concubinat n'ayant pas l'importance du mariage (ni la concubine, la situation sociale de l'épouse), on n'a plus autant à redouter, d'une part, que le gouverneur abuse de son autorité pour contraindre des familles indigènes à s'unir à lui, ni surtout qu'il accroisse, démesurément, son influence personnelle de celle de sa nouvelle famille, au détriment du pouvoir central. Bien plus, si le Digeste a pensé à nous dire : « Concubinam ex ea provincia, in qua quis aliquid administrat, habere potest », c'est qu'il a craint, étant donnée la ressemblance des conditions de l'épouse et de la concubine, qu'on ne les confondît ici dans la même prohibition. Et cependant, n'avons-nous pas lieu de croire que le pouvoir central, tout en permettant, théoriquement, un tel concubinat, ne pût s'empêcher de s'en défier, un peu comme d'un véritable mariage, et que ce fût là une des raisons qui firent donner par la métropole elle-même, à chaque gouverneur, une concubine *choisie parmi les femmes de Rome*?

Et comme dans l'exemple précédent, n'est-ce pas encore la ressemblance ordinaire du concubinat et du matrimonium, et le souci d'en noter avec soin les caractères divergents, qui a conduit les auteurs à nous expliquer qu'il n'y a pas entre concubins comme entre époux de *bonorum possessio unde vir et uxor*, de divorce, d'accusation d'adultère, d'action *rei uxoriæ*, d'action *rerum amotarum*, de prohibition des donations, de restriction à la faculté de tester, de bénéfice de compétence, de *jus decimarum*? Pourquoi tous ces détails, si le concubinatus n'est qu'un simple concubinage? S'imagine-t-on le Code Civil, ou tout autre de nos Codes, nous expliquant, par exemple, que les concubins n'ont pas besoin d'un divorce en bonne forme pour rompre leurs relations irrégulières? Ce serait presque ridicule!

Nous arrivons à la situation de l'affranchie concubine : à supposer qu'on puisse expliquer, par la *reverentia* et l'*obsequium* auxquels elle est tenue envers son patron, la fidélité qu'elle lui doit sous peine d'encourir les châtiments de l'adultère, et la défense qui lui est faite de prendre sans sa permission un autre homme pour époux ou pour concubin, tous devoirs que nous justifions beaucoup mieux en voyant dans le concubinat un véritable mariage d'orde inférieur, que dire des titres de *matrona* et de *materfamilias* auxquels elle a droit alors, et sur lesquels évitent d'insister nos contradicteurs? Comment comprendre que les Romains, qui voyaient dans ces termes des expression presque saintes, aient consenti à en parer des femmes vivant en simple concubinage? C'est là un argument, entre cent, auquel il nous semble bien difficile de répondre ?

Enfin, la place des titres *de concubinis* au Digeste et au Code immédiatement après les titres qui traitent des *nuptiæ* nous semble être une preuve de plus en faveur

de notre système : on a parlé du mariage, il paraît
impossible de ne pas parler aussitôt du *demi-mariage*.
Mais ce qui nous semble mieux encore, c'est la place de
ce titre, dans les Sentences de Paul, au milieu même
des titres du mariage, entre le titre de nuptiis et celui
du contubernium, mariage véritable aux yeux de tous,
ce dernier suivi lui-même d'autres sur la dot, les conventions et les donations entre époux (voy. Sentences
de Paul, lib. II, tit. 19, 20, 21 (A), 21 (B), 22, 23).

Nos adversaires nous montrent les Empereurs chrétiens, et surtout les Pères de l'Église et les auteurs
chrétiens, couvrant d'anathèmes le concubinatus, et,
loin d'en faire une union légitime, le considérer presque
comme un sacrilège.

Sans doute, et nous ne cherchons pas à le nier, avec
les Empereurs chrétiens le concubinat perd de son crédit et tombe peu à peu en défaveur. Malgré cela, tant
est grande la force de la coutume, la réaction ne se fait
que lentement, très lentement ; le concubinat était
depuis longtemps reconnu par les lois et aussi par l'É-
glise : il le restera longtemps encore.

Le maître d'Origène, saint Clément d'Alexandrie, mort
en 217, ne dit-il pas, en effet, du concubinat : « Hoc
pro lege habetur », et plus loin « Hoc *sapientes leges*
permittunt » ?

En 403, le premier Concile de Tolède dira : « Ceterum,
qui non habet uxorem et *pro uxore* concubinam habet,
a communione non repellatur, tantum ut *unius* mulieris,

aut uxoris, aut *concubinæ*, ut ei placuerit, sit conjunctione contentus. »

De même une constitution de Valentinien III et Théodose II, qui porte la date de 425, s'exprime ainsi : « Naturalium nomen sancimus imponi his, quos sine honesta celebratione matrimonii procreatos, *legitima conjunctio* fuderit in lucem (Voy. Wenck, Code Théodosien, lib IV, 6, pag 211 et suiv.)

Ailleurs les mêmes Empereurs vont jusqu'à appeler (1) le concubinat un *inæquale conjugium*. (Loi 3 Cod. de nat. lib. V, 27).

Ces mots de Valentinien III et de Théodose II *legitima conjunctio* et *inæquale conjugium* nous semblent encore des arguments péremptoires en faveur de notre théorie.

Justinien, un siècle plus tard, défend, comme nous savons, d'avoir plus d'une concubine et il appelle (Nov. 18, ch. 5) la concubine (2) un maîtresse reconnue par la loi (γνωριζομένη παλλακή sous-entendu τῷ νόμῳ).

Encore quelques années, et le savant évêque de Séville, saint Isidore (570-636) nous dira : « Christiano non dicam plurimas, sed nec duas simul habere licitum est, nisi unam tantum, aut uxorem, aut certe *loco uxoris*, si conjux deest, *concubinam*. »

Au xiie siècle, le *Décret* de Gratien citera ce texte et,

_____

(1) Dans une constitution de 442. Voici le texte : « Sit ei liberum susceptam ex *inæquali conjugio* sobolem. »

(2) Voici le texte latin : « Sic neque post *cognitam* (quemadmodum diximus) *concubinam*. »

avec lui, la décision du Concile de Tolède de l'année
403, que nous venons de mentionner.

M. Giraud nous dit encore que les diplômes Carlovingiens, où nous trouvons maint reflet de la législation
romaine, renferment quelquefois ces mots accouplés :
uxor concubina.

Enfin au xII° siècle, Zonaras, tout au moins par un
ressouvenir de l'ancienne législation, appellera le concubinat un *demi-mariage*, ἡμιγαμια.

Sans doute, avec l'aide du temps, le concubinat tomba
en défaveur : les idées chrétiennes, avec lesquelles il est
incompatible, le battirent en brèche. Elles finirent même
par en triompher avec Léon le philosophe en 887 ap. J.-C.
Mais, comme pour bien des citations de nos adversaires,
la novelle 91 de Léon VI nous semble venir encore à
l'appui de notre théorie. Reprenant un argument de
Doneau, nous dirons : cette Novelle est *supervacua*,
inutile, si elle n'a pas pour but d'enlever au concubinat
son caractère antérieur de *demi-mariage*.

Que traite-t-elle donc de *legislatoris erratum* et pourquoi cette défense si énergique : « *lex illa in æternum
sileto* », si Léon ne fait pas allusion à la reconnaissance
du concubinat par le législateur et à son admission au
rang de demi-mariage ?

Ainsi, nos croyons avoir réfuté les arguments sur
lesquels nous adversaires prétendent appuyer leur système.

Certains d'entre eux en ajoutent un dernier, tiré, d'après

eux, de l'histoire: eh quoi! disent-ils, les Romains, à
côté du mariage légitime, auraient institué une union
analogue, quoique inférieure, un demi-mariage produit bizarre d'une société décadente? ce serait là un
fait unique, sans exemples dans l'histoire du droit.
Sans exemples? Mais nous en trouvons dès la plus haute
antiquité et aussi jusque sous nos yeux. Qu'était-ce, en
effet, s'il faut en croire Cujas, que l'*hétaïre* ou *hétère* à
Athènes, sinon une concubine à la manière Romaine,
une demi-épouse en un mot?

   Qu'appelle-t-on, aujourd'hui encore, *mariages mor-
ganatiques*, ou *mariages de la main gauche*, en Allemagne et en Autriche? sinon un mariage d'ordre inférieur,
avec des femmes que l'exiguité de leur condition ne permet pas d'élever au rang d'épouses, c'est-à-dire une union
tout-à-fait analogue au concubinat des Romains ?

   Il est usité dans la haute noblesse, mais seulement
parmi les États qui suivent la Confession d'Augsbourg:
c'est, en effet, la Réforme qui lui a donné naissance. Son
qualificatif de *morganatique*, suivant Grégoire de Tours,
viendrait du mot *Morgengabe*. Résumons en quelques
mots ses principaux caractères juridiques :

   Il ne se contracte qu'en secondes noces, et encore faut-
il qu'il reste des enfants du premier mariage. Il a pour
effet de donner à ces enfants du premier lit la succession légitime aux dignités, titres et fiefs de leur père ;
les enfants issus du *mariage morganatique* n'ont droit
qu'à une part fixe des biens ou des terres. L'hérédité

politique du mari est assurée à ses enfants du premier
lit et aussi à ses collatéraux, si la femme morganatique
est d'une condition inférieure à la sienne : mais si la
femme était élevée au rang de princesse, les enfants issus
de ce second mariage pourraient être appelés à la succession légitime de leur père.

En Prusse, il faut, pour contracter un tel mariage, obtenir l'autorisation du roi, et avec elle, celle des parents
ou tuteurs.

Nous retrouvons, comme on voit, dans le mariage
morganatique bien des caractères du concubinat romain.

A tous ces arguments en faveur de notre théorie du
concubinat, nous ajouterons les exemples tirés de l'histoire romaine qui nous montre, vivant en concubinat,
des princes dont la moralité n'a cependant jamais été
contestée, tels Vespasien, Antonin le Pieux et Marc-Aurèle. Si le concubinat n'était vraiment qu'un simple
concubinage, comment aussi s'expliquer qu'Alexandre
Sévère, prince de mœurs austères, ait, dans une constitution, décrété qu'une concubine serait donnée aux
frais du trésor aux gouverneurs de Province qui n'a-
vaient pas d'*uxor justa* ?

Enfin que dire de la pratique romaine qui consistait
à graver sur les tombeaux, à côté du nom du défunt,
ceux de son épouse et de la concubine qu'il avait prise
à la mort de celle-ci, et aussi les images de ces deux
femmes à côté de la sienne? (Voy. notamment Inscrip-

tions citées par Mommsen.) Ne sont-ce pas là encore autant de preuves à l'appui de notre opinion ?

Jusqu'ici nous n'avons guère fait qu'essayer d'établir ce *que n'était pas* le concubinat. Demandons-nous donc maintenant ce *qu'il était*, quels en étaient les principaux caractères, quelles conséquences juridiques lui étaient attachées, tout au moins dans les rapports de l'homme et de la femme qui contractaient une telle union.

Les textes capables de nous renseigner sur ces caractère du concubinat étant en petit nombre, il va nous être indispensable de procéder quelquefois par hypothèses : le concubinat étant une imitation, un diminutif du *matrimonium justum*, l'argument tiré de l'analogie sera pour nous le meilleur : « Les règles de la seconde de ces unions, dit M. Pilette, doivent s'appliquer à la première, toutes les fois qu'elles ne seront en contradiction, ni avec sa nature, ni avec une disposition législative spéciale au concubinat. »

Pour arriver à connaitre la nature, les caractères du concubinat dans les rapports de l'homme et de la femme qu'il unit, nous devrons successivement chercher la solution de chacune des quatre questions suivantes :

1° Quelles étaient les conditions requises pour la validité d'un concubinat ;

2° Quels en étaient les modes de formation et de preuve ;

3° Quels en étaient les effets à l'égard des conjoints

(nous réservons pour plus tard l'étude de ses effets à l'égard des enfants qui en naissent).

4° Enfin, quels en étaient les modes de dissolution.

1° Conditions requises pour la validité du Concubinat.

Trois conditions nous semblent indispensables pour la validité du concubinat.

I. *La puberté.* — Un texte d'Ulpien (cité plus haut) exige, en effet, l'âge de 12 ans chez la femme.

Nous savons que, dans les premiers siècles de Rome, la puberté n'était établie qu'*ex habitu corporis*, suivant la doctrine sabinienne ; la théorie proculienne, qui admettait un âge préfix, prévalut dans le droit classique, qui fut, du reste, confirmé par Justinien : c'était 12 ans pour les filles et 14 pour les garçons.

II. *Le consentement.* — C'est d'abord le consentement des conjoints, indispensable, même pour les affranchis, leur patron ne pouvant les contraindre malgré eux au concubinat (1).

Si l'enfant pubère est *sui juris*, son consentement, qui est nécessaire, est aussi suffisant : il pourra con-

(1) Nous savons qu'avant le Consulat d'Ateius Capito, sous Auguste, le patron pouvait épouser malgré elle son affranchie (Dig. Lib. XXIII tit. II. Lois 28 et 29. De rit. nupt.) Mais nous ne pensons pas qu'il en fut jamais ainsi du concubinat, vu l'infériorité de cette union.

tracter un concubinat sans consulter personne. Toutefois nous étendrons au concubinat l'innovation apportée
par le Bas-Empire aux *justæ nuptiæ* : les mineures de
25 ans, filles ou veuves, ne pourront contracter un concubinat, sans le consentement de leur père, de leur mère
ou, à leur défaut, de leurs proches.

Mais si l'enfant pubère est *in potestate*, pourra-t-il
se passer encore de tout consentement? Non certes. On
admet généralement que le *paterfamilias* pouvait, à son
gré, mettre fin au concubinat comme au mariage de ceux
qu'il avait sous sa puissance : à plus forte raison donc
pourrait-il s'opposer à la conclusion même de ce concubinat ; c'est là un droit qui dérive tout naturellement
de la *patria potestas* qui, nous le savons, s'exerçait bien
plus dans l'intérêt de l'ascendant que du descendant :
notons toutefois qu'il manque ici une des raisons qui,
pour les justes noces, justifie la nécessité du consentement, à savoir l'application de la maxime *ne cui invito
heres suus adgnascatur* : les enfants du concubinat ne
tomberont jamais sous la puissance du *paterfamilias*
de leur père à eux. Aussi devons-nous décider qu'un
seul consentement est ici nécessaire, celui de l'aïeul
qui tient le concubin sous sa puissance, et non pas
aussi, comme pour le mariage, le consentement des
ascendants intermédiaires. Pour la même raison, la
femme n'aura jamais à demander que le consentement
du *paterfamilias* : sa condition, à elle, est donc ici la
même qu'en matière de mariage.

Du reste, comme pour les justæ nuptiæ, le consentement du paterfamilias n'avait pas besoin d'être formel.
Une adhésion tacite suffisait, mais elle devait précéder
le concubinat. Si toutefois il a eu lieu auparavant, il
n'existera légalement, prétend M. Pilette, qu'à partir du
consentement obtenu. Dirons-nous que les enfants nés
précédemment seront *spurii*, c'est-à-dire sans père certain ? Sans aucun doute, puisqu'il en est ainsi même en
matière de justes noces.

Que décider, en cas de refus de l'ascendant ? Appli-
querons-nous au concubinat la législation du mariage,
qui, à partir des lois caducaires, permet au magistrat,
préteur ou président de province, de forcer et peut-être
même de suppléer ce consentement ? certes non, l'infériorité de l'union à contracter étant toujours pour le
paterfamilias une raison péremptoire.

Si le paterfamilias se trouve hors d'état de consentir
au concubinat, il y a lieu d'en rechercher la raison;
s'il en est matériellement incapable, par le fait de son
absence ou de sa captivité, l'enfant pourra passer outre,
comme en matière de mariage : toutefois, depuis Justinien, nous pensons qu'il doit se soumettre au délai de
trois ans. Si l'impossibilité est morale et résulte de la folie
de l'ascendant (1), nous pensons qu'il faut ici appliquer
aux deux sexes la solution qui, pour le matrimonium,
ne s'appliquait primitivement qu'aux filles : l'enfant

(1) Sans distinguer s'il est *mente captus* ou *furiosus*.

pourra se passer de tout consentement, aucun *heres suus* ne devant jamais naître, pour l'ascendant, de son concubinat.

III. *L'absence de certains empêchements.* — Le premier de ces empêchements, c'est l'existence d'un mariage ou d'un concubinat non dissous.

En cas de mariage antérieur, l'époux qui contracte un concubinat encourt les peines, non de la *bigamie* (car le concubinat n'est pas un véritable mariage), mais de l'*adultère*.

En cas de concubinat antérieur non dissous, la loi romaine est muette, si c'est la femme qui se rend ainsi coupable de la conclusion d'un second concubinat : nous savons seulement que la polyandrie du concubinat est aussi peu autorisée à Rome que celle du mariage. Si c'est un homme qui prend une seconde concubine, un texte de Justinien (cité plus haut) nous montre que la seconde union sera dénuée de tout effet à l'égard des enfants, qui seront *sine patre* : on ne peut donc contracter à la fois plusieurs concubinats valables aux yeux de la loi. (Justinien, en effet, après avoir employé (dans le chap. V de la Nov. 18, puis au chap. XII de la Nov. 89) le terme de *concubinas*, qui pourrait faire supposer qu'on peut avoir légalement plusieurs concubines à la fois, se reprend (Nov. 89, ch. XII) pour remplacer cette expression (sic enim dicere melius est, dit-il,) par celle de *mulieres fornicantes.*)

Pareillement, nous devons penser qu'il y aurait eu,

sans aucun doute, empêchement à contracter un concu-
binatlégal pour une personne libre, dans l'existence d'un
malrimonium injustum ou d'un *contubernium* qui
l'unirait déjà à un tiers.

Un second ordre d'empêchement sera celui résultant
de la parenté (civile ou adoptive) ou de l'alliance, aux
mêmes degrés qu'en matière de justes noces. (Nous en
avons donné l'explication *suprà*. Voy. de l'*inceste*).

A ces empêchements, tous fondés sur des considéra-
tions de morale, nous devons en joindre d'autres encore,
basés sur des raisons d'intérêt privé.

Pour empêcher les tuteurs d'abuser de leur influence
sur leurs pupilles pour les contraindre à les épouser et
à leur donner, les yeux fermés, décharge de tous leurs
comptes de tutelle, la loi leur défendait d'épouser leurs
pupilles qui n'avaient pas, au moins, 26 ans. De même,
et à plus forte raison, ne pouvaient-ils, avant cet âge,
les prendre en concubinat : et la défense devra ici encore
s'étendre non seulement aux tuteurs, mais aux cura-
teurs, à leurs héritiers, au père de l'ancien tuteur ou
curateur, à l'affranchi du curateur, et l'on se demande
si ce n'est pas par simple prétérition que les textes
n'ajoutent pas aussi l'affranchi du tuteur. Toujours
comme en matière de mariage, le concubinat de ces personnes avec la pupille sera possible même avant qu'elle
ait atteint l'âge de 26 ans, si son père en a ainsi ordonné.

Enfin, quant aux empêchements d'ordre purement
politique, fondés presque tous sur la diversité des

conditions, nous avons déjà vu, qu'ils n'existaient pas en matière de concubinat, cette union ayant été surtout reconnue légale précisément pour suppléer au mariage en pareil cas.

Sanction des conditions requises pour la validité du concubinat. — Si nous supposons deux personnes ayant contracté un concubinat, en dehors des conditions que nous venons d'exposer, il y a lieu de nous demander quelles seront les conséquences de leur action. Une double sanction est concevable, l'une pénale, l'autre civile.

Sanction pénale. — La sanction pénale frappera d'abord ceux qui contractent un concubinat au mépris de la prohibition établie sur les liens du sang : les peines seront celles de l'inceste ; nous les avons énumérées plus haut.

Quant au fait d'avoir à la fois une épouse et une concubine, ou deux concubines, il ne constituait jamais, nous l'avons dit, le crime de bigamie, vu l'infériorité du concubinat. Dans le premier cas, il y aura seulement adultère, entraînant les pénalités que nous connaissons déjà. Dans le second, il n'y aura pas de sanction pénale.

Sanction civile. — Il y a lieu de distinguer ici suivant la nature de la condition violée. S'il y a eu concubinat entaché d'adultère ou d'inceste, les conséquences civiles seront celles de ces deux crimes, notamment pour la condition des enfants nés d'une telle union.

Dans tous les cas, le concubinat sera nul ; il n'empor-

tera donc aucun des effets d'un concubinat valable,
effets auxquels nous allons bientôt arriver.

Cependant ici encore, comme en matière de mariage,
le vice dont est empreint le concubinat n'est pas toujours indélébile. Lorsque la cause de la nullité du concubinat est susceptible de s'effacer, si c'est l'impuberté, ou
l'absence de consentement(soit du conjoint, soit de l'ascendant), il se formera par la disparition de cet obstacle,
mais sans effet rétroactif, un nouveau concubinat absolument valable. De même si l'un des concubins est de
bonne foi, nous pensons qu'il y aurait peut-être lieu de
faire ici l'application de la décision (déjà mentionnée
par nous) de Marc-Aurèle : c'est un point que nous nous
contenterons d'indiquer.

2º Modes de formation et de preuve du concubinat

Modes de formation. — Etant donné deux personnes
qui remplissent toutes les conditions nécessaires pour
rendre leur concubinat valable, il y aura lieu de nous
demander comment elles réaliseront cette union.

Pas plus que pour les *justæ nuptiæ*, une célébration
ne sera nécessaire : la présence d'une autorité quelconque, l'emploi de formes déterminées ne constitue jamais
en effet, au moins au point de vue philosophique, un élément essentiel d'une union légale : M. Gide nous cite

en effet à l'appui de cette assertion le Code actuel de la Californie (art. 68, 75).

Comment alors se formera le concubinat ? Absolument de la même façon que les justæ nuptiæ. Un texte ne nous dit-il pas en effet : « Concubina ab uxore *solo dilectu* separatur ? »

Mais ce n'est encore qu'ajourner la réponse, car sur les conditions nécessaires à la formation des justæ nuptiæ les Romanistes sont loin d'être unanimes. Pour les uns, parmi lesquels Connan et M. Pilette, le concubinat, comme le mariage, se formera par le seul consentement : « Nuptias enim non concubitus, sed consensus facit. » Sur ce point tout le monde est d'accord : la cohabitation n'est jamais nécessaire à la perfection du mariage et, comme nous le dit Paul,(Loi 7 De rit. nupt.) une femme peut être veuve et cependant vierge. Mais, cette première condition admise, les auteurs se divisent : tandis que, pour les uns, elle est suffisante, pour les autres, dont nous sommes, elle a besoin d'être complétée par une seconde, également importante, qui est la mise de la femme à la disposition du mari : la preuve qu'on en donne réside dans un texte de Paul (lib. II, tit. XIX, 8) qui nous dit qu'un homme absent peut se marier, et, nous ajouterons : contracter un concubinat, qu'une femme absente ne le peut pas ; et dans deux textes du Digeste et du Code (Loi 25 De capt 49, 5 et L. 1. C. De post l. 8, 51) qui nous enseignent que si deux époux, après avoir été captifs ensemble, reviennent

à Rome, leur mariage est censé n'avoir jamais cessé
d'exister, et qu'il n'en est plus ainsi si l'un des époux
seulement a été prisonnier pour revenir ensuite à Rome.
(Voy. les détails dans Accarias Précis de Droit romain,
T. I, p. 195).

C'est là la théorie que nous admettrons pour la formation du concubinat. L'exposition et la réfutation de
la théorie adverse nous entraînerait au delà du cadre de
ce travail. (Voyez-la dans Pilette. Lettre à M. de Rozière
sur le Concubinat chez les Romains. Revue hist. de
Droit franç. Tom. II 1865, p. 244 et suiv.) Ajoutons cependant qu'en fait, une différence notable séparait ici le
concubinat des justæ nuptiæ. Celles-ci, en effet, étaient
toujours accompagnées de cérémonies extérieures que
nous ont décrites avec soin les auteurs littéraires. Rien
de tel pour le concubinat, la femme n'étant pas et ne
devant pas devenir l'égale en condition et en considération de celui qui la prenait pour concubine.

Modes de preuve du concubinat. — Le concubinat étant
ainsi contracté, quels en étaient à Rome les modes de
preuve?

Deux personnes vivant maritalement, comment prouver que leur union était un concubinat, non un mariage
ou un *stuprum*?

Il n'y avait pas ici, à proprement parler, de preuves
véritables, mais plutôt des présomptions.

C'étaient d'abord l'absence de tout *instrumentum
dotale* (on dit aussi *nuptiale*) (il n'y avait pas de dot

dans le concubinat) et de toutes cérémonies et solennités extérieures ; c'était encore et surtout la diversité des conditions : en effet, entre personnes de conditions différentes « inter dispares honestate personas », on présumait le concubinat.

Depuis Justinien, l'absence d'un *instrumentum* pour les personnes *illustres,* faisait encore davantage présumer le concubinat, un tel écrit étant indispensable pour prouver leur mariage.

La diversité des conditions suffisant à faire présumer le concubinat, il en fut à plus forte raison ainsi, aux diverses époques, entre les personnes auxquelles une disposition législative quelconque défendait les justæ nuptiæ.

L'union étant ainsi démontrée n'être pas un mariage, restait la question de savoir si l'on se trouvait bien en face d'un concubinat, et non d'un *stuprum*.

Le concubinat est encore présumé : il faudra, au contraire, prouver le *stuprum* et, pour cela, montrer que l'on se trouve en présence d'un des cas ainsi désignés par les lois (nous les avons vus plus haut. *Supra, Du stuprum*).

3° Effets du concubinat à l'égard des concubins.

Le concubinat, étant une union reconnue par la loi, devait nécessairement emporter certains effets civils, tant à l'égard des concubins qu'à l'égard des enfants nés d'une telle union. Nous ne nous occuperons, dans ce chapitre, que de ses effets à l'égard des concubins.

Alliance. — Une première question qui se pose est de savoir si, comme le mariage, le concubinat produisait une *affinitas*, une certaine alliance, entre chacun des concubins et les parents de l'autre. Nous répondrons affirmativement. Ulpien en effet (Dig. lib. 25. De concub. 7, Loi 1, § 3) nous dit : « Si qua in patroni fuit concubinatu, deinde in filii esse cœpit, vel in nepotis, vel contra : non puto eam recte facere : quia prope nefaria est hujusmodi conjunctio : et ideo *hujusmodi facinus prohibendum est* » et Alexandre Sévère (Code tit. IV de nuptiis loi 4) : « Liberi concubinas parentum suorum (uxores vel concubinas) ducere non possunt : quia minus religiosam et probabilem rem facere videntur. Qui si contra hoc fecerint, *crimen stupri committunt* ».

Nous arrivons maintenant aux rapports des concubins entre eux, tant personnelsque pécuniaires.

Rapports personnels. — L'infériorité du concubinat, due surtout à l'infériorité ordinaire de la concubine, restreint à peu de chose ces rapports personnels.

En effet, les concubins ne sont pas dispensés de déposer en justice l'un contre l'autre, ils peuvent s'intenter des actions infamantes (notamment l'*actio furti*), le bénéfice de compétence ne leur est pas accordé.

De même, le devoir de fidélité n'a pas ici, sauf pour l'affranchie concubine de son patron, la sanction qui constitue l'adultère. Et même pour le patron qui intente à son affranchie concubine le *crimen adulterii* la situation n'est pas la même que pour un véritable époux.

L'affranchie concubine est, nous l'avons dit, la seule à nos yeux qui puisse être poursuivie par l'accusation d'adultère.

Tous les Romanistes ne pensent pas ainsi : Cujas, notamment, prétend que, comme une épouse légitime, toute concubine peut être poursuivie pour adultère. Il cite l'exemple des Athéniens, chez qui la concubine pouvait encourir les peines de l'adultère. Tulden est du même avis. Connan, au contraire, est de notre opinion. Mais il invoque à tort le témoignage de Marcien ; il cite la phrase célèbre : « Nec adulterium per concubinatum, etc. » or, nous l'avons dit, *adulterium* semble être ici, comme souvent, un simple synonyme de *stuprum*.

Une troisième opinion, que nous repoussons comme la première, distingue suivant la condition de la concubine. Elle est professée par Voët, Voorda et M. Pilette. Ce dernier auteur l'a légèrement modifiée.

Nous l'avons dit, pour nous la concubine en général ne peut être poursuivie pour adultère. Et cela s'explique facilement : l'humilité de sa condition antérieure (condition qu'elle a, du reste, conservée, car elle ne prend pas le rang de son concubin) et souvent l'irrégularité de sa conduite passée n'ont pas dû être, pour l'homme, des gages bien solides de sa fidélité : il ne pourra donc pas la punir de le tromper.

Autre raison, celle-ci tirée des textes : nulle part la loi

n'applique à la concubine ordinaire les pénalités de l'adultère : or, comme on sait, on ne peut jamais étendre par simple analogie une disposition pénale d'un cas à un autre.

Une seule exception est faite à l'égard de l'affranchie concubine de son patron : elle est, en tout état de cause, tenue envers lui des devoirs de *reverentia* et d'*obsequium* : elle les viole en se montrant infidèle. Il est donc naturel qu'elle en soit punie. Mais la pénalité qui la frappe est spéciale, comme le cas auquel elle s'applique : le patron n'aura que le crimen *extraneum* et non *maritale*. De même, la loi n'ayant accordé des circonstances atténuantes qu'au mari qui tue sa femme qu'il surprend en flagrant délit, nous devons décider que le patron n'en bénéficierait pas.

A l'affranchie concubine, M. Pilette, à tort, suivant nous, prétend assimiler toutes les concubines qui n'ont pas, dit-il, perdu le titre de *matrones* et il cite à l'appui de son opinion ce texte d'Ulpien : « ...si modo ea sit quæ in concubinatu se dando, matronæ nomen non amisit utputa quæ patroni concubina fuit. » Ce texte est sans doute embarrassant. Ulpien semble ne citer qu'à titre d'exemple l'affranchie concubine. Mais nous avons déjà vu que la *materfilias,* fille ou veuve, qui avait des relations suivies avec un homme, commit pendant très longtemps un *stuprum.* Plus tard on permit de la prendre en concubinat, mais les conditions, alors exigées d'elle indiquent péremptoirement qu'elle n'avait plus alors le titre de matrone.

Si la *testatio* qu'on lui demande est considérée comme l'équivalent du métier de prostituée, c'est donc que, dans aucun cas, elle ne pourra, devenant concubine, garder le rang et le titre de *matrona*.

L'affranchie concubine, seule, pourra donc être à la fois concubine et matrone. Nous disons *pourra* et non *sera*, car, comme le fait justement remarquer M. Pilette, l'affranchie concubine n'aura pas toujours et nécessairement ce titre : l'affranchie d'un *leno* (1), par exemple, qui vit en concubinat avec lui, n'aura jamais, est-il besoin de le dire, droit au titre de *matrona*, de *materfamilias*.

A ces effets personnels les *justæ nuptiæ* en ajoutent un autre d'une importance particulière : la femme devient, pour ainsi dire, l'égale de son mari, elle partage sa condition sociale. elle participe à son rang, à ses dignités : elle prend sa nationalité et aussi son domicile. En est-il de même de la concubine? Non, l'infériorité du concubinat n'a jamais permis de lui attacher aucune de ces conséquences: cette union n'emportera jamais, comme le mariage, une *individua vitæ consuetudo*, la femme ne sera jamais ici *consors* de son concubin. De même encore, nous ne pensons pas qu'il l'ait jamais représentée en justice comme son mandataire présumé.

Rapports pécuniaires. — Le concubinat, à ce point de vue, diffère énormément des justæ nuptiæ.

_____

(1) Entremetteur.

Et d'abord, il n'y a pas dans le concubinat de régime matrimonial : la dot y est donc inconnue, ainsi que toutes ses conséquences (1); pareillement il ne semble pas qu'il y ait, non plus, de *donatio propter nuptias* ou *contredot*.

Nous arrivons ainsi aux donations entre concubins. Par opposition à ce qui a lieu entre époux, les donations entre-vifs sont ici permises et déclarées irrévocables. Papinien nous dit en effet (Dig. lib. 39. tit. 5, de donationibus, loi 31, pr.) « Donationes in concubinam collatas non posse revocari convenit. » Une exception paraît être faite en faveur des soldats : un rescrit d'Antonin semble leur permettre de révoquer leurs donations à leurs concubines. Mais peut-être ne s'agit-il ici que des femmes qui suivaient l'armée, des *focariæ*, qui n'étaient pas unies aux soldats par les liens du concubinat, et contre les embûches desquelles l'empereur voulait les protéger. Mais, à supposer même qu'il s'agît alors de véritables concubines, il n'y aurait là qu'une exception dont le but s'explique tout naturellement.

Si, des donations entre-vifs, nous passons aux donations testamentaires, nous voyons le concubinat se différencier encore ici des *justæ nuptiæ* et du *stuprum*. Pendant très longtemps, les restrictions à la faculté de tester qui existent en matière de *stuprum* ou entre personnes unies par les *justæ nuptiæ* furent inconnues entre les concubins.

---

(1) Telles que l'action *rei uxoriæ*, les *retentiones dotis*, etc.

Justinien (Nov. 89, ch. XII) vient apporter une limitation à la faculté de tester jusqu'ici reconnue aux concubins.

Si c'est l'homme qui prédécède et qu'il ait, à la fois, des enfants issus de justes noces antérieures, une concubine et des enfants de ce concubinat, il ne pourra laisser pour elle et ses *liberi injusti* qu'un douzième de sa fortune. Si, dans le même cas, il ne laisse pas de liberi injusti, il ne pourra léguer à sa concubine qu'un vingt-quatrième de ses biens : s'il n'a que des ascendants, la concubine pourra avoir la totalité de ses biens, moins la réserve due à ces ascendants. S'il ne laisse même pas d'ascendants, la concubine pourra tout recueillir.

Nous arrivons maintenant à la question de l'hérédité ab intestat. Les concubins ont-ils jamais pu se succéder ab intestat l'un à l'autre ? Il faut répondre négativement. Jamais, à aucune époque, ni dans le droit civil, ni dans celui du préteur ils n'ont eu le moindre droit à l'hérédité de leur concubin mort sans testament. En effet, d'après le droit ancien, la femme, pour succéder à son mari, doit être *in manu*, et, par conséquent, dans les liens des *justæ nuptiæ*.

Quant à la *bonorum possessio unde vir et uxor* du préteur, nous avons déjà dit qu'elle ne s'applique qu'aux *justæ nuptiæ* : Ulpien, (Dig. lib. 38 tit. 11, Unde vir et ux. Loi 1, pr.) fait ainsi allusion au concubinat : « Ut bonorum possessio peti possit, unde vir et uxor, *justum* esse

matrimonium oportet : ceterum si injustum fuerit
matrimonium, nequaquam bonorum possessio peti
poterit ; quemadmodum nec ex testamento adiri hereditas, vel secundum tabulas peti bonorum possessio
potest : nihil enim capi propter injustum matrimonium
potest. »

Un autre effet des justes noces, le bénéfice de compétence entre époux, n'existe pas entre les concubins :
ils devront se payer intégralement les dettes qu'ils ont
contractées l'un envers l'autre.

Reste un dernier effet des *justæ nuptiæ*. qui va fixer
pendant quelque temps notre attention : le mariage,
du moins depuis Auguste, relève, comme nous savons,
chacun des époux des incapacités et pénalités infligées
par les lois caducaires aux *cœlibes* et aux *orbi*. Cet effet
s'attache-t-il aussi au concubinat ? Cette union le pro-
duit-elle dans son entier, ou seulement pour partie ?
Comme nous l'avons déjà dit, MM. Pilette et Morillot
ont soutenu l'affirmative, l'identification sur ce point
du mariage et du concubinat. Ce n'est à nos yeux
qu'un agréable paradoxe qui s'appuie sur des arguments
peu solides. Mais, comme ils sont d'aspect trompeur, il
ne nous semble pas inutile d'en parler quelque peu et
d'y joindre la réfutation qu'on en a faite et que nous
adoptons.

La théorie de M. Pilette est la suivante :

Auguste, dans les lois caducaires, a réglementé et re-
levé le concubinat. Pour combattre la dépopulation, il a

cherché en effet à favoriser toutes les unions qui pouvaient être prolifiques sans cependant être honteuses. Il a donc attaché au concubinat les mêmes avantages qu'au mariage, n'en privant que les *cœlibes* et les *orbi*, c'est-à-dire les individus célibataires ou veufs et aussi ceux qui, quoique mariés, n'avaient pas d'enfants. Les déchéances des lois caducaires ne s'appliqueraient donc pas aux concubins et c'est pour M. Pilette une preuve de plus que le concubinat était bien un demi-mariage.

Sans doute, à nos yeux, le concubinat était bien une union reconnue par les lois. Mais nous n'avons cessé de reconnaître et de constater toute la distance qui le séparait des justes noces : il leur est de beaucoup inférieur, et cette infériorité, que nous ont dévoilée tant de textes, est déjà, à elle seule et à priori, une preuve que les concubins ne devaient pas échapper aux déchéances (ou du moins à la plupart des déchéances) des lois caducaires. Sinon, le concubinat serait l'égal des justes noces sur des points de trop grande importance, et Auguste, loin de chercher à moraliser la société romaine, l'aurait directement poussée à l'abandon du mariage. en lui offrant la possibilité d'une union analogue, qui en aurait possédé les plus grands avantages, sans en exiger les devoirs.

D'après M. Pilette, trois avantages sont attachés par les lois caducaires au mariage ou au concubinat et à la paternité qui en résulte.

Ce sont :

le *Jus capiendi ex testamento*.

le *Jus caduca vindicandi*.

le *Jus liberorum*.

1° *Jus capiendi*. — Sans faire des lois caducaires une étude détaillée qui nous entraînerait bien au-delà des limites de ce travail, rappelons, en quelques mots, comment le *jus capiendi* fut réglé par ces deux lois.

Les *cœlibes* sont privés du *jus capiendi* par la loi *Julia*. C'est, comme nous savons, le droit de profiter des institutions ou legs. Plus tard, cette incapacité s'appliqua aux autres dispositions *mortis causa*.

Les *orbi* sont soumis par la loi *Papia Poppœa* à la même peine, réduite de moitié. Mais les uns et les autres conservent la *factio testamenti* ; ils sont privés de *l'exercice* d'un droit, non de la *jouissance* de ce droit. Il ne leur est donc pas impossible d'échapper aux pénalités en question : ils n'ont, pour cela, qu'à cesser d'être *cœlibes* ou *orbi* dans les cent jours qui suivent la mort du testateur ou l'événement de la condition, ou même, d'après la loi Papia, l'*apertura tabulorum testamenti* (1).

_____

(1) En outre, certaines personnes échappent à ces déchéances. Citons :

I. Les hommes de moins de 25 ans et les femmes de moins de 20.

II. Les hommes de plus de 60 ans, les femmes de plus de 50, à la condition qu'ils soient arrivés mariés à la limite que fixe la loi.

III. Les absents pour service public.

IV. Les cognats du testateur, jusqu'au 6e degré inclus, et, même,

Mais qu'entend-on par *cœlibes* et par *orbi* ? C'est sur ce point que porte la controverse.

Suivant M. Pilette, est *cœlebs* l'homme ou la femme qui n'est pas, ou n'est plus, dans les liens des 'justæ nuptiæ ou du concubinat, et qui n'a pas d'enfants issus de l'une de ces unions.

Est *orbus* tout individu, qui, bien que marié ou en concubinat, n'a pas, au moins, de cette union, un enfant vivant ou simplement conçu.

Pour nous, au contraire, il y aura lieu, en ce qui concerne la situation des concubins, (quant au célibat et à l'orbitas) d'établir une distinction entre l'homme et la femme.

A l'appui de son système, M. Pilette raisonne ainsi : Toute femme qui a eu un enfant, même d'un concubinat, est reconnue comme n'étant pas *orba*, et ce, parce que la maternité est toujours prouvée par le seul fait de l'accouchement, et qu'il suffit à la femme, pour échapper à l'*orbitas*, d'avoir un enfant certain.

Jusqu'ici M. Pilette a raison : un texte de Papinien nous montre une concubine, ayant une fille, et qui est

au 7e, les enfants d'un petit-cousin ou d'une petite-cousine.

V. Quiconque, à la mort du testateur, était ou avait été son allié en ligne directe ou son conjoint.

VI. Les veuves pendant 2 ans, les divorcées pendant 18 mois (ces deux délais datent de la loi *Papia*).

VII. Enfin la concession du *Jus liberorum* fait échapper aux déchéances de l'*Orbitas*, mais non du *Célibat*.

déclarée capable de *capere ex testamento*, l'allégation
d'un *stuprum*, qui l'eût rendue indigne de recevoir,
n'ayant pas été admise. Ainsi donc, il est prouvé par là
qu'il n'est pas nécessaire d'avoir des enfants sous sa
puissance pour avoir le *jus capiendi*, qu'il est ouvert à
la femme, qu'un seul enfant lui suffit alors pour l'obtenir (tous faits qu'on a niés), enfin que la femme qui
a un enfant d'un concubinat n'est pas *orba* et peut en
conséquence *capere ex testamento*.

Or, ajoute M. Pilette, l'homme qui a eu un enfant
d'un concubinat en est le père certain, donc, et pour la
même raison que la femme, il n'est pas *orbus* et peut
capere ex testamento. Sans doute, et bien que cela soit
contesté, nous admettons, avec M. Pilette, que le concubin est le père *certain* des enfants qu'il a eus du concubinat ; mais, comme nous le verrons par la suite, sa
paternité est bien loin d'avoir des effets aussi étendus
que la maternité de sa concubine. Elles ne peuvent donc,
en aucune manière, se servir mutuellement de point de
comparaison, et, de ce qu'un enfant né d'un concubinat
sauve sa mère des déchéances de l'*orbitas*, il ne nous
est pas permis d'inférer, en l'absence de toute autre
preuve, qu'il en sauve aussi son père.

Concluons donc que le concubinat évite à la femme
seule les déchéances de l'*orbitas* et donne à elle seule
le *jus capiendi*.

N'oublions pas cependant que ce droit est, pour elle,
en quelque sorte, nominal : la loi *Voconia*, qui exclut

des successions les femmes, à l'exception des sœurs,
est encore en vigueur. Elle le sera jusqu'à Justinien qui,
conformément aux vœux du jurisconsulte Paul, rétablit,
entre les hommes et les femmes, l'ancienne égalité de
la loi des XII Tables.

2° *Jus caduca vindicandi*. — Le *Jus caduca vindicandi*, appelé encore *Jus patrum* ou *præmia patrum*,
est un avantage accordé par les lois caducaires aux
patres, c'est-à-dire à ceux qui, mariés et pères, sont ins-
crits dans un testament comme héritiers ou légataires.
L'attribution des parts refusées aux *cœlibes* et aux *orbi*
est faite à leurs cohéritiers ou colégataires *patres*. Nous
n'en donnerons pas le détail, étranger à notre sujet.

Comme l'indique le mot *pater*, les femmes ne possè-
dent jamais la *caducorum vindicatio* : et cela s'explique,
car, comme nous venons de le rappeler, elles sont frap-
pées par la loi *Voconia* d'une incapacité presque absolue
de recevoir. Or, étant admis que, pour être *pater*, il est
inutile d'avoir des enfants sous sa puissance, M. Pilette
nous dit qu'il suffit, pour avoir ce titre, d'être père certain. Celui qui a des enfants d'un concubinat en est le
père certain : il a donc le *jus patrum*. Mais, où voyons-
nous que la qualité de *pater* soit attachée nécessairement
à celle de père simplement certain ? Nulle part. M. Pilette ne nous cite aucun texte. Aussi, en l'absence de
toute preuve, inclinons-nous, bien plus volontiers, à
croire qu'il faut, pour avoir la *caducorum vindicatio*, être
père légitime d'enfants nés des justes noces.

Il en résulte que le *jus patrum* n'appartient pas aux personnes unies par le concubinat.

3° *Jus liberorum*. — Ce droit qui, à la différence du précédent, existe pour les femmes, comme pour les hommes, comprend plusieurs espèces de privilèges qui varient avec le sexe, mais ont tous un fondement unique : le nombre des enfants.

Pour la femme, le *jus liberorum* emporte l'exemption de la tutelle perpétuelle, ce qui a, notamment, pour résultat de lui permettre de tester *sine auctoritate tutoris*.

C'est encore, depuis le S. C. Tertullien, un droit de succession ab intestat sur les biens de ses enfants.

Mais, ici, un seul enfant ne suffit pas : le *jus liberorum* n'est accordé qu'à la femme qui a trois enfants, si elle est ingénue ; et quatre, si elle est affranchie.

Pour l'homme, le *jus liberorum* entraîne dispense des fonctions de *judex* et de celles de tuteur.

De même, s'il est affranchi, il n'est plus obligé de laisser, à sa mort, à son patron une partie de ses biens, si sa fortune s'élève à plus de 100,000 sesterces. Mais il faut alors qu'il ait trois enfants.

Or, dit M. Pilette, le *jus liberorum* appartient à l'homme et à la femme qui ont, du concubinat, le nombre d'enfants exigé par les lois.

Les femmes, dit-il, pouvant avoir le *jus liberorum*, c'est qu'il n'est pas exclusivement attaché à la *patria potestas*. Et il ajoute : l'origine des enfants importe peu ici : il suffit que leur filiation soit certaine : or les enfants du concubinat ont une filiation certaine, tant à l'égard de leur père qu'à l'égard de leur mère.

Ainsi les enfants, pour nous donner le *jus liberorum,* n'auront besoin de nous être unis que par une filiation certaine. Voyons les preuves qu'en donne M. Pilette.

L'excuse de la tutelle, dit-il, est une des conséquences du *jus liberorum.* Or un texte (le § 194 des frag. du Vatican) nous dit que les enfants serviront d'*excusatio tutelæ,* qu'ils soient *justi* ou *injusti ; injusti ?* c'est-à-dire issus du concubinat.

Malheureusement, deux autres explications ont été données de ce mot, qui nous semblent tout aussi acceptables que celle-ci.

Les uns disent :

Les *liberi injusti,* dont on parle ici, ne sont pas les enfants du concubinat, mais les enfants qui sont *justi secundum jus civile*, et *injusti* seulement *secundum leges Caducarias.* Le § 168 des fragm. Vatic. traite également de l'excuse de la tutelle et nous apprend que quelques jurisconsultes prétendaient qu'elle ne devait être accordée qu'à ceux qui auraient des *liberi justi secundum has leges* (c'est-à-dire les lois caducaires), mais que le contraire fut admis et qu'on accorda l'*excusatio tutelæ* même à ceux dont les liberi n'étaient que *quæsiti secundum jus civile.*

Les autres, et parmi eux, M. Berthélemy, nous rappellent que la femme *mariée suivant le droit des gens* est souvent qualifiée d'*uxor injusta*, et son union, de *ma-trimonium injustum*. Les enfants dont parle le fragm. 194 seraient donc les enfants nés d'un tel mariage.

Disons, quant à nous, que les trois solutions nous semblent d'égale valeur et qu'il n'y a lieu de donner la préférence à aucune.

M. Pilette cite encore à l'appui de sa théorie le texte suivant de Modestin (Dig. lib. XXVII, tit I. De excusationibus loi 2, § 3) « *Legitimos* autem liberos esse oportet omnes etsi non sint in potestate ». D'après lui, *legitimos* veut dire issus d'une union légitime, reconnue par la loi, donc aussi du concubinat. Malheureusement, *legitimi* peut, tout aussi bien, être ici synonyme de *justi*, nés des justes noces, et ce qui nous pousse à le croire, c'est, non pas tant le sens ordinaire du mot *legitimos*, que la fin de la phrase « *etsi non sint in potestate* », car on ne peut être *in potestate* et, par conséquent, cesser d'y être, que si l'on est issu des justæ nuptiæ, ou légitimé.

Quant aux femmes, et pour la même raison qu'au sujet du *jus capiendi*, nous pensons, au contraire, que les enfants, même nés du concubinat, suffisaient à leur procurer le *jus liberorum* : car ce qu'on récompense ici en elles c'est la fécondité, même hors des justes noces. Nous conclurons donc que le concubinat n'a pas, en règle générale, été assimilé par les lois caducaires aux justes noces, en ce qui concerne la dispense des déchéances attachées par ces lois au célibat et à l'*orbitas* : néanmoins, une exception semble être faite au profit des femmes, et les concubines nous paraissent bénéficier, comme les *uxores*, du *jus capiendi* (qui est, pour elles, surtout nominal) et du *jus liberorum*.

Nous avons ainsi parcouru l'étude des effets du concubinat. Reste à nous demander comment pouvait se dissoudre cette union.

4° Modes de dissolution du concubinat.

Les justæ nuptiæ, comme nous savons, pouvaient se dissoudre, à Rome, de trois façons : par la volonté (divorce), la mort civile ou la mort naturelle.

Volonté. — Le premier de ces moyens, le divorce, n'est jamais applicable au concubinat. Sans doute, les moyens d'y mettre fin volontairement ressemblent sensiblement au *divortium* (dissolution des justes noces par consentement mutuel) et au *repudium* (dissolution du mariage par refus unilatéral de continuer la vie commune). Mais la différence qui sépare ici le concubinat des justes noces, c'est qu'aucune prohibition, ni surtout aucune formalité, ne fut jamais imposée aux concubins qui voulaient se séparer.

Rappelons toutefois que l'affranchie concubine, qui rompt le concubinat, sans le consentement, au moins tacite, de son patron, s'expose à des déchéances : elle perd le *connubium* (ou droit d'épouser un autre homme) et même le droit de vivre dans les liens d'un nouveau concubinat.

Mort naturelle. — C'est le seul mode véritable de dissolution du concubinat.

Si la femme prédécède, le concubin pourra ne pas porter son deuil et contracter aussitôt un mariage ou un second concubinat. C'est ce qui a lieu dans les *justæ nuptiæ*.

Si c'est le concubin qui prédécède, nous pensons que, comme dans les justæ nuptiæ, la concubine devra attendre, avant de contracter un *justum matrimonium* ou un nouveau concubinat, un certain délai, dit *délai de viduité*, de dix mois, dans le droit classique, et d'un an, sous les empereurs chrétiens.

En matière de justes noces, des deux motifs, sur lesquels reposait ce veuvage forcé, le premier, qui consiste dans la nécessité de regrets publics témoignés par la femme à la mémoire de son conjoint peut très bien ne pas s'être appliqué au concubinat, où le *dilectus* est bien moindre que dans le *matrimonium*. Le second, au contraire, semble s'imposer aussi fortement dans les deux unions : c'est la crainte de la *turbatio sanguinis* ou confusion de part : il eût pu, si le délai n'avait pas été observé, être très difficile de reconnaître le véritable père de l'enfant mis au monde. Et cette dernière raison est de beaucoup la plus importante, car le délai s'impose toujours à la femme, même si l'homme est indigne de regrets. (Etsi talis sit maritus, quem more majorum lugeri non oportet, non posse eam nuptum intra legitimum tempus collocari.)

Nous ne dirons rien de la concubine qui négligeait de respecter le délai de viduité, aucun texte ne venant nous renseigner sur les peines auxquelles, alors, elle s'exposait, et l'argument d'analogie ne pouvant, en matière pénale, étendre à la concubine les déchéances qui frappaient alors l'*uxor justa*. Disons seulement que la seconde union n'en était pas moins valable.

Mort civile. — Nous ne dirons rien des effets, sur le concubinat, de la mort civile des concubins ou de l'un deux, c'est-à-dire de toute *maxima* ou *media capitis deminutio* survenue dans leur condition.

Les textes nous font absolument défaut et les raisonnements d'analogie nous sont interdits en cette matière. Nous croyons cependant pouvoir, sans trop de hardiesse, présumer que la mort civile laissait intact le concubinat et n'en entraînait aucunement la dissolution.

En résumé, le concubinat pouvait donc prendre fin de deux façons : par la volonté ou la mort des concubins ou de l'un d'eux.

Tels étaient, suivant nous, les caractères généraux du concubinat chez les Romains.

Nous avons ainsi terminé l'examen des sources de la filiation illégitime à Rome ; nous allons maintenant nous demander quels en furent les modes de preuve.

SECTION DEUXIÈME. — DES MODES DE PREUVE DE LA
FILIATION ILLÉGITIME.

Les explications qui précèdent provoquent naturellement une première question : si le *contubernium*, le
matrimonium juris gentium et le *concubinatus* sont
des unions reconnues par les lois, pourquoi qualifier
du nom d'*illégitimes* les enfants qui en sont issus, et
pourquoi les classer à côté des enfants nés de relations
criminelles ou même passagères ? La raison en est
simple, c'est que leur condition est la même à tous, au
moins à un point de vue essentiel : les enfants nés en
dehors des justæ nuptiæ sont tous, sans exception, à
leur naissance, *sui juris*, ils ne tombent pas sous la puissance de leur père.

Demandons-nous maintenant si tous les enfants illégitimes pouvaient, à Rome, se rattacher légalement à
telle ou telle personne qu'ils prétendaient être leur père
ou leur mère.

Il y a lieu d'établir ici une distinction absolue entre
la recherche et la preuve de la maternité et celles de la
paternité illégitimes.

En ce qui concerne leur mère, aucune différence
n'existe entre tous les enfants naturels : quelle que
soit l'union à laquelle ils doivent le jour, ils ont toujours une mère certaine à laquelle il leur est permis de
se rattacher. Il n'y a même pas ici de différence entre
la maternité illégitime et la maternité légitime : que

nous ayons devant nous la plus respectée des mères de famille ou la dernière des prostituées, l'enfant qui naît d'elle a le droit de se prétendre son fils : il n'a, pour cela, qu'à prouver qu'elle a accouché et qu'il est l'enfant dont elle a accouché. Paul nous dit, en effet, expressément : « Mater semper certa est, etiamsi vulgo conceperit. » (Dig. De in jus voc. II, 4, loi 5). Sur ce point tout le monde est d'accord, et nous verrons plus loin se compléter l'assimilation des enfants illégitimes aux enfants légitimes à l'égard de leur mère.

Si nous passons maintenant à la preuve de la paternité, il nous faut d'abord mentionner l'opinion de M. Gide et de son École, qui n'est que la conséquence de sa théorie du concubinat. Pour lui, il n'y a pas, légalement du moins, de paternité illégitime à Rome. Jamais un enfant, qui n'est pas né *ex justis nuptiis*, n'aura de père certain, jamais il ne pourra légalement se prétendre le fils de tel ou tel. Il n'y a pas, suivant lui, de paternité illégitime, donc pas de preuve de cette paternité.

Tel n'est pas notre avis.

Pour nous, en ce qui concerne la preuve de la paternité, il y a lieu de distinguer en deux classes les enfants illégitimes : ceux qui sont nés d'une union, autre que les justes noces, reconnue par les lois (*contubernium, matrimonium sine connubio, concubinat*), et ceux qui doivent le jour à toute autre union.

Ces derniers, suivant nous, sont les *vulgo concepti*, c'est-à-dire les enfants nés de relations passagères, et sans père connu, et les *spurii*, c'est-à-dire les enfants légalement *sine patre*, dont le père peut être connu en fait, mais auxquels la loi défend de se rattacher à lui. Donc, à ces enfants, la recherche de la paternité est absolument interdite dans tous les cas.

Il n'en est pas de même, à notre avis, des enfants nés d'une des trois unions reconnues par les lois. Sans doute, comme nous l'avons déjà dit, ils ne tombent pas sous la puissance de leur père, mais cela ne les empêchera pas d'avoir un père certain : la loi leur permettra de se rattacher à lui. Reste à nous demander par quels modes de preuve ils pourront y réussir.

Le mode de preuve qui semble le plus naturel et qui, selon nous, devait être le plus usité, c'était une présomption analogue à celle en usage en matière de justæ nuptiæ : *Pater is est quem nuptiæ demonstrant.* La raison qui l'a fait admettre en matière de mariage, c'est le fait de la cohabitation entre les époux et la continuité de leurs relations. Or, ce fait se présentant également dans les unions inférieures dont il s'agit, il n'est pas admissible que la même conséquence n'y fût pas attachée. Mais, nous dit-on, cette présomption est aussi fondée sur le devoir de fidélité auquel est tenue l'épouse, et nous ne voyons rien de pareil dans les unions dont il s'agit. Or, outre que l'*uxor* du droit des gens (dans tous les cas) et la concubine (dans certains) sont passibles des peines de l'adultère, est-il bien prouvé que l'infidélité de la femme ait jamais suffi à faire tomber la

présomption : *Pater is est?* C'est le contraire qui est
vrai, témoin ces lignes de Papinien : « Non utique crimen adulterii quod mulieri objicitur infanti præjudi-
cat. » (L. 11 § 9 ad leg. Jul. de adult. Dig. lib. 48, tit. 5).

Pour les autres modes de preuve, disons seulement
qu'il est fort possible, sinon probable, que la maternité et la paternité illégitimes aient pu être démentrées
par les mêmes moyens que la maternité et la paternité
légitimes : sur ce sujet, les textes nous font entièrement
défaut : aussi nous contenterons-nous de citer, sans les
étudier dans le détail, les modes de preuves suivants,
généralement usités en matière de filiation légitime :
la possession d'état, la preuve testimoniale, la reconnaissance émanée du père et signée de trois témoins ou
le testament du père (sous Justinien), les registres du
cens (où l'on indiquait, avec sa fortune, le nombre et
le nom de ses enfants), enfin les registres de naissance
dont parlent certains auteurs.

Avant de passer à l'étude de la condition des enfants
illégitimes dans la société et dans la famille, une double question reste à nous poser.

Jusqu'ici, nous avons toujours semblé déclarer illégitimes les enfants nés hors des *justæ nuptiæ*, et légitimes, au contraire, les enfants des justæ nuptiæ.

Or, que faut-il entendre par enfants nés hors des justes
noces, que signifie cette expression enfants des justes
noces ?

Sont légitimes d'abord les enfants nés ou simplement conçus *durante matrimonio* et cependant ce

n'est là qu'une présomption : ainsi, si nous supposons un enfant, né avant le 180ᵉ jour de la célébration du mariage, le père pourra le désavouer, il sera donc illégitime comme conçu avant le mariage.

De même, n'est considéré, du moins par la jurisprudence, comme conçu *durante matrimonio*, que l'enfant né pendant le mariage ou avant le 300ᵉ jour de sa dissolution. L'enfant né après ce 300ᵉ jour est considéré comme conçu hors du mariage, par conséquent comme illégitime ; (citons cependant le prèteur Papirius qui déclare légitime un enfant né 13 mois après la mort du mari de sa mère). Enfin un enfant né même après le 180ᵉ jour de la célébration des justes noces pourra, dans certains cas, être désavoué par son père : il sera alors illégitime et, de plus, adultérin.

Mais si le mari prétend seulement d'une personne qu'elle n'est pas l'enfant dont sa femme a accouché, est-il besoin de dire que cela n'influe en rien sur la légitimité ou l'illégitimité de cette personne, qui se pourra prétendre l'enfant légitime de tout autre individu ?

Enfin, si un mariage se dissout par le divorce, la femme a 30 jours pour se dire enceinte : si le mari admet tacitement la réalité de cette grossesse, l'enfant qui naît est légitime et, comme tel, le sien ; si le mari a des doutes sur la grossesse, il peut envoyer des gardiens : si la femme les accepte, l'enfant dont elle accouche est encore légitime ; si elle les refuse, l'enfant sera illégitime, si, du moins, le mari nie sa paternité.

CHAPITRE II

DE LA CONDITION DES ENFANTS ILLÉGITIMES DANS LA
SOCIÉTÉ ET DANS LA FAMILLE.

SECTION PREMIÈRE. — DE LA CONDITION DES ENFANTS
ILLÉGITIMES DANS LA SOCIÉTÉ.

Quelle sera, à sa naissance, la condition de l'enfant
né en dehors des justes noces? La règle générale est
qu'il suit la condition de sa mère et, ajoutons, du moins
pour les premiers temps de Rome, la condition qu'a-
vait sa mère à sa naissance. Seul, en effet, l'enfant issu
des justes noces suit la condition de son père.

Il en résulte que l'enfant illégitime, si sa mère accou-
che libre, sera libre ; et, suivant qu'elle sera Romaine,
Latine ou Pérégrine, il sera Romain, Latin ou Pérégrin.
Si elle accouche esclave, il sera esclave.

Dans la plupart des cas, il naîtra *sui juris*, car il
échappera toujours à la *patria potestas*; cependant il ne
pourra l'être s'il naît esclave, soumis qu'il sera à la *potestas dominica*.

Ainsi, l'enfant partage la condition de sa mère, sa li-

berté ou son esclavage : il partage également, du moins
en règle générale, sa nationalité et son domicile. Elle
lui donne son nom *(nomen)*: toutefois Heineccius, d'a-
près une inscription tumulaire qu'il nous cite, pense,
non sans raison, que l'enfant y joignait, s'il avait un
père certain, le *cognomen* de celui-ci.

Mais ces règles ne tardèrent pas à comporter plusieurs exceptions :

1° La modification la plus importante fut apportée
par Adrien au principe, développé plus haut, que l'enfant suit la condition qu'avait sa mère au jour de l'accouchement. Jusqu'à cet Empereur, l'enfant, dont la mère
était esclave à son accouchement, naissait esclave.
Adrien, ayant à statuer sur le cas d'une femme qui, ayant
conçu libre, était tombée, depuis lors, en esclavage par
le fait d'une condamnation, et avait ainsi mis au monde
un enfant, décida que cet enfant serait néanmoins libre
simplement parce que sa mère était libre quand elle
l'avait conçu : c'était l'application de la maxime : *infans
conceptus pro nato habetur, quoties de commodis ejus
agitur*. Les jurisconsultes appliquèrent cette décision à
tous les cas semblables, et Marcien nous dit: «...si libera
conceperit, deinde ancilla pariat, placuit eum qui nascitur
liberum nasci » (Dig. De stat. hom, lib. I, tit. V, loi 5, §2).

Paul et Marcien, étendant encore plus loin la
sphère de la maxime *Infans conceptus prc nato habetur* décident que l'enfant naîtra encore libre, même
si sa mère, ayant conçu et accouché en esclavage, a été

libre à un moment quelconque de sa grossesse. Dans
tous les cas, c'est donc la meilleure condition de la
mère qui sera préférée.

Paul nous dit, en effet, (Sentences lib. II, tit. 24. De
liberis agnoscendis) :

1. Si serva concepit, et postea manumissa peperit,
liberum parit. — 2. Si libera conceperit, et ancilla facta
peperit, liberum parit : id enim favor libertatis exposcit.
— 3. Si ancilla conceperit, et medio tempore manumissa
sit, rursus facta ancilla peperit, liberum parit, media enim
tempora libertati prodesse, non nocere etiam possunt.

Et Justinien, de même, (Institutes lib. I. tit. IV De
ingenuis pr) :

Sufficit autem liberam fuisse matrem eo tempore quo
nascitur, licet ancilla conceperit. Et e contrario si libera
conceperit, deinde ancilla facta pariat, placuit eum qui
nascitur liberum nasci ; quia non debet calamitas matris ei nocere, qui in ventre est. Ex his illud quæsitum
est, si ancilla prægnans (enceinte) manumissa sit, deinde
ancilla postea facta peperit, liberum an servum pariat?
Et Martianus (plutôt, suivant nous, que *Marcellus*)
probat liberum nasci. Sufficit enim ei qui in ventre est,
liberam matrem vel (même) medio tempore habuisse :
quod verum est.

2ᵉ Si nous supposons un enfant, né d'une mère Romaine et d'un père Pérégrin, il faudrait régulièrement
décider qu'empruntant la condition de sa mère, il naîtra Romain. Or il naîtra Pérégrin.

Cela résulte d'une loi, de date inconnue, citée par
Ulpien, qui la nomme loi *Mensia* : on l'a, pendant
longtemps, identifiée avec la loi *Ælia Sentia*. Mais s'il
faut en croire M. Studemund dans son travail de recons-
titution du manuscrit de Gaius, c'est loi *Minicia* qu'il
faudrait dire. Quoi qu'il en soit, voici comment s'exprime
Ulpien (Ulp. Regulæ 5, § 8) « Lex Mensia ex alterutro
peregrino natum deterioris parentis conditionem sequi
jubet. »

L'enfant, dont l'un des auteurs sera pérégrin, suivra
toujours cette condition.

Depuis Caracalla, qui accorde le droit de cité à tous
les habitants de l'Empire, cette loi est à peu près sans
application. Déjà, auparavant, Adrien avait décidé que
l'enfant, dont les auteurs, pérégrins lors de sa conception,
seraient tous deux devenus Romains lors de sa naissance, naîtrait citoyen Romain et *in patris potestate* : il
sera donc considéré comme issu des justes noces.

3° Une nouvelle exception nous est fournie par le cé-
èbre Sénatus-Consulte Claudien (dont nous avons déjà
parlé à propos du contubernium).

Nous savons que, pour ne pas tomber sous la puissance du maître de l'esclave avec lequel elle avait des
relations, la femme libre avait besoin de son autorisation : or il pouvait, suivant le Claudien, y mettre
pour condition que les enfants naîtraient ses esclaves,
bien que d'une mère libre. Adrien, nous apprend Gaius,
défendit un pareil marché : les enfants à naître suivi-

rent désormais la condition de leur mère : ils naquirent
libres. (Voy. Gaïus. Commentaires I § 84 « Ecce enim
ex senatusconsulto Claudiano poterat civis Romana,
quæ alieno servo volente domino ejus coïsset, ipsa ex
pactione libera permanere, sed servum procreare : nam
quod inter eam et dominum istius servi convenerit, ex
senatusconsulto ratum esse jubetur ; sed postea divus
Hadrianus iniquitate rei et inelegantia juris motus restituit juris gentium regulam, ut cum ipsa mulier libera
permaneat, liberum pariat. »

4º Enfin une dernière exception nous est révélée par
Gaïus, au paragraphe qui suit celui que nous venons
de citer. L'enfant, né d'un homme libre et d'une esclave qu'il croyait libre, sera libre comme son père,
si c'est un fils. Vespasien (comme avait fait Adrien pour
l'exception précédente) rétablit la règle ordinaire : l'enfant suivra désormais la condition de sa mère et naîtra
esclave. (Voy. Gaïus Comment. I, § 85 «... ex ancilla et
libero poterant liberi nasci : nam ea lege (1) cavetur
ut, si quis cum aliena ancilla quam credebat liberam
esse, coierit, siquidem masculi nascuntur, liberi sint ;
si vero feminæ, ad eum pertineant cujus mater ancilla fuerit ; sed et in hac specie divus Vespasianus inelegantia juris motus restituit juris gentium regulam, ut
omnimodo etiamsi masculi nascantur, servi sint ejus
cujus et mater fuerit. »

_____

(1) Cette loi nous est inconnue.

De ces modifications au principe que l'enfant suit la
condition qu'a la mère au jour de l'accouchement, la
première seule, de beaucoup, du reste, la plus impor
tante, subsiste à l'époque classique : et la règle doit
être désormais ainsi modifiée :

L'enfant, né en dehors des justæ nuptiæ, suivra la
condition de sa mère. Et, à cet effet, l'on envisagera de
préférence la meilleure que la femme ait eu depuis la
conception jusqu'à la naissance de l'enfant, ces deux
dates extrêmes y comprises.

La condition de l'enfant, nous l'avons vu, pourra
donc être très variée.

Supposons-le né d'une mère citoyenne Romaine, l'enfant naîtra libre et citoyen Romain : il n'en est pas, en
effet, ici comme à Athènes, où l'enfant naturel était assimilé aux étrangers et se voyait refuser le titre de citoyen.

Bien plus, aucune infériorité ne résultait en général
de la qualité de bâtard. L'enfant naturel, à Rome, (s'il
est né libre et citoyen), jouit, au sein de la société, des
mêmes droits qu'un enfant légitime. Le *jus suffragii*,
le *jus honorum* lui sont accordés : toutes les charges
privées, comme la tutelle, et toutes les magistratures
lui sont accessibles. Il ne lui est même pas nécessaire
d'avoir un père certain. Plusieurs textes nous montrent,
en effet, des fonctions publiques conférées à des *spurii*,
même à des *spurii* incestueux. Témoin Ulpien, loi 3,
§2, Dig.50,2 (De decurionibus et filiis eorum) : « Spurios
posse in ordinem allegi, nulla dubitatio est.. etiam

spurii ad decurionatum, et re et vita honesta, recipien-
tur. » De même, encore, Papinien (loi 6, pr. idem) :
« Spurii decuriones fiunt et ideo fieri poterit ex incesto
quoque natus, non enim impedienda est dignitas ejus,
qui nihil admisit (n'a rien commis, rien fait de mal. »

Les plus hautes magistratures étaient accessibles aux
enfants illégitimes : à côté de ces textes qui nous les
montrent décurions, Heineccius (ad leg. Jul. et Pap.
Commentarius 164) cite une inscription funéraire, où
nous voyons un *filius naturalis* (enfant né d'un concubinat) tour à tour édile, deux fois questeur, enfin préteur et duumvir.

Il ne leur était même pas, semble-t-il, interdit de prétendre à la dignité impériale. Mais on a tort de citer, à ce
propos, (1) l'exemple de Constantin : sa mère Hélène,
quoique de naissance obscure, fut réellement prise en
mariage par Constance Chlore, alors qu'il n'était qu'officier aux gardes du Prétoire : devenu César, il la répudia
pour se remarier.

Et cependant, nous trouvons au Digeste un texte qui
semble, au premier abord, inconciliable avec ceux que
nous venons de citer. Il est tiré de Callistrate. C'est la
loi 14 § 3 (Dig. lib. L tit. IV, de muneribus et honoribus). Nous y lisons : « De honoribus, sive muneribus
gerendis cum quæritur, in primis consideranda persona
est ejus, cui defertur honor, sive muneris adminis-

(1) D'après l'historien Zosime qui déteste cet Empereur.

tratio : *item origo natalium* » ; avant de conférer une
fonction, une magistrature, il faut considérer l'origine,
la naissance.

Mais ce texte qui, au premier abord, semblerait indiquer l'incapacité des enfants naturels aux fonctions
publiques, trouve son explication et son complément
naturel dans le suivant, dont nous avons déjà cité les
premières lignes : (Dig. lib. 50, tit. 2, loi 3 § 2) « Spurios
posse in ordinem allegi, nulla dubitatio est : sed si
habeat competitorem legitime quæsitum præferri eum
oportere, divi fratres Lolliano Avito, Bithyniæ præsidi,
rescripserunt. »

La seule explication possible est donc la suivante :
les fonctions publiques sont accessibles à tous les enfants
illégitimes, même aux *spurii*, mais, s'ils ont pour com-
pétiteurs à ces fonctions des enfants légitimes, nés des
justes noces, ces derniers doivent leur être préférés.
C'est donc uniquement dans ce cas qu'on doit considérer l'*origo natalium* de ces enfants illégitimes.

Telle est, du reste, l'opinion de Godefroi et de d'Aguess-
seau, dans sa *Dissertation sur les bâtards*. D'Aguesseau,
qui partage absolument notre opinion à cet égard, mentionne aussi l'avis de quelques interprètes, qui pensent
que ces mots *origo natalium* feraient simplement allusion à la *nationalité*, et serviraient à exclure des fonctions publiques les étrangers.

Mais, dans un cas comme dans l'autre, l'explication
ne vient pas, le moins du monde, affaiblir ce que nous

avons dit de la situation des bâtards dans la société romaine.

SECTION DEUXIÈME. — DE LA CONDITION DES ENFANTS ILLÉGITIMES DANS LA FAMILLE.

Sous le titre général de *Condition des enfants illégitimes dans la famille*, nous allons étudier quels furent les liens qui unissaient les enfants illégitimes à leur mère, et aussi parfois à leur père, ainsi qu'aux parents de ceux-ci, et quels effets en dérivaient, pour les uns et les autres, tant au point de vue de leur droits que de leurs devoirs réciproques.

Demandons-nous donc d'abord quels étaient ces liens : nous en rechercherons ensuite les conséquences.

PREMIÈRE PARTIE : DE LA COGNATION DES ENFANTS ILLÉGITIMES.

Les Romains, nous le savons, connurent, de tout temps, deux sortes de parentés, de liens de famille bien distincts, l'*agnation* et la *cognation*.

L'*agnation*, ou *parenté civile*, a son fondement plus encore dans la *patria potestas* que dans les *justæ nuptiæ*. Sont agnats, et le sont seuls, ceux qui se trouvent sous la puissance d'un même paterfamilias, ou s'y trouveraient s'il vivait encore.

Cette parenté, forcément très restreinte, puisque tous les parents par les femmes en sont exclus, peut donc ne pas provenir toujours uniquement de la naissance :

le *paterfamilias* peut, en effet, y faire entrer des étrangers, par l'adrogation ou l'adoption, ou, au contraire, en
faire sortir certains membres par l'émancipation.

A côté de cette parenté artificielle de droit civil, nous
trouverons la parenté naturelle, uniquement fondée sur
les liens du sang et de la naissance, c'est la *cognation*.
Sont cognats, tous ceux qui se rattachent à un auteur
commun, même par les femmes.

De ces deux définitions de l'agnation et de la cognation, ressort pour nous immédiatement que les enfants
illégitimes, n'étant jamais, à leur naissance, soumis à la
patria potestas, ne seront jamais, à ce moment, les agnats
de personne : au contraire, la cognation comprenant
tous ceux qui se rattachent à un auteur commun, sans
qu'elle ait besoin de s'appuyer sur les justes noces, les
enfants illégitimes seront les cognats de tous ceux qui
se rattachent au même auteur qu'eux.

Tout le monde est du même avis en ce qui concerne la
parenté maternelle, et ici on n'a pas à rechercher à quelle
sorte d'union l'enfant doit le jour : les enfants illégitimes sont tous cognats de leur mère au même titre et
cognats entre eux, comme le seraient des enfants nés
des justes noces.

Les textes, à cet égard, sont formels : (Voy. Instit. lib.
III tit. V de successione cognatorum § 4. « Vulgo quæsitos
nullum habere adgnatum manifestum est ; cum adgna-
tio a patre, *cognatio a matre sit... tantum igitur cognati
sunt sibi, sicut ex matre cognati.* »

De même, il est indiscutable, pour la cognation paternelle, qu'elle n'existe pas à l'égard des enfants issus
des unions passagères ou criminelles, des *vulgo concepti*
qui n'ont pas de père certain, ou des *spurii* dont le
père, pour être connu d'eux, n'est cependant pas *certain*.

Mais en est-il de même encore pour les enfants illégitimes qui ont un père certain? La question fait l'objet,
entre les Romanistes, d'une controverse très importante:
et la solution qu'on adopte dépend beaucoup de l'opinion
qu'on a suivie sur la nature du concubinat.

Suivant M. Gide et ses partisans, jamais les enfants
naturels, de quelque union qu'ils soient nés, n'ont de
père certain, donc jamais ils ne seront unis à leur père
par les liens de la cognation. Aucun lien de parenté
n'existe donc entre eux et celui-ci, ni agnation ni cognation. Ils ne se rattachent qu'à leur mère, dont ils
sont les cognats, ainsi qu'aux cognats de celle-ci. Cette
théorie nous semble de tous points inadmissible :
sans rechercher les textes nombreux qui nous prouvent
que, contrairement à l'opinion de M. Gide, tous les enfants illégitimes n'étaient pas confondus sous la dénomination de *vulgo concepti* ou *spurii*, c'est-à-dire *sine
patre*, nous pensons que le meilleur moyen qui s'offre
à nous de prouver que les enfants illégitimes qui
avaient un père certain se rattachaient à lui par les liens
de la cognation, c'est de démontrer l'existence entre ces
enfants et leur père de tous, ou presque tous, les effets

qui dérivent naturellement de la cognation, tant paternelle que maternelle.

Nous allons donc passer successivement en revue
toutes ces conséquences.

DEUXIÈME PARTIE : DES EFFETS DE LA COGNATION DES ENFANTS ILLÉGITIMES.

De la cognation dérivent deux espèces de conséquences : les premières, qui prennent naissance du vivant
même des individus unis par les liens du sang, sont
généralement comprises sous la dénomination de *Droit
de famille* : ce sont d'abord les empêchements que fait
naître la cognation, puis des devoirs réciproques de
protection, d'assistance et de respect.

Les secondes, également fondées sur la cognation,
semblent en naître au moment même où elle cesse :
nous voulons parler des droits de succession réciproque
qu'elle crée entre ceux qu'elle unit.

I. Droit de famille.

1° *Empêchements produits par la cognation.*

La cognation crée au mariage, ainsi qu'aux autres
unions reconnues par la loi, les mêmes empêchements
que l'agnation : si l'union n'en est pas moins contractée,
l'homme et la femme commettent un inceste. Nous

avons dit plus haut dans quels cas il se produit. Mais ici, la jurisprudence romaine, dans le but de respecter la morale et les bonnes mœurs, a été plus loin encore. Bien qu'il n'y ait pas pour les *spurii* de cognation paternelle, bien qu'ils n'aient pas légalement de père certain, si, en fait, ils le connaissent, cette parenté sera ici encore un empêchement de mariage entre eux et leur père ou leurs parents par ce père : « vulgo quæsitam pater naturalis non potest uxorem ducere », sous peine d'inceste.

Il en est de même de la parenté qui naît du *contubernium*, bien que les liberi contubernales n'aient pas eu (du moins pendant longtemps) de père certain.

2° *Devoir de protection.*

Les enfants illégitimes, nous le savons, naissaient tous *sui juris*. Or, pour les personnes *sui juris* auxquelles leur sexe ou leur âge ne permettait pas de se défendre elles-mêmes, la loi romaine avait imaginé un protecteur, le tuteur. Les enfants illégitimes, du moins jusqu'à leur puberté, seront donc en tutelle.

Tutelle des enfants illégitimes. — Étudions-la successivement à l'égard des enfants sans père certain, puis des enfants qui ont un père certain.

Tutelle des enfants illégitimes qui n'ont pas de père certain. — Lorsque naît un enfant illégitime et sans père certain, la protection qui semble pour lui s'im-

poser tout naturellement, c'est celle de sa mère elle-
même, mais, pendant très longtemps à Rome, la tutelle
fut assimilée à une charge publique, *munus publicum*, et
interdite aux femmes. Peu à peu, cependant, les mœurs
se modifièrent. Nous trouvons, en effet, au Digeste un
texte du Proculien Nératius (1), qui nous dit (Dig. lib.
XXVI, tit. I de tutelis, L. 18) : « Fæminæ tutores (Justinien emploiera le terme *tutrices*) dari non possunt : quia
id munus masculorum est, *nisi a principe filiorum tutelam specialiter postulent.* » Ainsi, sur leur demande, les
femmes pourront obtenir du prince la tutelle de leurs
fils, (même illégitimes, car il n'y a pas de raison de distinguer.)

Mais, comme le Sénatus-Consulte Velléien (rendu en 46
après J.-C.) venait d'interdire aux femmes de s'engager
pour autrui et que l'exercice de la tutelle de leurs enfants
allait les obliger assez souvent à s'engager pour eux, il
est fort probable que, dès cette époque, on fit prêter aux
mères tutrices le serment de ne pas invoquer en leur
faveur le *Velléien*, serment que nous verrons tout à
l'heure Justinien exiger, dans un cas analogue, des concubines veuves et tutrices.

Mais à l'époque où les mères ne pouvaient obtenir la
tutelle de leurs enfants, ou, plus tard, lorsqu'elles ne
l'avaient pas obtenue (pour ne l'avoir pas demandée ou
se l'être vue refuser par le prince), qui donc exerça la

(1) Contemporain de Trajan et d'Adrien.

tutelle de l'enfant illégitime et comment se fit le choix de ce tuteur?

Dans les premiers temps, jusqu'au règne de Trajan environ, la tutelle du patron, et la tutelle dative, déférée par le magistrat, paraissent seules possibles.

En effet, la tutelle testamentaire n'est pas, ou pas encore, réalisable; celle déférée par le père ne se conçoit même pas, puisque l'enfant n'a pas de père certain; celle déférée par la mère ou par un étranger ne sera permise que sous Trajan.

Viendrait ensuite la tutelle légitime des agnats: or l'enfant illégitime, nous le savons, n'a pas d'agnats (1).

Tutelle légitime du patron ou de ses descendants sur l'enfant sine patre. — Supposons un *verna*, un enfant *spurius* né d'une esclave, puis affranchi par son maître bien qu'encore impubère. Si nous envisageons le cas très rare où un tel enfant serait affranchi dédilice, (car il est peu probable qu'un *verna* impubère ait encouru une flétrissure pénale qui lui imprime, une fois affranchi, la qualité de dédilice,) la tutelle du patron ne s'exerce pas sur lui : il est regardé comme un pérégrin *sine civitate*, et la tutelle étant de droit civil, il ne peut y être soumis.

Si l'impubère *spurius* est Latien Junien, il sera au

_____

(1) Il ne peut avoir d'agnats que s'il s'est donné en *adrogation* : mais alors il n'est plus illégitime, l'adrogation l'a légitimé.

contraire soumis à la tutelle : si sa *latinitas* résulte de
la *manumissio* d'un maître qui n'avait sur lui que l'*in
bonis*, c'est le maître quiritaire et ses descendants qui
auront sa tutelle. Si sa qualité de latin provient d'une
autre circonstance, c'est son ancien maître et ses descendants qui seront ses tuteurs.

Enfin, s'il est affranchi citoyen, sa tutelle appartient
à son patron, ou à ses descendants, suivant les cas. Il
n'y a qu'à appliquer ici les règles générales de la tutelle
des patrons, auxquelles nous renvoyons.

Mais, dans les cas où cette tutelle du patron ne
prend pas naissance, c'est un tuteur *dativus*, choisi par
le magistrat, qui sera, sans aucun doute, donné à l'impubère *spurius*. L'étude de cette tutelle ne rentre pas
dans le cadre de ce travail, car elle n'offre rien de particulier. Mais, comme nous l'avons dit tout à l'heure,
une modification surgit vraisemblablement sous le règne de Trajan.

La mère a, désormais, le droit de choisir par testament le tuteur de ses enfants; la loi ne fait aucune
distinction : elle s'applique donc aux enfants illégitimes.
Mais il faut pour cela que la mère ait institué son enfant héritier, auquel cas le magistrat doit ratifier son
choix, après une enquête sur la capacité et la moralité
du tuteur testamentaire.

Nous savons que ce tuteur sera dispensé de donner
une *satisdatio*, et que cette tutelle n'est qu'une exception aux règles de la tutelle testamentaire et n'en pré-

sente pas les véritables caractères. (Voy. Dig. XXVI. tit.
III. De confirmando tutore. Loi 2. Neratius : « Mulier liberis *non recte* testamento tutorem dat, sed si dederit,
decreto prætoris vel proconsulis ex inquisitione confir-
mabitur : nec satisdabit pupillo rem salvam fore).

D'ailleurs, aux mêmes conditions, un étranger pourra
également, par testament, choisir un tuteur à l'enfant
naturel : mais il est probable que ce dernier tuteur n'a
la gérance que des biens faisant partie de l'institution.

Enfin rappelons que la nécessité d'une tutelle ne se
fait pas sentir pour le *spurius* né et resté esclave : car
il se trouve *in domini potestate*.

*Tutelle des enfants illégitimes qui ont un père cer-
tain.* — Les enfants illégitimes qui ont un père certain
sont d'après M. Accarias, dont nous suivons l'avis : l'enfant né d'un *matrimonium injustum,* d'un *contubernium* ou d'un *concubinat*.

Enfants nés d'un mariage du droit des gens. — Nous
savons qu'aux termes de la loi *Minicia*, l'enfant, dont
l'un des auteurs était pérégrin, naissait pérégrin. Or la
tutelle étant de droit civil, il ne pouvait y être soumis.

Mais nous savons qu'Adrien fit naître citoyen et *in
patris potestate* l'enfant conçu de deux pérégrins devenus Romains avant sa naissance. Il est alors considéré comme né des justes noces, c'est un enfant légitime dont nous n'avons pas à nous occuper ici.

Depuis Caracalla enfin, il n'y a plus, ou presque plus,
de pérégrins et de mariages du droit des gens.

Cependant, comme la loi Minicia semble ne plus s'appliquer alors, si l'enfant est né d'une Romaine, il est Romain. Il est illégitime et a un père certain. Que décider au sujet du tuteur à donner à un tel enfant ? Les textes sont absolument muets à cet égard : et le peu d'importance de la question nous dispense de chercher, dans le domaine de l'hypothèse, le moyen de la résoudre.

Enfants nés d'un contubernium. — Les enfants nés d'un *contubernium* ont, suivant l'opinion de M. Accarias, un père certain.

Si nous les supposons *sui juris*, ce qui a lieu s'ils sont nés libres (d'une mère libre), ou s'ils sont affranchis et non adoptés ou adrogés depuis leur affranchissement, la question de la tutelle va se poser à leur égard.

Mais, bien qu'ils aient un père certain, et que nous supposions libres leurs auteurs ou l'un d'eux, il ne nous semble pas, les textes étant d'ailleurs muets à cet égard, qu'on doive jamais assimiler, du moins jusqu'à Justinien, pas plus au point de vue de la tutelle qu'à tous les autres, les enfants nés du *contubernium* à ceux du concubinat. Leur tuteur, suivant nous, leur sera donné de la même manière et suivant les mêmes règles qu'à de simples *spurii*. Mais ce n'est là de notre part, répétons-le, qu'une simple hypothèse. A partir de Justinien, au contraire, nous les assimilerons absolument aux enfants du concubinat.

Enfants nés d'un concubinat. — Nous arrivons à la

tutelle des enfants nés du concubinat, la classe de beaucoup la plus importante parmi les enfants ayant un un père certain. Si l'enfant, né *sui juris*, l'est encore, la tutelle, qui semble ici tout indiquée par la nature elle-même, est celle de son père naturel.

Cependant, comme la filiation naturelle ne rattache pas, comme nous l'avons déjà dit, l'enfant à son père aussi étroitement qu'à sa mère, nous ne voyons jamais la loi décider que le père pourra, sur sa demande, être tuteur de son fils illégitime, ce que nous avons vu pour la mère. Mais rien ne venant interdire au magistrat de le choisir pour tuteur de son enfant, nous pensons que de telles tutelles ont dû, à Rome, exister fréquemment.

Quant à la tutelle testamentaire, la loi qui, nous l'avons vu, la permettait à la mère, la donna (sans doute à la même époque) également au père naturel. Le choix du tuteur lui est même, selon nous, concédé plus largement qu'à la mère.

Hermogénien nous dit, en effet, au Digeste (lib. XXVI, tit. III. De confirmando tutore, vel curatore, loi 7, pr.) « Naturali filio, cui nihil relictum est, tutor frustra doctur a patre; » jusqu'ici la condition du père est identique à celle de la mère : le père choisit, en vain, un tuteur à son fils naturel (naturalis, né du concubinat), s'il n'a pas institué celui-ci ; puis le jurisconsulte ajoute : « Nec sine inquisitione confirmatur. » Ce texte peut s'interpréter de deux manières. On peut, en effet, traduire « *Et ce choix n'est pas alors confirmé sans en-*

quête » (*alors*, c'est-à-dire *quand le père n'a pas institué son fils*, ce qui, *a contrario*, nous indique qu'il doit l'être sans enquête, si le père a institué l'enfant). C'est là notre opinion (1).

M. Demangeat traduit au contraire : « *Et ce choix d'un tuteur par le père n'est pas confirmé sans enquête*, (*n'est pas* c'est-à-dire *dans aucun cas*). »

Nous adoptons l'avis opposé en nous fondant aussi sur ce que c'est encore sans enquête qu'est nommé par le magistrat le tuteur choisi même par le père légitime qui n'institue pas son enfant, ou par le père qui l'a émancipé.

Voyons maintenant ce qui se produira, si le père, dans son testament, n'a pas désigné de tuteur à son enfant né d'un concubinat.

Jusqu'à Justinien, les règles à appliquer sont, faute de principes spéciaux, les mêmes que pour la tutelle des impubères *spurii* auxquelles il n'y a qu'à se reporter.

Justinien, comme nous l'indique un texte du Code, (Lib. V tit. 35 Quando mulier tutelæ officio fungi potest Loi 3) vint étendre les droits des concubines veuves à la tutelle de leurs enfants.

Désormais, elles pourront, sans même avoir à obtenir la permission du prince, devenir tutrices de leurs enfants

_____

(1) C'est aussi l'avis de M. Didier-Pailhé qui dit : « La nomination émanée du père naturel est confirmée sans enquête, selon qu'il a laissé quelque chose ou n'a rien laissé à l'enfant.

nés du concubinat. On leur demande seulement de
prêter solennel un double serment dont il est aisé
de deviner les raisons : elles jureront de ne pas se
remarier et de ne pas invoquer en leur faveur le *Velléien*
ni aucun autre recours légal. Justinien dit en effet :
« Si pater secundum nostram constitutionem naturalibus
liberis in his rebus, quæ ab eo in eos profectæ sunt
tutorem non reliquit, mater autem voluerit eorum (sive
masculi sunt, sive feminæ subire) tutelam, ad exemplum
legitimæ sobolis liceat ei hoc facere, quatenus actis sub
competenti judice intervenientibus, juramentum antea
præstet, quod ad nuptias non perveniat, sed pudicitiam
suam intactam conservet, et renuntiet senatusconsulti
Vellejani præsidio, omnique alio legitimo auxilio suam-
que substantiam supponat : et ita filiorum suorum
vel filiarum naturalium tutricem [eam] existere sancimus. »

Qu'arrivait-il si la mère tutrice se mariait néanmoins
et prétendait, au mépris de son serment, conserver la
tutelle de ses enfants du concubinat? nous pensons
qu'il faut alors lui appliquer par analogie la constitution de Théodose et Valentinien qui, dans le même cas,
privait la veuve à la fois de la tutelle et de ses droits à
la succession de ses enfants légitimes. Il n'y a pas, en
effet, ici, de raison de distinguer.

Curatelle des enfants illégitimes. — La tutelle, nous
le savons, ne fut pas, à Rome, le seul mode de protection
imaginé par la loi en faveur des personnes auxquelles

leur âge ou leur faiblesse morale ne permettait pas de
se défendre et de défendre leurs intérêts. Un second
moyen en usage était la *curatelle*.

Demandons-nous dans quels cas, et suivant quels principes, elle s'appliquait aux enfants illégitimes.

Les Romains, nous le savons, connurent trois sortes
de curatelles, la curatelle des mineurs de 25 ans, celle
des pupilles dans certains cas, enfin celle des fous et
des prodigues.

Curatelle des enfants illégitimes, mineurs de 25 ans.
— Tout individu pubère mineur de 25 ans peut, nous le
savons par Julius Capitolinus, demander, à partir de
Marc-Aurèle, un curateur général et permanent. Jusqu'alors, la loi *Plætoria* ne lui avait accordé de curateur
que pour une affaire spéciale. Nous disons que tout mineur désormais *peut*, et non *doit*, avoir un curateur. Ce
n'est, pour lui, en effet, qu'une simple faculté, sauf dans
quatre cas, où la curatelle est obligatoire (mineur sortant
de tutelle, ou recevant le paiement d'une créance, ou
ayant un procès à soutenir, ou atteint d'aliénation
mentale).

La curatelle des enfants naturels n'offrant aucun caractère particulier, demandons-nous seulement comment
pouvait être désigné leur curateur, et qui pouvait l'être.

Et d'abord, la curatelle, nous le savons, était interdite aux femmes, et rien ne nous autorise à penser que
jamais une exception fut faite en faveur de la mère
illégitime. Le curateur était toujours nommé par le

magistrat, et nous pensons que son choix se portait, commme pour la tutelle, le plus souvent, en fait, sur le père certain de l'enfant naturel. Il n'y eut jamais, à proprement parler, de curatelle testamentaire, c'est-à-dire que la nomination d'un curateur par testament ne pouvait être confirmée sans enquête.

Quel était l'effet de la désignation d'un curateur par testament de la mère naturelle? elle était confirmée, mais après enquête (Voy. Dig. lib. XXVI tit III De confirmando..... curatore loi 2 Neratius § 1 « Sed etsi curator a matre testamento datus sit filiis ejus, decreto confirmatur ex inquisitione. » Nous avons vu qu'il en est de même, en pareil cas, pour le tuteur.

Quant à la désignation d'un curateur par testament du père naturel, l'absence de tout texte ne nous permet pas d'être, à cet égard, bien affirmatif: nous dirons seulement que nous croyons probable ici l'assimilation des effets du testament du père naturel aux effets de celui du père légitime, c'est-à-dire que d'ordinaire cette curatelle sera confirmée par le magistrat et, nous le pensons du moins, sans enquête. (Voy. Dig. lib. 26 tit. 3. De confirmando... curatore, loi 1 § 3 Modestin : « Hoc amplius scire oportet, quoniam curator testamento neque a patre recte datur : sed datum assuetum est confirmari ab eo qui præest. » Ce texte parle, en effet, du père : sans ajouter s'il est ou non légitime, et les lignes suivantes des Instituts ne parlent même plus du père : (lib. 1 tit. 23, De curationibus) « Sed curator testamento non datur, sed datus confirmatur decreto Prætoris vel Præsidis. »

Restent les curatelles des enfants illégitimes qui sont en tutelle, ou fous ou prodigues. Nous n'en dirons que quelques mots.

Curatelle des enfants illégitimes pupilles. — Nous savons que, dans certains cas, (au nombre de quatre), un enfant, quoique pupille, se verra donner, passagèrement du reste, un curateur. Ce curateur sera nommé par le magistrat, ou avec sa permission. Rien ici de spécial quant aux enfants illégitimes.

Curatelle des enfants illégitimes fous ou prodigues. — L'enfant illégitime fou ou prodigue est-il mineur de 25 ans, il y a lieu de se demander si c'est comme fou, ou comme mineur, qu'il recevra un curateur. Un texte du Digeste décide que c'est à titre de mineur. Il en résulte que le curateur sera, comme nous l'avons vu, toujours nommé par le magistrat.

Si nous supposons maintenant que l'enfant illégitime, fou ou prodigue, est majeur de 25 ans, il y a lieu de nous demander si le curateur dont il va être pourvu lui sera donné suivant les mêmes règles qu'à un enfant légitime. Nous allons voir qu'il faut répondre par la négative.

Nous savons, en effet, que la loi des XII Tables, en instituant la curatelle des fous à intervalles lucides ou *furiosi* et (non des insani) et des prodigues qui dissipaient les biens provenant de la succession légitime de leur père, n'avait songé qu'aux enfants légitimes : la curatelle n'était, en effet, déférée qu'aux agnats et, à leur

défaut, aux gentils. Or, jamais les enfants illégitimes,
nous le savons, n'ont d'agnats ni de gentils (1). Le but à
poursuivre était, en effet, non l'intérêt de l'individu,
mais celui de sa famille. Pendant longtemps les enfants
illégitimes, en règle du moins, n'eurent pas de curateur, s'ils devenaient furiosi ou prodigues.

Nous connaissons les modifications apportées par le
préteur à cette législation : désormais, c'est dans l'intérêt
de l'individu lui-même qu'on lui donnera un curateur,
s'il est non seulement *furiosus*, mais *mente captus* (atteint de folie continue), sourd, muet ou frappé d'une
grave infirmité permanente, et aussi s'il est prodigue,
sans que, désormais, on ait à rechercher la provenance
des biens gaspillés.

Il en résulte que, maintenant, il n'est plus nécessaire qu'on ait des agnats ou des gentils pour être
pourvu d'un curateur : dans tous les cas, les enfants
illégitimes seront donc placés en curatelle : le curateur
leur sera choisi librement par le magistrat ; sauf s'ils
ont été légitimés par l'adrogation ou quelque autre
mode : ce serait alors de préférence aux agnats et aux
gentils que leur curatelle serait déférée.

3⁰ *Devoir d'assistance.*

Le devoir d'assistance entre les parents et leurs

(1) Nous avons déjà fait remarquer que l'adrogation et les autres modes de légitimation, qui, seuls, peuvent leur donner des
agnats, les rendent enfants légitimes.

enfants se transforme, dans presque toutes les législations, en une dette civilement obligatoire, la dette alimentaire. Elle existe à Rome réciproquement entre les
parents et les enfants naturels, comme entre les pères
et mères légitimes et leurs enfants. Mais elle ne présente pas, dans ces deux cas, les mêmes caractères,
comme nous allons le voir.

La créance d'aliments entre parents et enfants est réciproque : elle se calcule sur le besoin de celui qui demande et les facultés de celui qui paie et ne dure qu'autant que l'indigence qui l'a fait naître.

Quand on envisage l'obligation alimentaire chez l'ascendant, on voit que ce terme embrasse, outre la nourri-
ture de l'enfant, *cetera quoque onera liberorum*, c'est-
à-dire l'habillement, le logement et une éducation en
rapport avec la situation de la famille à laquelle appartient cet enfant.

Étudions la créance alimentaire tour à tour à l'égard
des enfants naturels qui n'ont pas ou qui ont un père
certain.

*A l'égard de l'enfant illégitime qui n'a pas de père
certain.* — La dette alimentaire existe ici, civilement
obligatoire. Elle est réciproque, non seulement entre la
mère et l'enfant, mais encore entre son aïeul maternel
et lui. Les textes nous le disent formellement. Ulpien au
Digeste (lib. XXV, tit. III. De agnoscendis et alendis
liberis vel parentibus etc.) s'exprime ainsi (Loi 5, § 4) :
« Ergo et matrem cogemus, præsertim vulgo quæsitos li-

beros alere, necnon ipsos eam » et au paragraphe suivant
« Item Divus Pius significat, quasi avus quoque ma-
ternus alere compellatur. » L'obligation de (et envers)
l'aïeul maternel ne date, comme on voit, que d'Antonin le
Pieux (131-161 de J.-C.). Celle de la mère, au contraire,
semble avoir existé de tout temps.

Jusqu'à l'avénement des Empereurs chrétiens, telle fut
également, quant à la dette alimentaire, la condition des
enfants nés de l'adultère et de l'inceste. Ils sont *spurii*
et sont complètement assimilés aux autres enfants *sine
patre* nés *ex soluto et soluta*.

Mais bientôt le Christianisme se mit à accabler de toutes
les sévérités de la loi les enfants adultérins et incestueux.
Guidés par une religion qui s'appuie cependant tout
entière sur la pitié, la charité et la justice, nous voyons
les Empereurs, d'ordinaire les plus équitables, leur refuser tout secours de leur père et même de leur mère.
Comme nous le verrons bientôt, Honorius et Arcadius
les déclarent incapables de rien recevoir d'eux, soit par
donations entre-vifs ou testamentaires, soit ab intestat.

En ce qui concerne la dette alimentaire, Justinien,
aveuglé par la passion, s'acharne après eux jusqu'à leur
refuser *tout droit aux aliments.* (voy. Nov. 89, chap. 15)
«Ut filii ex damnato coitu nati, nec alimenta a parentibus
consequantur..... Et enumeremus qui neque ipso naturalium nomine digni sunt. Primum quidem omnis
qui ex complexibus (non enim hoc vocamus nuptias) aut
nefariis, aut incestis, aut damnatis processerit, iste neque

naturalis nominatur, *neque alendus est a parentibus...
amovemus eis etiam imperialis munificentiæ mansue-
tudinem.* » Il leur refuse même tout droit à la pitié !
C'est de sa part une barbarie sans excuse, et d'autant
plus inexplicable que c'est sur des innocents, les enfants,
qu'il fait retomber la peine du crime, et non sur le criminel lui-même, car, dans la Novelle 12, chap. 2, nous
le voyons imposer en sa faveur l'obligation alimentaire
à ses enfants *légitimes*. Nous soulignons ce dernier
mot, car ce passage a fait tomber quelques auteurs dans
une confusion bizarre : ils prétendent, bien à tort, que les
enfants, nés de relations criminelles, doivent des aliments à leur père.

Il suffit, cependant, de lire ce texte et son titre même :
Nov. 12, chap. 2) « *Ut liberi legitimi incestuosorum
supplicio patris sui juris fiunt,* et res patris accipiunt. »

« Si vero contigerit ex prioribus nuptiis inculpabilibus
filios esse ei, aut nepotes forte, aut ulterius (descendants d'un degré plus éloigné) paternam mox illi accipiant successionem, suæ quidem potestatis patris
supplicio facti, *pascentes autem eum, et alia necessaria
præbentes.* Nam licet legum contemptor et impius sit,
tamen pater est. » Ce qu'au chapitre suivant, Justinien
confirme par ces mots (chap. 3 § 1) «.... Sed si qui fuerint ex prioribus nuptiis innoxii filii ei procreati :
illi ..... patrem alentes, et aliam ei præbentes sufficien-
tem sanationem, sicut prædiximus. »

C'est donc bien aux enfants légitimes seuls, ou du

moins à des enfants nés d'unions permises, qu'incombe cette obligation alimentaire.

Nous n'insisterons pas davantage sur des dispositions aussi odieuses et que rien ne saurait même expliquer !

A l'égard de l'enfant illégitime qui a un père certain. — Pendant très longtemps la situation de cet enfant fut identiquement la même que celle de l'enfant *sine patre*. Il n'y a pas, entre son père et lui, d'obligation civile alimentaire. Nous en avons la preuve dans un passage du Digeste, qui nous montre que le père ne doit des aliments qu'à une fille *juste procreata*, c'est-à-dire issue des justes noces. (Dig. lib. 25 tit. 3 loi 5 § 6 Ulpien) « Idem (Antonin le Pieux) rescripsit, ut filiam suam pater exhibeat (nourrisse), si constiterit apud judicem juste eam procreatam. » Tel n'est pas l'avis de divers auteurs, comme Voët, de Fresquet et M. Pilette (op. cit.). Mais leurs arguments nous semblent inadmissibles. Suivant Voët, ces mots *juste procreatam* désigneraient à la fois les filles issues des justes noces et celles nées du concubinat, car cette dernière union est *justa*, étant reconnue par la loi. Or jamais le mot *justus* n'a servi à désigner les enfants du concubinat. De même M. Pilette appuie son opinion sur les frag. 4 et 5 de notre titre du Digeste. « Le père naturel, dit-il, pouvait, s'il était dans le besoin, exiger que ses enfants le nourrissent. La dette d'aliments des enfants naturels envers leur père, celle de celui-ci envers ses enfants, ne date évidemment pas du règne de Justinien. Des textes,

empruntés aux jurisconsultes classiques, prouvent
qu'elle existait dès le commencement de l'Empire (frag. 4
et 5 De agnosc. et alend. Dig.).

Or que renferment ces textes?

Fragm. 4. Paul. « Il semble tuer son enfant non seulement celui qui l'étouffe, mais aussi celui qui le repousse
et qui lui refuse des aliments etc. »

« Fragm. 5. Ulpien. Il commence par ces mots : « Si
quelqu'un demande des aliments à ses enfants, ou si
ses enfants lui en demandent, le *judex* connaîtra de la
cause. »

Ces deux textes, par leur généralité, pourraient, sans
doute, permettre de dire qu'ils comprennent tout aussi
bien le père naturel que le père légitime, mais la suite
de ce même fragment 5 ne tarde pas à en restreindre la
portée au seul père légitime. Il nous parle, en effet, des
enfants *in potestate*, ou qui ne le sont plus, c'est-à-dire
des seuls enfants nés ou devenus légitimes (voy. § 1)
et le § 5 précité n'exige d'aliments du père en faveur de
sa fille que si elle est *juste procreata*. M. Pilette nous
semble donc n'avoir lu qu'incomplètement les textes
auxquels il se réfère.

Disons donc que, pendant longtemps, et même à l'époque classique, s'il existe une obligation alimentaire entre
le père naturel et ses enfants, elle est purement morale.

Justinien, donnant enfin la sanction légale à une loi
de la nature, rendit cette dette civilement obligatoire.
Nous en trouvons la preuve au Code et dans plusieurs

Novelles de ce prince. (Voy. Code lib. 5 tit. 27. De na-
turalib. liberis etc. Loi 8, Licet etc.) où nous trouvons
ces mots : « Hujusmodi (ex sola concubina) enim naturales filios pasci (recevoir des aliments) boni viri arbitrio
est necesse : » il s'agit ici d'une dette d'aliments qui
incombe, non au père naturel, mais à sa succession,
ce qui est presque identique.

De même, dans la Nov. 18, chap. 5, De concubinis et
naturalibus liberis, quomodo hi ab intestato succedant,
nous trouvons ces mots (à peu près au milieu du chapitre) « :... ubi omnino indubitatæ sunt sive concubinæ
in domo habitæ, *sive naturalium ibidem proles, et nu-
trimentum damus eis.* » Il s'agit encore ici d'une dette
d'aliments à la charge de la succession du père naturel.

Citons enfin, dans la Novelle 89, au chap. 12 De successione omnium naturalium filiorum le § 4 « Si quis
autem defunctus est ubi omnino indubitatus est et concubinæ in domo affectus et *filiorum ibidem proles et
alimentum damus eis.* »

On remarquera que ce texte reproduit presque littéra-
lement les expressions du précédent.

C'est toujours la succession du père naturel qui est
débitrice envers les enfants de la dette alimentaire :
nulle part Justinien ne nous parle expressément d'une
obligation civile entre le père et ses enfants illégitimes;
mais il va de soi qu'elle est comprise implicitement

dans les trois textes que nous venons de citer : ajoutons qu'elle est certainement réciproque entre eux (1).

Faut-il, comme pour l'aïeul maternel, étendre à l'aïeul paternel l'obligation alimentaire à l'égard de l'enfant naturel de son fils légitime, ou de l'enfant légitime de son fils naturel? Les textes nous font défaut sur ce point, mais nous pensons que l'on doit, par une analogie tout indiquée, admettre cette solution depuis le règne de Justinien.

Justinien, au chap. 12, déjà cité, de la Novelle 89, va encore plus loin en faveur des enfants naturels qui ont un père certain (§ 6) : « ...Pasci vero naturales (liberos) a legitimis sancimus, ut decet eos secundum substantiæ mensuram a bono viro arbitratam. » Il crée ainsi, à la charge de leurs frères et sœurs légitimes, une obligation alimentaire en faveur de ces enfants illégitimes.

Si nous supposons le père et la mère naturels également vivants, dans quelle mesure leur incombera l'obligation alimentaire à payer à leurs enfants? Il faut répondre qu'ils la supporteront concurremment l'un et

(1) Ces texts ne nous parlent que des seuls enfants *naturales* c'est-à-dire (dans la langue de Justinien) nés du concubinat, et la dette d'aliments à laquelle ils nous semblent tenus vis-à-vis de leur père ne peut s'étendre, par simple analogie, aux enfants adultérins et incestueux, car l'analogie fait ici, on le conçoit, absolument défaut. (Voir ci-dessus l'opinion erronée de quelques auteurs à ce sujet).

l'autre, suivant leurs moyens : leur part individuelle
sera alors déterminée par le juge.

Nous savons qu'il en est autrement si l'enfant est né
des justes noces : la dette alimentaire incombe alors
d'abord au père et aux ascendants paternels, et ce n'est
que subsidiairement qu'elle tombe à la charge de la
mère et des ascendants maternels. La dot touchée par
le mari représente, en effet, les charges du ménage et
les dépenses à faire pour les enfants, et nous savons que,
s'il est divorcé sans sa faute, il a le droit de garder une
partie de la dot précisément *propter liberos*. Nous en
concluons donc que, dans toutes les unions autres que
les justæ nuptiæ, l'absence de dot dispense le père
d'être seul à payer à ses enfants la dette alimentaire.

La dette ou la créance d'aliments des enfants illégitimes présente, du reste, les mêmes caractères généraux
que celle des enfants légitimes : elle est toujours réciproque (nous avons, en effet, écarté la prétendue créance du père incestueux ou adultérin), se calcule d'après
les facultés du débiteur et les besoins du créancier,
enfin elle fait toujours l'objet d'une *cognitio extraordi-
naria*. Rappelons que le caractère fondamental de
cette procédure consiste en ce que le magistrat n'y
renvoie pas, au moyen de la délivrance d'une formule, les parties devant un *judex*, comme dans la procédure formulaire, et qu'il prononce lui-même la condamnation.

Enfin, le droit aux aliments se perd par l'ingrati-
tude (1).

4º *Devoir de respect.*

A la protection que les parents doivent à leurs enfants,
vient correspondre un autre devoir, celui-là à la charge
des enfants.

Toutes les législations, comme toutes les religions,
l'ont consacré, et il en est ainsi dans la religion, comme
dans la loi romaine : c'est l'honneur, le respect, la
reverentia, comme disent les Romains, que l'enfant,
toute sa vie durant, doit à ses père et mère. Et ici, il
n'y a aucune distinction à établir entre les diverses
unions auxquelles l'enfant doit le jour.

Qu'il soit *justus,* né du concubinat ou *spurius,* il
est tenu de la *reverentia* envers sa mère, s'il est sans
père certain, envers ses parents, s'il a un père légalement connu.

Il n'y a donc ici rien de spécial quant aux enfants
illégitimes. « Una est enim *omnibus* parentibus servanda
reverentia, » nous dit Paul au Digeste (Lib. II, tit. IV. De
in jus vocando, loi 6).

---

(1) Quant aux enfants nés d'un mariage sine connubio, ou
d'un contubernium, M. Accarias croit pouvoir penser qu'il existait, entre eux et leurs parents, une obligation alimentaire réciproque. Nous nous rallions à cette opinion.

Rappelons, en quelques mots, quelles sont les conséquences civiles de ce devoir moral.

L'enfant ne peut citer ses ascendants en justice qu'a-
près en avoir obtenu l'autorisation du préteur. Faute de
quoi, il s'expose à une action pénale *in factum*, spécialement instituée par ce magistrat. Ulpien assimile, à
cet égard, les *liberi contubernales* et les *vulgo quæsiti* à
tous les autres enfants. (Voy. Dig. lib. II tit. IV. De in jus
vocando loi 4 § 3) : « Parentes etiam eos accipi Labeo
existimat, qui in servitute susceperunt : nec tamen, ut
Severus dicebat, ad solos justos liberos. sed et si vulgo
quæsitus sit filius, matrem in jus non vocabit. » Mais
il n'en est pas de même du père du *vulgo quæsitus*, si
celui-ci le connaît en fait ; et la loi 6 (eod. titul.) fait de
même pour les enfants issus du concubinat : « Parentes
naturales (du concubinat) in jus vocare nemo potest. »

L'action pénale est ainsi mentionnée aux Institutes
(lib. IV tit. VI. De actionibus § 12) « Pœnales quoque
actiones bene multas (prætor) ex sua jurisdictione intro-
duxit : veluti..... in eum qui patronum vel *parentem* in
jus vocasset, cum id non impetrasset. »

Gaïus, après nous avoir dit que l'action est *in factum*
(Commentaires lib. IV, § 46) nous indique le taux de la
condamnation de l'affranchi envers le patron en pareil
cas (et nous pensons qu'il doit également s'appliquer à
l'enfant envers ses parents) :

« Qualis est formula qua utitur patronus contra libertum qui eum contra edictum prætoris in jus vocat :

nam in ea ita est, recuperatores sunto ; si paret illum
patronum ab illo liberto contra edictum illius prætoris
in jus vocatum esse, recuperatores illum libertum illi
patrono sestertium X millia condemnanto; si non paret,
absolvunto. »

Les *recuperatores* prononcent donc contre l'enfant reconnu coupable une condamnation à dix mille sesterces.

Ulpien, également, nous parle d'une condamnation,
il est vrai différente, car elle est de 50 *aurei*.

Justinien aussi (aux Institut. lib. IV, tit. XVI. De
pœna temere litigantium § 3) nous indique le taux de
la condamnation de l'enfant : « Qua parte (edicti)
prætor parentibus et patronis, item.... hunc præstat
honorem, ut non aliter liceat liberis libertisque eos in
jus vocare, quam si id ab ipso prætore postulaverint et
impetraverint ; et si quis aliter vocaverit, in eum pœnam *solidorum quinquaginta* constituit». La peine est
donc encore de 50 *solides* ou *aurei*.

Mais sont-ce seulement le père et la mère qui sont ainsi
désignés par ce mot *parentes* ? Ulpien (Dig. tit. IV de
in jus vocando. Loi 4,), après nous avoir cité les termes
de l'Édit « Prætor ait : « Parentem... in jus sine
permissu meo ne quis vocet, » ajoute ces mots : « Parentem hic utriusque sexus accipe. Sed an *infinitum*,
quæritur ? quidam, parentem *usque ad tritavum* appel-
lari aïunt : *superiores, majores* dici. Hoc veteres existi-
masse Pomponius refert : sed Gaius Cassius *omnes in
infinitum parentes* dicit : quod et honestius est, et

merito obtinuit ». On voit que, dans *parentes*, on finit par admettre qu'il fallait comprendre tous les ascendants *in infinitum* (ajoutons même les ascendants naturels, car nous ne voyons pas de raison de distinguer).

Si nous supposons l'enfant autorisé par le préteur à citer ses ascendants en justice, nous voyons encore le principe de la *reverentia* modifier le caractère de l'action qu'il leur intente, comme aussi des exceptions qu'il leur oppose.

Il lui est interdit d'employer à leur égard des actions comme des exceptions infamantes (1) : ainsi il ne peut se servir de l'action de dol ou de l'action d'injures, de même que de l'exception de dol de l'exception *metus causa*, pas plus qu'avoir recours contre eux à l'interdit *unde vi*. Il n'aura jamais à sa disposition que des actions et des exceptions *in factum*, qui n'entraînent jamais l'infamie et ne comportent que des condamnations beaucoup moindres.

Un autre effet de la *reverentia* sur les procès, celui-là réciproque, c'est l'existence entre les parents et leurs enfants (naturels ou non) du bénéfice de compé-

(1) Voy. Dig. lib. XXXVII, tit. XV. De obsequis parentibus et patronis præstandis. Loi 5 Ulpien § 1 « Sed nec famosæ actiones adversus eos dantur : nec hæ quidem quæ doli vel fraudis habent mentionem ».

Voy. encore : Loi 7 Ulpien § 2 « Nec exceptiones *doli* (patiuntur) vel *vis metusve causa* : vel interdictum *unde vi*, vel *quod vi* patiuntur.

tence ; ils ne sont tenus de leurs dettes mutuelles que *quatenus facere possunt*. (Voy. eod. tit. loi 7, Ulpien § 1. « Et in quantum facere possunt, damnantur. »

De même encore les parents ne jurent pas lorsqu'ils défèrent le *jusjurandum de calumnia* (Eod. tit. loi 7, Ulpien § 3 « Nec deferentes jusjurandum de calumnia jurant. »

Jusqu'ici, nous avons supposé l'ascendant intervenant lui-même au procès.

Quid, s'il n'y figure que par un représentant (procurator)? Les règles restent-elles les mêmes, et la *reverentia* est-elle due alors au représentant avec toutes ses conséquences ci-dessus énumérées? Nous sommes, sur ce point, en présence de deux textes contradictoires, et, fait inexplicable, nous les trouvons réunis dans le même livre, voire même dans le même titre du Digeste. (Voy. Dig. lib. 37, lil. 15. De obseq. parent.)

Le premier est de Julien (loi 2); nous y lisons l'affirmative en ces termes : « Honori parentium ac patronorum tribuendum est, ut quamvis per procuratorem judicium accipiant, nec actio de dolo aut injuriarum in eos detur : licet enim verbis edicti non habeantur infames ita condemnati, re tamen ipsa et opinione hominum non effugiunt infamiæ notam. — § 1. Interdictum quoque unde vi non est adversus eos reddendum. »

Ainsi donc, même contre des parents représentés par un procurateur, on ne donnera ni l'action de dol, ni l'action d'injures, ni l'interdit *unde vi*, car bien qu'aux termes de l'Édit, les parents ainsi condamnés ne soient pas tenus pour infâmes (en droit), ils n'échappent pas cependant (en fait) à la note d'infamie dans l'opinion publique.

Tel n'est pas l'avis d'Ulpien, d'accord, nous dit-il, avec Pomponius.

Selon lui, la *reverentia* est personnelle aux ascendants et s'arrête à leurs *interventores* : (Loi 5 § 5.) « Honor autem his personis habebitur ipsis : *non etiam interventoribus eorum* », et il en déduit ailleurs la conséquence (Dig. lib. II tit. IV. De in jus voc. Loi 10 § 13. « Sed si patroni (et, certainement aussi, parentis) tutor, vel curator interveniat : impune posse eos in jus vocari, Pomponius scribit : et verius est. »

Nous ne pouvons que constater cette contradiction des textes, qui nous empêche d'avoir sur la matière une opinion précise.

Ajoutons enfin que la *reverentia* est due, dans tous les cas, à l'ascendant, même quand il n'est au procès que le représentant d'un tiers : « Et si forte ipsi pro aliis interveniant, honor habebitur (avec toutes ses conséquences). (Dig. lib. 37 tit. 15 loi 7 § 5) et (lib. 2 tit. 4. De in jus. loi 10 § 13). » « Semper autem hunc honorem patrono (et aussi parenti) habendum, etsi quasi tutor, vel curator, vel defensor, vel actor interveniat patronus (ou parens) ».

Enfin l'enfant, qui insulte, ou s'oublie jusqu'à frapper son père ou sa mère, tombe sous la juridiction du

Préfet de la ville, chargé de le punir : s'il est soldat, il
est puni militairement. (Eod. tit. loi 1 Ulpien § 2). « Si
filius matrem aut patrem, quos venerari oportet, contu-
meliis adficit, vel impias manus eis infert : præfectus
urbi delictum ad publicam pietatem pertinens pro modo
ejus vindicat ». et pr. (même loi) : « Etiam militibus
pietatis ratio in parentes constare debet : quare si filius
miles in patrem aliqua commisit, pro modo delicti
puniendus est. »

Enfin, est déclaré indigne de servir dans l'armée, celui
qui traite de criminels ses parents, qu'il reconnait l'avoir
élevé. (Eod. tit. ead. leg. § 3) : « Indignus militia judican-
dus est, qui patrem et matrem a quibus se educatum
dixerit, maleficos appellaverit. »

Tel est le premier ordre de conséquences qu'entraîne
la cognation naturelle entre ceux qu'elle unit : citons
encore, sans nous y arrêter, le *jus capiendi* et le *jus
liberorum* au profit de la mère naturelle. Nous en avons
parlé plus haut.

II. Droits de succession.

Nous voici arrivés à l'étude des droits successoraux
que fait naître la filiation illégitime. Sous cette rubrique,
nous envisagerons successivement les successions ab
intestat, puis les successions testamentaires, avec lesquelles nous étudierons, *brevitatis causa*, les libéralités
entre-vifs.

*Droits de succession ab intestat fondés sur la filiation
illégitime.*

Nous avons à nous demander tour à tour quels furent les droits de l'enfant à la succession de ses parents
naturels, puis quels furent les droits de ceux-ci à la succession de l'enfant.

I° *Droits des enfants naturels à la succession ab intestat de leurs parents.*

Pendant longtemps, le système successoral de la loi
des XII Tables fut seul en vigueur. Il établissait, comme
nous savons, la capacité de succéder ab intestat sur la
seule parenté civile et n'appelait à la succession du
défunt que ses *sui*, ses agnats et ses *gentiles*.

L'enfant naturel, du moins tant qu'il demeurait tel
qu'il était né, c'est-à-dire *sui juris*, n'avait donc aucune
vocation à aucune hérédité ab intestat, rien à prétendre
dans la succession de son père, de sa mère ou de leurs
parents. Il en fut ainsi pendant plusieurs siècles.

De la bonorum possessio unde cognati. — Peu à peu,
nous le savons, l'Edit du préteur vint adoucir, par des
voies d'ordinaire détournées, ce qu'avait de trop cruel
l'application littérale de la loi. Il en fut ainsi en matière
de successions. Le moyen employé, à cet effet, par le préteur porte le nom de *bonorum possessio* : comme nous
le dit Justinien, (Inst. lib. III, tit. 9) « Jus bonorum pos-
sessionis introductum est a prætore, emendandi veteris
juris gratia. » De nombreuses *bonorum possessiones* vin-

rent ainsi, en fait, sinon en droit, permettre d'approcher des successions à une foule d'héritiers, dont les droits reposaient surtout sur les liens du sang, et qu'en écartait le pur droit civil. Il en fut ainsi pour les enfants naturels.

Ils profitèrent, en effet, de la *bonorum possessio unde cognati*. Comme son nom l'indique, elle était fondée sur la cognation, quelle qu'en fût, du reste, la source, légitime ou illégitime. Les enfants naturels furent donc admis à l'hérédité ab intestat de leur mère et des cognats de celle-ci, mais seulement à défaut des héritiers du droit civil (sui, agnats ou gentiles). Furent-ils également admis à la succession de leur père, quand ils avaient un père certain ?

C'est une question qui est, encore aujourd'hui ; très controversée. Bien des auteurs prétendent qu'il n'y avait pas de cognation entre le père naturel et ses enfants, d'où pas de *bonorum possessio unde cognati*. Nous pensons, quant à nous, qu'il y a lieu de distinguer entre les diverses catégories d'enfants ayant un père certain.

Ainsi, quant aux enfants nés du concubinat, nous pensons, avec M. Accarias, que « toute parenté naturelle, légalement certaine, qui s'est formée entre deux personnes libres, entraîne vocation réciproque à la *bonorum possessio unde cognati*, à l'époque classique. » Les enfants du concubinat sont cognats de leur père, ils lui succéderont donc suivant cette *bonorum possessio*.

Que dire des enfants illégitimes nés du *matrimonium sine connubio ?*

Nous savons que, jusqu'à Adrien, ces enfants sont pérégrins, et qu'après Caracalla, une telle union est des plus rares. L'absence de textes nous empêche de nous prononcer à leur égard : nous croyons cependant que la *bonorum possessio* avait dû, en fait, leur être étendue par le *prætor peregrinus*.

Enfin, pour ce qui est des *liberi contubernales*, la règle *servilis cognatio non pertinet ad leges* ou encore *nulla est* (Voy. Dig. lib. XXXVIII, tit. X, loi 10 Paul, § 5 ...*sed ad leges serviles cognationes non pertinent.* — Lib. XXXVIII, tit. VIII, loi 1, § 2. Pertinet autem hæc lex (loi qui nous donne la définition de la cognation) *ad cognationes non serviles : nec enim facile ulla servilis videtur esse cognatio*), nous indique suffisamment que, même à supposer la mère et l'enfant devenus libres, postérieurement à la naissance de ce dernier, la *bonorum possessio* n'existe pas, non seulement entre le père et l'enfant, mais encore entre sa mère et lui (1) : nous verrons Justinien modifier cette situation.

Tels étaient, suivant nous, les cas où l'enfant naturel était appelé à la *bonorum possessio unde cognati* de ses père et mère : ajoutons qu'il ne l'était qu'à défaut de *sui*, d'agnats ou de *gentiles* laissés par le défunt, à défaut aussi de toute disposition testamentaire, circon-

_____

(1) Remarquons avec M. Accarias que si, bien que devant le jour à un contubernium, l'enfant est issu d'une mère libre au moment de sa naissance, et par conséquent naît libre, entre elle et lui la *cognatio* n'est plus *servilis* et la bonorum possessio existe.

stance qui ne devait que bien rarement se réaliser.
*Modifications apportées au droit de succession ab
intestat des enfants naturels.*

1° *A la succession de leur mère.*

Du Sénatus-Consulte Orphitien. — Tels étaient les
droits de tous les enfants naturels à la succession ab intestat de leur mère, quand fut rendu, sous Marc-Aurèle,
en 178 de J.-C., le Sénatus-Consulte *Orphitien*, sous le
consulat d'Orphitus et de Rufus. Il était le complément
d'un autre sénatus-consulte que nous étudierons plus
loin, le *Tertullien*, rendu 20 ans auparavant.

Le Sénatus-Consulte Orphitien vint donner à tous les
enfants, légitimes ou naturels, même *vulgo concepti*,
une vocation légitime à la succession de leur mère.

Désormais tous les enfants au premier degré, à la
condition d'être citoyens et ingénus, qu'ils soient, du
reste, ou non, *sui juris* (l'enfant naturel a pu être adrogé),
succèdent directement à leur mère, ingénue ou affranchie.
Ils lui succèdent par préférence aux agnats de celle-ci, à
ses consanguins, à son patron, à son père émancipateur.

Ajoutons enfin qu'on n'exige pas des enfants la possession du jus liberorum (1).

Des diverses modifications de l'Orphitien. — D'après
l'Orphitien, comme nous l'avons vu, succédaient seuls

_____

(1) Voy. Instit. Lib. III tit. IV De Senatusconsulto Orphitiano
pr. et § 1.

les descendants du premier degré ; quant aux autres, ils
ne venaient, comme auparavant, qu'après les agnats. Une
constitution de Théodose, Valentinien et Arcadius, de
l'année 389, vint étendre en leur faveur, jusqu'à concurrence des trois quarts, les dispositions de l'Orphitien :
le dernier quart appartenait aux agnats.

La réforme ne s'appliquait encore qu'aux petits-
enfants et arrière-petits-enfants. Justinien, la complétant, les admit à la succession tout entière, et accorda
la même vocation aux descendants plus éloignés (Code
lib. VI, tit. LV. De suis et legitimis liberis, et ex filia
nepotibus ab intestato venientibu). Loi 12 « Sed descen-
dentes soli ad mortui successionem vocentur. Quod
tantum in futuris, non etiam præteritis negotiis servari
decernimus ; in successionem mortui patrisfamilias sive
filiifamilias, etc.)

Sous l'empire de l'Orphitien, si l'enfant venait à la
succession de sa mère, en concurrence avec la mère de
celle-ci et un consanguin, il recueillait à leur exclusion
toute l'hérédité (Voy. Code lib. VI tit. LVII ad Senatusconsultum Orphitianum.) Loi d'Alexandre Sévère : « Si
intestatæ muliri consanguinei exstant, et mater et filia
ad solam filiam ex s. c. Orphiti. hereditas pertinet. »

Si l'enfant vient en concours avec la mère seule de la
défunte, l'hérédité, sous l'empire de l'Orphitien, devait
se partager entre eux par application simultanée du
Tertullien pour la mère, de l'Orphitien pour l'enfant :
une constitution de Gratien, Théodose et Valentinien

vint exclure la mère, au profit du seul descendant (Code
eod. tit. Loi 4. « Quotiens de emancipati filii, filiæve successione tractatur : filiis ex his genitis deferatur intacta
pro solido successio ; neque ulla defuncti defunctæve patri, matrive concedatur intestatæ successionis hereditas.»
— Et Instit. liv. III, tit, III. De S. C. Tertyllian. § 3..
« Sed et filiæ suæ mortuæ filius vel filia opponitur ex
constitutionibus matri defunctæ, id est aviæ suæ ».

Nous avons vu que, pour bénéficier de l'Orphitien, il
fallait être Romain et ingénu. Justinien, par deux décisions, restreint, puis augmente l'étendue de ce principe.

Il décide, d'une part, que les enfants *vulgo concepti*
d'une mère *illustris* ne pourront plus lui succéder ab intestat (Voy. Code lib. VI tit. LVII, Ad S. C. Orph. Loi 5
« Sancimus itaque ut... neque ab intestato... justis liberis
existentibus, aliquid penitus ab *illustribus matribus* ad
spurios perveniat : cum in mulieribus ingenuis et illustribus (quibus castitatis observatio præcipuum debitum
est) nominari spurios, satis injuriosum, satisque acer-
bum, et nostris temporibus indignum esse judicamus. Et
hanc legem ipsi pudicitiæ, quam semper colendam censemus, merito dedicamus. » Mais nous pensons que cette
prohibition n'existe, comme le dit notre texte, que
justis liberos existentibus, s'il y a des enfants issus des
justes noces.

La seconde modification de Justinien au principe de
l'Orphitien consiste à permettre de succéder ab intestat
à sa mère l'enfant né en esclavage, pourvu qu'il ait été

affranchi avant l'ouverture de la succession de celle-ci.
(Voy. Instit. lib III, tit. VI De gradib. cognationis § 10
« Hoc, humanitate suggerente, concessimus, ut... et ii qui
ex servili ventre nati sunt, libertatem meruerunt, hi omnes ad successionem patris vel matris veniant. » L'enfant
prime alors le patron « patronatus jure in hac parte sopito ».

Enfin Justinien confirma certainement les déchéances
dont Honorius et Arcadius, en l'an 396, avaient frappé
les enfants adultérins et incestueux.

Ces empereurs, dans cette constitution célèbre, appor-
taient une nouvelle restriction à l'Orphitien. Ils déclarent
les enfants de l'adultère et de l'inceste incapables de rien
recevoir ab intestat de leur père ou de leur mère (Voy.
Code lib. V, tit V. De incestis et inutilibus nuptiis loi. 6).

Quant à la succession ab intestat de leur grand'mère.
les petits-enfants naturels n'eurent, pendant longtemps,
pour y parvenir, que *la bonorum possessio unde cognati.*

Une constitution d'Arcadius, Théodose et Valentinien
permit au fils ou à la fille naturelle de recueillir la succession de leur grand'mère comme leurs parents eux-
mêmes. Toutefois, leur part était réduite d'un quart en
faveur des agnats qui venaient en concours avec eux.

Justinien, lorsque le défunt ne laissait que des agnats,
leur donna la portion entière qui serait échue à leur
mère (Code lib. VI, tit. LV, loi 9).

1° *A la succession de leur père.*

Les enfants naturels, qui avaient un père certain (ou,

du moins, les enfants issus d'un concubinat ou d'un *martimonium sine connubio*) héritèrent, suivant nous, pendant longtemps, de leur père décédé intestat, grâce à la *bonorum possessio unde cognati*. Cet état de choses fut modifié par les Empereurs chrétiens. Le Christianisme, nous le savons, eut la haine du concubinat et s'efforça de le détruire par tous les moyens.

Une constitution de Constantin vint, en effet, priver les enfants naturels de tous droits à la succession ab intestat de leur père (1). Et cet état de choses fut confirmé par la constitution, de 396, d'Honorius et d'Arcadius, que nous avons déjà citée, et qui refuse pareillement tous droits ab intestat, dans la succession paternelle, aux enfants adultérins et incestueux.

Il en fut ainsi jusqu'à Justinien.

Ce prince, revenant à des idées plus douces en faveur des enfants naturels, leur reconnaît la qualité d'héritiers de leur père.

Mais il faut distinguer: d'abord les enfants adultérins et incestueux n'ont jamais aucun droit, même, ajoute Justinien, à des aliments, sur la succession de leur père.

Quant aux autres enfants naturels, il y a lieu de voir avec qui ils viennent en concours.

Si le père, mort intestat, laisse une femme ou des

(1) Cette constitution ne leur enlève, à vrai dire, que la capacité de recevoir de lui aucune libéralité. Il est donc infiniment probable que la prohibition devait s'étendre à la faculté de rien recueillir de lui ab intestat.

enfants légitimes, ses enfants naturels n'auront jamais droit qu'à des aliments qu'ils demanderont aux héritiers de leur père.

Si le défunt n'a ni épouse ni enfants légitimes, il n'y a pas lieu de distinguer s'il laisse d'autres héritiers ou s'il n'en laisse aucun. Dans tous les cas, un sixième de sa succession est attribué à l'ensemble de ses enfants naturels et de leur mère, seule concubine du défunt. La mère est alors assimilée à ses enfants et reçoit une part virile. La part des enfants reste d'un sixième des biens, si leur mère est décédée.

Enfin Justinien décide que la *cognatio servilis* produira désormais des effets civils. Si le père et l'enfant sont libres tous deux, l'enfant est appelé à l'hérédité ab intestat de son père : il prime alors même le patron (Instit. lib. III tit. VI De gradib cognat. § 10 déjà cité. « Ut hi omnes ad successionem *patris* vel matris veniant, patronatus jure in hac parte sopito. »

Quant à la succession ab intestat de son grand-père, le petit-enfant naturel (que son père fût un fils naturel ou légitime) ne la recueille jamais (Code lib. V, tit. XXVII loi 12) que comme un cognat ordinaire « Jura ab intestato in avi successionem nemini corum penitus aperimus. »

Réserve des enfants naturels. — Reste à résoudre une dernière question: les enfants naturels ont-ils à Rome une réserve, une *légitime* dans la succession de leurs auteurs ?

Écartons, tout d'abord, le point de savoir s'il était nécessaire de les instituer ou de les exhédérer, soit *nomi-natim,* soit *inter ceteros.* Ce droit n'existant qu'en faveur des *sui* ou assimilés aux *sui,* la question ne se pose même pas à l'égard des bâtards.

Reste la plainte d'inofficiosité, la *querela inofficiosi testamenti.* Selon nous, elle existe en faveur des enfants naturels, à l'égard du testament, tant de leur père que de leur mère. Sans nous demander quelles étaient les conditions générales de l'exercice de la *querela,* qui sont étrangères à notre sujet, voyons seulement si les enfants naturels ont, vis-à-vis de leurs auteurs, la qualité de *légitimaires,* indispensable à la mise en action de la plainte d'inofficiosité.

A l'égard de la mère, il ne peut y avoir de doute, car nous avons un texte formel. (Dig. lib. V, tit. II De inoffi-cioso testamento; loi 29 Ulpien, § 1.) « De inofficioso testamento matris *spurii* quoque filii dicere possunt. » Puisque les *spurii* ont, à titre de descendants de la testatrice venant à sa succession, le droit d'exercer la *querela,* il en est de même, à fortiori, de tous les autres enfants naturels en pareil cas.

La condition d'exercice de la *querela,* nous le savons, est de venir à la succession ab intestat du testateur, en vertu du droit civil ou du droit prétorien. Jusqu'à la création par le préteur de la *bonorum possessio unde cognati,* il n'y eut pas de *légitime* dans la succession maternelle pour les bâtards, faute de vocation à cette hérédité. Désormais, à la condition d'y venir en ordre utile, c'est-à-dire à défaut d'agnats, les enfants naturels auront droit à la *légitime*. Leur situation, nous l'avons vu, ne fait que s'améliorer, grâce à l'Orphitien, puisqu'ils sont maintenant appelés avant les agnats.

Même situation pour les petits-enfants naturels, qui eurent droit, d'abord, à titre de cognats, à une *légitime* dans la succession de leur grand'mère maternelle, et bénéficièrent plus tard des dispositions de l'Orphitien, grâce à Arcadius et Théodose.

A l'égard du père, la solution, d'après nous, n'est pas différente. Étant admis (la question, nous l'avons vu, est controversée) que les enfants naturels eurent d'abord, vis-à-vis de la succession de leur père, la *bonorum possessio unde cognati*, il en résulte logiquement que, s'ils sont, grâce à elle, appelés au premier rang (à défaut d'agnats) à l'hérédité ab intestat de leur père, ils y ont droit à une légitime, à une réserve. Quelle raison, en effet, de décider autrement que pour la mère, dans un cas tout semblable ? Chez eux, la qualité de cognats, pas plus ici que là, n'exclut et ne peut exclure celle de descendants ! Plus tard, nous le savons, ils sont appelés à cette hérédité à un meilleur titre.

Décidons, en conséquence, que les enfants naturels sont *légitimaires*, dans la succession de leur père (sauf, bien entendu, pendant la période du Bas-Empire où nous leur avons vu refuser tout droit à cette succession.)

II° *Droits de ses père et mère à la succession ab intestat de l'enfant naturel.*

Nous venons d'étudier les droits de succession (ab intestat) de l'enfant naturel. Demandons-nous, maintenant, quels furent, pour ses parents, les droits à la succession (ab intestat) de cet enfant. Commençons par la mère.

1° *Droits de la mère à la succession ab intestat de l'enfant naturel.*

Quand le préteur, à l'aide des *bonorum possessiones*, eut adouci la législation des XII Tables, la mère fut appelée à la succession ab intestat de ses enfants illégitimes, grâce à la *bonorum possessio unde cognati*. Il en fut ainsi jusqu'au Sénatus-Consulte *Tertullien*.

Du Sénatus-Consulte Tertullien. — Le *Tertullien*, au dire de Justinien, fut rendu sous Adrien. Mais la présence, en 158 de J.-C., sous Antonin le Pieux, d'un consul *Tertullus* nous porterait plutôt à le placer à cette date. Il vient appeler la mère à la succession ab intestat de ses enfants prédécédés. Mais il ne profite qu'à elle et n'établit aucune vocation en faveur des autres ascendantes, tant maternelles que paternelles.

Le Tertullien s'applique à la succession de tous les enfants, légitimes ou naturels. Quant à la mère, elle peut être ingénue ou affranchie, *sui juris* ou *alieni juris*. Une condition lui est cependant imposée : c'est la possession du *Jus liberorum*. Deux autres conditions doivent se réaliser chez l'enfant décédé ; elles étaient, du reste, l'une et l'autre sous-entendues dans le Sénatus-Consulte : c'était, d'abord, que l'enfant fût ingénu, car, d'une part, le *cognatio servilis* n'engendre, alors du moins,

aucun droit, d'autre part les droits de succession du patron et de ses ascendants auraient primé ceux de la mère.

La seconde condition, c'était que l'enfant fut *sui juris*
car, du moins jusqu'à Justinien, les fils de famille étaient
incapables de laisser des héritiers ab intestat.

Dans quel ordre, la mère, aux termes de Tertullien,
était-elle appelée à la succession de son enfant ? Elle ne
venait qu'à défaut de descendants *sui heredes*, du père
légitime, des agnats consanguins (si ce sont des frères
seulement ou des frères et sœurs) ; elle concourt avec
les descendants du premier degré *non sui heredes*, qui
sont, comme elle, cognats du défunt au premier degré ;
elle concourt aussi avec les sœurs agnates, (s'il n'y a
pas de frères) qu'elle prive d'une moitié ; enfin elle exclut
les descendants *non sui*, les ascendants autres que le
père, et les agnats autres que les frères et sœurs consanguins.

Des diverses modifications du Tertullien. — Plusieurs constitutions impériales vinrent modifier les
droits de la mère ainsi déterminés par le Tertullien.

Mentionnons d'abord une nouvelle condition imposée à la mère : elle devait, si elle était majeure de 25 ans,
veiller à la nomination ou au remplacement du tuteur
de son enfant, faute de quoi elle était déchue de la succession ab intestat de cet enfant mort impubère. Un
délai d'un an lui est accordé, dans certains cas, pour
satisfaire à cette obligation.

Trois constitutions viennent également modifier les

droits de la mère avant Justinien. Résumons-les d'après
M. Accarias (Voy. Précis le Dr. Rom. Tom. II n° 435) qui
constate « qu'aucune des trois n'est tout-à-fait claire et
que les deux dernières sont très obscures ». Il les in-
terprète suivant l'opinion de la majorité des romanistes
modernes.

La première est de Constantin, et date de 321. Elle
augmente et diminue tout ensemble les droits de la mère.

Elle les augmente, en ce que, même privée du *jus
liberorum*, elle ne passera plus après les agnats, sauf
les frères et sœurs ; quant aux autres, elle les privera
d'un tiers des biens de l'enfant.

Elle les diminue, en ce qu'elle n'exclut plus, comme
autrefois, les oncles paternels (agnats ou émancipés), et
leurs descendants : désormais ils auront un tiers.

La seconde constitution est de Valens et Valenti-
nien Ier ; elle date de 369 ; mais n'est applicable qu'à
l'Orient. Elle appelle en concours avec la mère les frères
émancipés (oubliés par la précédente constitution), avant
les oncles paternels (agnats ou émancipés.) Ces frères
privent la mère d'un tiers, si elle a le jus liberorum,
et, sinon, de deux tiers.

En Occident, la constitution de Constantin resta in-
tacte.

Enfin, en 426, Valentinien III et Théodose II appellent
à la succession, quand la mère n'a pas le *jus liberorum*,
les oncles paternels émancipés, oubliés par Valentinien
et Valens.

Mais la nouvelle constitution vient aussi, même lorsque la mère n'a pas le *jus liberorum*, restreindre désormais à un tiers la part des frères émancipés, de tous les oncles, ou, à leur défaut, de leurs descendants, et, à fortiori, de tous autres agnats.

Enfin, nouvelle modification au Tertullien, les descendants, désormais, quels qu'ils soient, priment tous la mère dans la succession de l'enfant (1).

Justinien, à son tour, modifia plus complètement encore le Tertullien.

Il supprime pour la mère la condition du *jus liberorum* dans tous les cas ; quant à l'enfant prédécédé, il n'aura plus besoin d'avoir été à sa mort *sui juris* (l'enfant, même naturel, a pu tomber in potestate), ni même ingénu. Il suffit qu'il soit mort libre. Sa mère, si elle est libre elle-même, put, dès lors, lui succéder, car Justinien reconnaît désormais, *humanitatis causa*, la *cognatio servilis*, à laquelle il attache les droits héréditaires. La mère prime-t-elle le patron de son enfant, ou est-elle primée par lui ? La question est, pour nous, insoluble, en l'absence de textes précis.

Désormais, la mère continuera à être primée par tous les descendants et par le père (s'il est seul en concours avec elle) ; elle primera tous les collatéraux, agnats ou

(1) Toutes ces modifications au Tertullien ne s'appliquent guère on le voit, à la succession des enfants naturels (à moins qu'ils n'aient été légitimés).

non, excepté les frères et sœurs ; elle vient, en effet, en
concours avec eux et prend une part virile s'il y a des
frères et sœurs ou seulement des frères, une moitié, au
contraire, s'il n'y a que des sœurs.

2° *Droits du père à la succession ab intestat de l'enfant naturel.*

La cognation, qui unissait l'enfant naturel et son père
certain, créa pendant longtemps, entre eux, suivant nous,
une vocation héréditaire réciproque, due à l'Edit du préteur. Le père était donc appelé à l'hérédité de son enfant,
né du concubinat ou du *matrimonium sine connubio* (1),
grâce à la *bonorum possessio unde cognati.* Il en fut ainsi
pendant de longs siècles, car jamais, ici, les droits du
père naturel ne purent être assimilés, quant à la succession ab intestat de l'enfant, à ceux du père légitime.

Quels furent les droits héréditaires du père naturel,
sous l'empire du Tertullien, et plus tard, depuis Constantin ? La déchéance que cet Empereur édicta à l'égard
des enfants naturels dans la succession de leur père eut-
elle pour contrepartie la même déchéance à l'égard du
père ? Nous l'ignorons, et l'absence de textes nous interdit
de nous prononcer sur les droits de succession du père
naturel pendant cette longue période : disons, cependant,
qu'en fait, l'enfant tombait presque toujours en la puissance de son père naturel par la légitimation, ce qui

_____

(1) Mais pas du *contubernium,* puisque, du moins jusqu'à Justinien, *cognatio servilis est nulla.*

transformait ou supprimait même complètement leurs vocations héréditaires réciproques (nous savons en effet que les fils de famille, jusqu'à Justinien, ne laissent pas, du moins en général, de succession ab intestat).

Justinien, dans sa Novelle 89, après avoir, comme nous l'avons vu, déterminé la vocation ab intestat des enfants naturels dans la succession de leur père, fixe par le chapitre 13 de la même Novelle, les droits inverses de celui-ci à la succession de ses enfants du concubinat : « In quibus autem casibus naturales filios vocavimus ad successionem, in iis quoque et ipsi decentem naturalibus patribus devotionem servent : eademque mensura sicut parentes prospiciunt naturalibus filiis secundum nostram legem, et ipsi parentibus compensent sive in successionibus, sive in alimentis, sicut superius sancivimus. » Ce qui veut dire que, si l'enfant laisse des enfants et une femme légitime, son père naturel n'aura droit qu'à des aliments ; sinon, il lui sera dû un sixième de l'hérédité de son fils.

Ce même prince, comme nous le savons, accorde désormais des effets civils à la *cognatio servilis*. Si l'enfant meurt libre, et si telle est alors également la condition de son père, celui-ci est certainement appelé à l'hérédité ab intestat de son enfant. Mais n'est-il pas alors primé par le patron ? Nous pensons qu'il y a lieu d'admettre l'affirmative.

**De la capacité de recevoir par donations entre-vifs ou testamen-
taires, fondée sur la filiation illégitime.**

I. *Capacité des enfants illégitimes à l'égard des libéralités émanées de leur mère.*

La mère, dès l'origine de Rome, put faire à ses enfants illégitimes, par donation entre-vifs ou testamentaire, les mêmes libéralités qu'à des étrangers quelconques. Et la capacité de l'enfant, vis-à-vis des libéralités
émanées de sa mère n'a pas, pour ainsi dire, subi de
restriction au cours des siècles.

Notons simplement la déchéance prononcée par Arcadius et Honorius contre les enfants de l'adultère et
de l'inceste : ils sont, désormais, incapables de recevoir
de leur mère ; aucune libéralité entre-vifs ou testamentaire ; Justinien aggravera la pénalité : il interdira à la
mère de leur laisser même des aliments.

II. *Capacité des enfants illégitimes à l'égard des libéralités émanées de leur père.*

Pendant de longs siècles, le père, comme la mère, put
faire à ses enfants illégitimes les libéralités qui lui
convenaient, en vertu du principe de la loi des XII
Tables « Uti legassit pater-familias super pecunia tute-
laue suæ rei, ita ius esto. »

Plus tard, il ne fut encore restreint à cet égard que
par la réserve de ses héritiers légitimaires. Telle fut la
situation, jusqu'à l'avénement du Christianisme.

Les Empereurs chrétiens, entre autres moyens de battre en brèche le concubinat, s'attaquèrent aux enfants qui en étaient issus.

Constantin, par une constitution (1) promulguée à Carthage en 336 et insérée au Code (lib. V, tit. XXVII. De naturalibus liberis, loi 1) semble déclarer les enfants naturels absolument incapables de rien recevoir, par donation entre-vifs ou testamentaire, de leur père naturel. Sa constitution ne s'adresse qu'aux sénateurs, aux préfets, aux duumvirs et aux prêtres qui ont des enfants d'une esclave, d'une fille d'esclave, d'une affranchie, d'une fille d'affranchie, d'une comédienne, d'une fille de comédienne, d'une cabaretière, d'une fille de cabaretière, d'une fille d'entremetteur ou de gladiateur, ou d'une marchande : mais on s'accorde à reconnaître que la prohibition dut s'étendre à tous les enfants naturels. Les donations en leur faveur, ainsi devenues caduques, font retour à la famille légitime du défunt, *légitimæ soboli, aut fratri, aut sorore, aut patri, aut matri,* et à leur défaut, au fisc : (*aut si non existant, fisci juribus vindicetur*). »

Il en fut ainsi jusqu'au règne de Valens, de Valentinien et de Gratien.

Une constitution (2) de ces trois princes vint, en effet,

___

(1) A laquelle nous avons fait allusion à propos des successions ab intestat.

(2) Probablement de l'an 375 de J.-C.

adoucir sensiblement la condition des enfants naturels.
« Valenti siquidem et Valentiniano et Gratiano divæ
memoriæ, dit Justinien, primis placuit humanum aliquid
agere circa naturales. »

Cette constitution, résumée dans la (Novelle 89,
(chap. XII. De succes. omn. natural, filior.) établit la
distinction suivante :

Si le défunt laisse des enfants légitimes, il ne peut
donner à ses enfants naturels qu'un douzième de ses
biens à partager avec leur mère. « Et si quidem sit naturalium patri legitima soboles, una uncia eos dignos
esse fecerunt et hanc cum sua matre non donari, neque
ex ultima dari voluntate ulterius aliquid permittentes. »

Si le défunt ne laisse ni enfants légitimes, ni père, ni
mère, il pourra donner aux enfants naturels et à leur
mère un total de trois douzièmes, sur lesquels on impu-
tera ce qu'ils auront déjà reçu ; « si vero filiorum legiti-
morum non sint parentes, et neque patrem, neque matrem habeant, usque ad tres uncias relinquere eis aut
donare permissi sunt, et hoc cum matre : et si quolibet
modo acceperint aliquid, in hoc reputari solummodo. »
Le texte ajoutant : « quod autem plus est, ad eos qui vo-
cantur ex lege venire, » peut-être faut-il décider qu'à
défaut d'héritiers *vocati ex lege* le défunt peut faire à ses
enfants naturels toutes les libéralités qui lui plaisent.

Vint ensuite la constitution de 396, d'Honorius et
Arcadius, plusieurs fois déjà citée par nous ; elle déclare les enfants adultérins et incestueux incapables

de rien recevoir de leur père par donation entre-vifs ou testamentaire.

Les mêmes princes, par une constitution de l'an 403, mentionnée au Code, (lib. V, tit. XXVII, loi 2) confirmèrent purement la constitution de Valens, Gratien et Valentinien, quant à la capacité des enfants naturels. Citons les premiers mots de ce texte : « Matre, vel legitimis filiis, vel nepotibus, aut pronepotibus cujus cumque sexus, uno pluribusve existentibus eorum tantum unciam, etc. »

Si donc le défunt ne laisse ni mère, ni descendants légitimes, nous avons le droit d'en induire qu'il peut disposer de tout ce qu'il veut en faveur de ses enfants illégitimes.

Justinien confirma pareillement ces constitutions, en ce qui concerne la capacité des enfants lorsque le père naturel mourait en laissant des descendants légitimes : les enfants naturels et leur mère n'ont jamais droit, tous ensemble, qu'à un douzième.

Après avoir également confirmé ces constitutions pour le cas où le père naturel laissait seulement son père ou sa mère, (les enfants naturels n'avaient, alors, droit qu'à un douzième) ce prince finit par décider que, dans cette circonstance, le père, après avoir laissé leur légitime à ses ascendants du premier degré, pourrait donner à ses enfants naturels le reste de ses biens : « Quod si parentes duntaxat ei supersint, legitima parte parentibus relicta, reliquum inter naturales distribui permittitur. (In Authen. Code 5, 27. Loi 8).

Pour le cas où le père naturel ne laisse ni descendants légitimes, ni père, ni mère, les décisions de Justinien ont varié, comme on va voir.

Dans une première constitution (de l'an 528), mentionnée au Code (lib. V, tit. XXVII, Loi 8), il s'exprime ainsi : « Humanitatis intuitu naturalibus patribus hoc indulgemus, ut liceat eis nulla legitima sobole, vel matre subsistente, naturalem vel naturales filios, matremque eorum non tantum ex tribus unciis (quod præteritæ leges permittebant), sed etiam ex duplici portione, id est sex unciis heredes scribere. » Le père peut donc, dans ce cas, laisser la moitié de sa fortune à ses enfants naturels et à leur mère.

Par une nouvelle constitution, Justinien étendit encore les droits du père. (In Authent. au Code) « Licet patri sine legitima prole seu parente, cui relinqui necesse est decendi, naturalibus totam substantiam suam vel inter vivos largiri, vel in testamento transmittere. » Le père peut donc, alors, à défaut de légitimaires, disposer de tous ses biens en faveur de ses enfants naturels.

Quant aux enfants incestueux ou adultérins, Justinien, comme nous savons, confirme à leur égard les prohibition précédentes et les déclare incapables de recevoir de leur père aucune libéralité même à titre d'aliments.

Quelle était la capacité de l'enfant naturel par rapport aux libéralités émanées de son grand-père?

Justinien décide, par une Constitution de l'an 539 (insérée au Code lib. V, tit. XXVII, loi 12) que l'enfant na-

turel pourra recevoir de son grand-père paternel, par donation entre-vifs ou testamentaire (si ce dernier laisse
des descendants légitimes), la même part qu'un enfant
naturel du premier degré, c'est-à-dire un douzième; si
l'aïeul ne laisse pas de descendants légitimes, il pourra
donner à son petit-fils tous ses biens, moins la réserve
des légitimaires, bien entendu. En un mot, le petit-enfant naturel a ici de tous points la condition qu'a l'enfant naturel lui-même vis-à-vis de son père dans le
dernier état du droit de Justinien.

Telle fut, dans ses grandes lignes, la législation suc-
cessorale des enfants illégitimes à Rome.

CHAPITRE III

DES MOYENS DE RELEVER LA CONDITION DES ENFANTS ILLÉGITIMES.

Nous venons d'étudier la condition des enfants illégitimes à Rome, nous avons vu l'ensemble des incapacités et des déchéances dont ils portaient le poids. Reste à nous demander si les Romains n'ont pas cherché à remédier à l'infériorité d'une telle situation et mis en œuvre des moyens de relever la condition des enfants illégitimes.

La plupart de ces moyens eurent pour résultat d'assimiler l'enfant illégitime à l'enfant issu des justes noces, en le faisant tomber, postérieurement à sa naissance, sous la puissance de son père. Cependant l'assimilation n'est pas toujours complète, comme nous le verrons.

Bien que les mots *legitimatio*, *legitimare*, soient inconnus à l'époque classique et seulement en usage sous les empereurs chrétiens, nous n'en comprendrons pas moins, contrairement à quelques romanistes, sous un terme unique, celui de *légitimation*, l'ensemble des moyens employés aux diverses époques pour relever la condition des enfants naturels, car ils se rapprochent, par la communauté du but, qui est de rendre les bâtards égaux ou presque égaux aux enfants nés légitimes.

La création, relativement récente, par les empereurs chrétiens, de certains de ces modes, nous conduit naturellement à en diviser l'étude en deux sections, portant l'une sur l'époque classique, l'autre sur l'époque chrétienne.

PREMIÈRE PARTIE. — ÉPOQUE CLASSIQUE

Une première question qui se pose, aussi bien, du reste, pour l'époque chrétienne que pour l'époque classique, est à résoudre tout d'abord : tous les enfants illégitimes pourront-ils être relevés de leur condition primitive?

On répond d'ordinaire par la négative, en disant que les *spurii*, les enfants sans père certain, ne pourront jamais être assimilés aux enfants légitimes, en un mot légitimés. La raison qu'on en donne, c'est que la légitimation présuppose la paternité, le lien du sang qui unit le père certain à l'enfant. Suivant M. Accarias, « elle implique certitude légale de la paternité » d'où, résulterait que les *spurii* ne pourraient jamais être légitimés. Que les enfants sans père certain ne puissent bénéficier de la légitimation (ains entendue restrictivement), cela est incontestable. Mais telle n'est pas exactement notre question. Elle a une portée bien plus étendue. Nous demandons si les enfants illégitimes peuvent tous être relevés de leur situation inférieure, par un fait postérieur à leur naissance, qu'on l'appelle *légitimation* ou autrement. Et ici nous devons répondre oui. Sans doute, le *spurius* ne pourra être l'objet d'une légitimation proprement dite, mais rien, que nous sachions (du moins pendant de longs siècles), n'empêchera un étranger et, à plus forte raison, celui qui se croit son père, de le prendre sous sa puissance, et de lui donner ainsi les même droits qu'à ses enfants issus des justes noces.

Les modes de légitimation usités à l'époque classique sont les suivants : l'adrogation (et l'adoption), le rescrit du Prince pour les pérégrins, l'acquisition de la cité à un latin par le décurionat ou par une magistrature municipale, le *causæ probatio* et l'*erroris causæ probatio*.

Le premier mode s'appliquait aux *spurii* et, parmi les enfants issus d'une union reconnue, aux enfants du concubinat et aux contubernales; (il exige, comme nous savons, de l'adrogé ou de l'adopté, la qualité de citoyen Romain).

Tous les autres ne s'appliquaient qu'aux enfants issus d'un *matrimonium sine connubio*.

1° *Adrogation et Adoption.*

L'adrogation et l'adoption, par lesquelles un paterfamilias prend sous sa puissance un individu (sui ou alieni juris), ce qui l'assimile désormais à ses enfants issus des justæ nuptiæ, ne furent jamais, à l'époque classique, destinées, dans l'idée des Romains, plutôt aux enfants naturels qu'à tous autres.

D'autre part, nous voyons que, jusqu'à l'époque chrétienne, c'est là le seul moyen de légitimer les enfants du concubinat, et nous en trouvons, suivant nous, l'explication toute naturelle dans ce fait que les Romains, ayant reconnu et réglementé cette union, n'avaient pas jugé bon de prévoir et de faciliter la transformation des effets qu'elle engendrait. Ces modes ne comportant vis-à-vis des enfants naturels aucune formalité spéciale, nous n'avons qu'à les mentionner pendant la période classique. Observons, toutefois, que l'adoption peut ici se comprendre, quoique bien plus rarement que l'adrogation : l'enfant naturel a pu tomber sous la puissance d'un paterfamilias autre que son père naturel, et ce dernier peut vouloir le faire passer sous la sienne : d'où la nécessité d'une adoption, l'enfant étant *alieni juris*.

2° *Rescrit du Prince.*

Un premier mode de légitimation des enfants issus d'une union du droit des gens, fut, pour les Pérégrins, le rescrit du Prince.

Un édit d'Adrien décide, en effet, que le pérégrin qui aura obtenu, par rescrit du prince, le droit de cité pour lui, sa femme et ses enfants (nés ou à naître), pourra également, mais à la condition d'en faire au prince la demande expresse, obtenir du souverain, par ce rescrit ou par un rescrit postérieur, la puissance paternelle sur ces enfants. (Voy. Gaïus, Commentaires, lib. I, § 94. « Item si quis cum uxore prægnante civitate Romana donatus sit, quamvis is qui nascitur, ut supra diximus, romanus sit, *tamen in potestate patris non fit*; idque subscriptione divi Hadriani significatur ; qua de causa qui intelligit uxorem suam esse prægnantem, dum civitatem sibi et uxori ab imperatore petit, simul ab eodem petere debet, ut eum qui natus erit, in potestate sua habeat. » (Voy. aussi Pline le J. Lettres. Corresp. de Pline et de Trajan. Édit. de Keil 1853, lettre XI (6) : « Rogo ergo ut propinquiis *eius des civitatem*, Chrysippo Mithridatis uxorique Chrysippi Stratonicæ Epigoni, item liberis eiusdem Chrysippi, Epigono et Mithridati, ita ut *sint in patris potestate*. »

3° *Acquisition de la cité par le décurionat ou une magistrature municipale.*

Un second mode de légitimation des enfants issus d'un mariage du droit des gens diffère légèrement du précédent : l'acquisition de la cité par le père et ses enfants pourra faire tomber ces derniers, *ipso facto* et

(1) Postumii Marini, medici.

sans autre formalité, sous la puissance du père. Il en est ainsi, suivant Gaïus, pour certaines cités pérégrines qui auraient obtenu ce privilège du peuple, du sénat ou de l'empereur, et surtout pour les Latins, moyennant certaines conditions.

A quelles conditions un Latin pouvait-il obtenir, avec le droit de cité, la patria potestas sur ses enfants ? Les lacunes du manuscrit de Gaïus ont donné lieu à cet égard à deux systèmes :

Pour tous les interprètes, le *Jus Latii* ou faculté pour les Latins d'arriver à la cité, est *majus* ou *minus*.

Suivant les uns, il est *majus* dans les villes où la cité Romaine et la patria potestas sont acquises par l'exercice du décurionat ou d'une magistrature municipale ; *minus*, dans les villes où une magistrature municipale peut seule produire ce résultat.

Suivant les autres, le *majus latium*, s'il est possédé par une ville, y fait seul acquérir, avec la cité pour soi et ses enfants, la *patria potestas* sur ces derniers : ce privilège serait accordé aux décurions comme aux magistrats. Quant aux villes de *minus latium*, les décurions et les magistrats n'y acquerraient la cité que pour eux-mêmes, par conséquent sans légitimer leurs enfants.

On voit que, quelle que soit l'opinion que l'on adopte, le *majus latium*, tout au moins, est, aux yeux de tous, un mode de légitimation des enfants issus d'un mariage du droit des gens.

4° *Causæ probatio*

La *causæ probatio* est un mode de légitimation spécial aux enfants de l'affranchi Latin Junien.

Moyennant la preuve faite par lui au magistrat (pré
teur ou *præses provinciæ*) de la réalisation de certaines
conditions essentielles que nous allons énumérer, l'affranchi Latin pourra acquérir le droit de cité pour lui,
pour sa femme et son enfant, ainsi que la puissance
paternelle sur celui-ci.

Les conditions dont il lui faut faire la preuve (causam probare) sont :

1° L'affranchi Latin doit avoir épousé une Romaine,
une Latine Junienne ou une Latine *Coloniaria*.

2° L'union doit avoir eu lieu *liberorum quæqueudo-
rum causa*, c'est-à-dire être un mariage du droit des
gens, ayant pour but la procréation des enfants, non un
concubinage qui n'aurait pas le même but, et non que
(comme l'expliquent certains auteurs) les époux doivent
être présumés capables d'avoir des enfants.

3° Cette union doit avoir été contractée devant sept
témoins, citoyens et pubères.

4° Il faut qu'il en soit né un enfant qui a aujourd'hui
un an (et croyons-nous pas davantage) (anniculus) (1).
Ajoutons que si l'affranchi Latin meurt avant que l'enfant ait un an révolu, sa femme pourra encore *probare*

---

(1) Voy. Ulpien régul. III, 3, qui nous indique ces conditions.

causam (Gaius Comment. I § 32, « Ceterum etiamsi ante decesserit Latinus quam anniculi filii causam probaret, potest mater ejus causam probare). Il en résulte qu'alors également l'enfant sera légitimé.

Inversement, lorsqu'une Latine Junienne épousait un Romain, il n'y a pas lieu de croire que la *causa probatio* fût possible.

Elle ne le fut même pas, à l'origine, à tous les Latins Juniens. La loi Ælia Sentia, nous dit Gaius, ne l'accorda, en la créant, qu'aux affranchis qui devaient leur condition de Juniens à ce fait qu'ils avaient moins de 30 ans.

Quant aux autres Latins Juniens (qui n'avaient pas été affranchis solennellement, ou dont le maître n'avait eu sur eux l'*in bonis*) le même Gaius attribue au Sénatus-Cons. Pégasien l'extension faite en leur faveur du bénéfice de la *causæ probatio* (Gaius, Comment. I, § 31. « Hoc tamen jus adipiscendæ civitatis romanæ, etiamsi soli minores triginta annorum manumissi et latini facti ex lege Ælia Sentia habuerunt, tamen postea Senatusconsulto quod Pegaso et Pusione consulibus factum est, etiam majoribus triginta annorum manumissis latinis factis concessum est. »

5° *Erroris causæ probatio.*

Ce mode de légitimation est offert, dans certains cas, aux Romains et aux Latins.

Il s'applique dans l'un des trois suivants :

1° Un Romain ou une Romaine s'est marié et, croyant épouser un Romain en justes noces, n'a pour conjoint qu'un Pérégrin ou un Latin.

2° Un Romain ou une Romaine, ignorant sa propre nationalité, a épousé un Latin ou un Pérégrin se croyant lui-même Latin ou Pérégrin.

3° Un Latin a épousé une Pérégrine, la croyant Romaine ou Latine, ou bien une Latine a épousé un Pérégrin, croyant son conjoint Latin.

Dans ces trois cas, il y a donc une *erreur* de la part de l'un des conjoints et une erreur préjudiciable. En effet, dans la première hypothèse, le conjoint Romain a crû s'unir en justes noces; dans la seconde, il eût, sans doute, désiré cette union, s'il eût connu sa propre nationalité; enfin dans la troisième, l'époux Latin n'a sans doute jamais pu compter contracter de justes noces, mais son erreur lui faisait espérer d'y parvenir ultérieurement, grâce à la *causæ probatio*.

Ajoutons que c'est, croyons-nous, volontairement que Gaius (I, 67 à 72) n'accorde pas l'*erroris causæ probatio* à la Latine qui épouse un Pérégrin qu'elle croit Romain : la raison en serait, suivant nous, qu'elle n'a pu compter sur la *causæ probatio*, ce privilège n'étant pas admis en faveur de la Latine qui a épousé un Romain.

Par bienveillance pour la bonne foi de l'époux, dans les trois hypothèses que nous venons d'énumérer, plusieurs sénatus-consultes lui permirent de faire la preuve de son erreur (erroris causæ probatio), s'il avait un enfant de l'union ainsi contractée. La conséquence de cette preuve est l'acquisition de la cité pour le ou les époux non Romains et pour l'enfant, la transformation de l'union en *justiæ nuptiæ* et la chute de l'enfant sous la puissance paternelle : l'enfant est donc légitimé.

Comme pour la *causæ probatio*, il nous semble qu'il est au moins sous-entendu que les conjoints aient dû s'unir *liberorum quærendorum causa* (c'est-à-dire qu'il y ait mariage du droit des gens), mais on n'exige plus ici ni que l'enfant soit *anniculus*, ni que le mariage ait été contracté devant 7 témoins.

Remarquons enfin que si le Pérégin qu'a épousé la Romaine ou la Latine est déditice, l'infériorité de sa condition l'empêchera d'acquérir la cité et la puissance paternelle ; mais si c'est la femme qui est déditice, l'*erroris causæ probatio* fera néanmoins tomber l'enfant sous la puissance de son père, sans que cependant l'union se transforme en justes noces, la femme ne pouvant alors acquérir la cité.

L'*erroris causæ probatio* semble encore permise à la mère après la mort de son conjoint : l'enfant sera donc légitimé, réputé issu des justes noces et *heres suus* de son père décédé.

DEUXIÈME SECTION. — ÉPOQUE CHRÉTIENNE.

Nous voyons, comme nous l'avons dit, apparaître avec les Empereurs chrétiens de nouveaux moyens de relever la condition des enfants naturels.

Mais les anciens modes ont-ils absolument disparu ?
Pas complètement.

Adrogation et adoption.

L'adrogation subsiste jusqu'à Justin Ier pour les enfants du concubinat et même jusqu'à Justinien pour
les *contubernales*. Justin (Code lib. V, tit. XXVII, loi 7)
valide les adrogations et adoptions d'enfants naturels
antérieures à 519, date de sa constitution ; « Sint itaque post eamdem arrogationem seu adoptionem sui,
et in potestate patrum », mais à partir de cette date, il
les prohibe « non arrogationum vel adoptionum prætex-
tus, quæ ulterius minime ferendæ sunt » remplacées,
qu'elles sont, dit-il, par l'établissement d'un nouveau
mode de légitimation, le mariage subséquent. Mauvaise
raison, car ce moyen n'est pas toujours possible. La
même prohibition, renouvelée par Justinien, se comprend alors, ce prince ayant, comme nous le verrons,
rendu l'adrogation inutile, grâce à la création d'un nouveau mode de légitimation presque toujours applicable.

*Rescrit du Prince en faveur des Pérégrins, acquisition
de la Cité par les Pérégrins et les Latins, Causæ probatio et Erroris causæ probatio.*

L'acquisition de la cité, sous Caracalla par tous les
habitants de l'Empire, rendit de plus en plus rares
les autres modes de légitimation de l'époque classique,
tous à l'usage des enfants nés d'une union entre conjoints dont l'un au moins était Latin ou Pérégrin.

Cependant la présence des barbares dans l'Empire, depuis Théodose, et l'acquisition de la Cité par certains d'entre eux, nous montrent que tous ces modes de légitimation durent subsister longtemps encore : nous en avons une dernière preuve dans ce fait, que c'est seulement Justinien qui allait définitivement supprimer les dénominations de Latins et de Déditices.

Du reste, tant qu'il y eut des mariages du droit des gens, la nécessité s'en fit sentir, les modes nouveaux, auxquels nous arrivons, s'adressant spécialement aux enfants du concubinat.

De la légitimation proprement dite.

Avec les Empereurs chrétiens, la légitimation subit une complète transformation : la raison s'en trouve dans la défaveur où, depuis Constantin, est tombé le concubinat. Cette union, naguère reconnue, semble maintenant blâmable : on la considère comme une faute, on regarde comme une tare la filiation qui en résulte. Désormais, la légitimation sera envisagée comme un moyen de l'effacer, un artifice destiné à réparer, à racheter la faute commise, et à placer l'enfant illégitime aux lieu et place que lui eût donnés une filiation *ex justis nuptiis*.

C'est cette légitimation toute nouvelle qui a servi de fondement à la légitimation telle qu'on la comprend aujourd'hui : n'oublions pas de mentionner qu'elle a une base inconnue à l'époque classique, le double consentement de celui qui légitime et de celui qui est légitimé.

Trois modes de légitimation furent en usage sous les Empereurs chrétiens; ce sont : le Mariage subséquent des père et mère de l'enfant, le Rescrit du Prince, enfin l'Oblation à la curie. Ce dernier mode, qui nous atteste la démoralisation et la misère du Bas-Empire, n'a pas, comme nous le verrons, des conséquences aussi étendues que les autres.

1° *Légitimation par mariage subsequent.*

La légitimation par mariage subséquent est la plus conforme aux idées du Christianisme : le concubinat est considéré comme une faute ; les enfants qui en naissent n'étant pas responsables de la tache de leur naissance, il est équitable de chercher un moyen de la faire disparaître ; or, quoi de plus naturel que de mettre la réparation de la faute à la charge des coupables eux-mêmes, et de faire, de la conclusion d'un mariage régulier entre eux, la condition de leur relèvement et de celui de leurs enfants illégitimes?

La légitimation par mariage subséquent fut imaginée par Constantin. Ce prince l'institua dans une constitution, aujourd'hui disparue, mais qui nous est rapportée par l'Empereur Zénon qui en renouvela les dispositions.

Mais l'un et l'autre n'autorisèrent cette légitimation qu'en faveur des enfants déjà nés à l'époque où ils rendirent leurs constitutions; par là, ces princes veulent bien permettre de racheter, de réparer les fautes déjà commises, mais non les favoriser pour l'avenir, en en rendant la réparation perpétuellemeut possible.

Pendant environ 150 ans, de Constantin à Zénon, ce mode de légitimation fut donc impossible, et de même, pendant encore une quarantaine d'années après la constitution de Zénon. Anastase rend alors la légitimation par mariage subséquent applicable cette fois indistinctement aux enfants nés ou à naître. Deux ans plus tard, Justin supprime tout-à-fait ce mode de légitimation comme il l'avait fait pour l'adrogation. Justinien, enfin devait le rétablir en le complétant, et lui donner, comme l'avait fait Anastase, un caractère désormais général et permanent.

Voyons maintenant en quoi consistait ce mode de légitimation.

Rappelons d'abord qu'il s'applique (du moins en règle générale) aux seuls enfants du concubinat, de l'un ou l'autre sexe.

Tel que nous le trouvons dans Justinien, il exige, en premier lieu, entre le père et la mère de l'enfant, la célébration de justes noces valablement contractées. Trois conditions sont, en outre, nécessaires :

1° Il faut d'abord que les *justæ nuptiæ* eussent été possibles entre les parents au jour de la conception de l'enfant.

La légitimation par mariage subséquent sera donc d'abord fermée aux enfants nés de l'adultère ou de l'inceste : pour eux cela se comprend, ils sont *spurii*, sans

père certain : or, la légitimation proprement dite présuppose la paternité légale. Mais il en est encore de
même de l'enfant *contubernalis*, et, généralement, de
l'enfant né d'un concubinat entre personnes qui ne pouvaient contracter entre elles de justes noces, tels qu'un
sénateur et une affranchie, un gouverneur et une *provincialis* de son ressort, etc., enfants qui, tous, ont un père
certain, et pour lesquels on ne peut, en conséquence,
s'expliquer le refus d'un tel mode de légitimation, la
légitimation ne rétroagissant pas à Rome au jour de la
conception de l'enfant.

2° Il faut qu'un *instrumentum dotale* soit rédigé lors
de la célébration des justes noces.

Le mariage et le concubinat présentent, nous le savons,
des caractères presque identiques et ne diffèrent que
solo affectu. L'*instrumentum nuptiale* est donc exigé ici
comme moyen de preuve, pour marquer la transformation du concubinat en justes noces.

A son défaut, le mariage serait-il nul ? non sans doute,
puisqu'il se contracte *solo consensu* et *uxoris ductione*
et n'exige la rédaction d'aucun instrumentum (1); mais
alors seront seuls légitimes les enfants à naître, les
enfants déjà nés ou conçus ne seront pas légitimés et ne
tomberont pas sous la puissance de leur père. La rédaction de l'*instrumentum* est donc indispensable à leur
légitimation.

_____

(1) Excepté, sous Justin, pour les personnes *illustres*.

3° La puissance paternelle n'étant pas établie à Rome dans l'intérêt de l'enfant, l'enfant doit consentir à sa légitimation, qui va l'y faire tomber. Son consentement doit-il être exprès, ou peut-il n'être que tacite? Comme le remarque M. Accarias, la première solution paraît plus conforme à la lettre de la Novelle 89 (chap. 11) : « Deducuntur ad legitimum jus filii, dum hoc ratum habuerint » ; mais la seconde, qui seule rend possible la légitimation des fous, des absents et des *infantes*, paraît établie par les textes qui font bénéficier de cette légitimation les enfants même seulement conçus lors du mariage ; nous avons aussi l'exemple, très voisin, de l'adoption, qui n'exige, pour être valable, qu'un consentement tacite de l'adopté.

Disons enfin qu'il n'est pas exigé pour la validité de la légitimation que les parents manifestent spécialement leur intention de légitimer les enfants nés ou conçus du concubinat qui a précédé leur mariage : la légitimation s'opère en effet de plein droit par le fait seul du mariage contracté moyennant l'observation des trois conditions précédentes.

Ces conditions sont les seules requises sous Justinien.

Constantin et Zénon en exigeaient deux autres : la concubine devait être ingénue et il ne devait exister aucun enfant d'un précédent mariage. Justinien les supprime.

En ce qui concerne l'ingénuité de la concubine, Jus-

tinien (Code V, 27 loi 10) exige d'abord seulement que
la femme soit *libera*, libre, et non ingénue ; et en effet,
il permet, dans ses Novelles (Nov. 18, ch. 11 ; Nov. 78
ch. 3) la légitimation par le mariage subséquent du
patron avec son affranchie ; et même, suivant M. Accarias,
(qui argumente de ce mot *libera* de la loi 10, Code V, 27),
d'une affranchie quelconque avec un citoyen qui n'est pas
son patron. Plus tard, dans les Novelles 18 (ch. 11) et 78
(ch 4), Justinien va jusqu'à permettre la légitimation,
par le mariage subséquent du patron et de son affranchie, des enfants conçus par elle *in servitute*. C'est le
seul cas où la légitimation par mariage s'applique à des
enfants du *contubernium* : s'ils sont esclaves, elle en-
traînera naturellement pour eux, de plein droit, la liberté.

Quant à la non-existence d'enfants d'un précédent
mariage, Justinien supprime cette condition, mise anté-
rieurement à la légitimation par mariage ; il ne la conserve que dans un cas (dont nous venons de parler)
celui où les enfants à légitimer seraient issus d'une
femme esclave.

Enfin, deux controverses sur le même sujet furent
tranchées par Justinien lui-même.

On se demandait, d'abord, si la légitimation par mariage
resterait valable, si de ce mariage naissaient par la suite
d'autres enfants. Justinien décida (1) l'affirmative, en

(1) Voy. Code Loi 10. V,27. « Ne posteriores liberi, qui post dotem editi sunt, sibi omne paternum patrimonium vindicare au-
deant, quasi justi et in potestate effecti, fratres suos, qui ante

disant que les enfants légitimes, loin de priver les bâtards du bénéfice de leur légitimation, leur devaient au contraire de la reconnaissance, puisque c'était à ceux-ci qu'ils devaient leur nom et leur condition d'enfants légitimes.

D'autres jurisconsultes prétendirent alors, inversement, que cette naissance, après le mariage, d'enfants légitimes serait indispensable à la validité de la légitimation des bâtards. Justinien, ici encore, décida que la naissance d'enfants légitimes n'aurait aucune influence sur la validité de la légitimation (Voy. Code V, 27, Loi 11.)

Concluons donc que, sous Justinien, l'existence d'enfants issus de justes noces, *quelles qu'elles soient*, n'agit aucunement sur la légitimation par mariage, si ce n'est, comme nous l'avons vu, sur celle des *contubernales*.

2° *Légitimation par Rescrit.*

Ce nouveau mode de légitimation fut imaginé par Justinien. Bien qu'il porte le même nom qu'un des modes usités à l'époque classique, c'est là tout ce qu'il a de commun avec lui. La légitimation par rescrit, de l'époque classique, n'est qu'un complément de l'acquisition de la Cité par un Pérégrin ; elle a presque absolument disparu sous le Bas-Empire. Celle que crée Justinien est imaginée par lui de toutes pièces : elle s'applique aux seuls enfants du concubinat et a pour but de répondre à une situation nouvelle, de remédier à des besoins nouveaux.

dotem fuerant nati, ab hereditate paterna repellentes : hujusmodi iniquitatem amputandam censemus : cum enim. etc. »

L'adrogation venait, en effet, d'être défendue par Justin comme moyen de légitimer les enfants du concubinat : d'autre part, la légitimation par mariage n'était pas toujours possible : c'est pour obvier à ce double inconvénient que Justinien permet la légitimation *per principis rescriptum*.

Le mariage subséquent des père et mère peut, en effet, être parfois impossible : il n'y a qu'à supposer la concubine morte, absente ou indigne de devenir une *uxor justa*.

Dans tous ces cas, Justinien autorise le père à solliciter du prince un rescrit, qui aura pour les enfants naturels les mêmes effets que le mariage subséquent : ils seront assimilés aux *liberi justi* et tomberont *in potestate patris*.

La légitimation par rescrit diffère de celle par mariage, en ce qu'elle exige toujours la non-existence d'enfants issus d'un précédent mariage (1). Quant aux autres conditions, l'analogie des deux modes les fait supposer identiques : l'enfant devra donc consentir au moins tacitement et ses parents devront avoir eu le *connubium* entre eux à l'époque de sa conception : Justinien, dans dans une de ses Novelles, semble, il est vrai, permettre la légitimation par rescrit même dans les cas où un obstacle légal empêche la femme d'épouser son concubin ;

---

(1) Voy. Nov. 89 ch. 9. « Si quis ergo filios legitimos non habens, sed tantummodo naturales, ipsos quidem legitimos facere voluerit. »

mais, suivant M. Accarias, il ne s'agit probablement ici que d'un obstacle *postérieur* à la conception.

Quant à la *légitimation par testament*, dont Justinien (Nov. 89.) fait un mode distinct, ce n'est, à vrai dire, qu'une variante de la légitimation par rescrit.

Lorsque le père, mort sans avoir légitimé ses enfants, laisse un testament où il exprime le désir que ces enfants lui succèdent, Justinien décide que ceux-ci pourront obtenir leur légitimation du prince, s'ils lui représentent ce testament : ils la tiendront à la fois du testament et du rescrit, *ita ut sit donum patris et principis*.

Les effets de tous ces modes de légitimation sont les mêmes : ils assimilent absolument, sans effet rétroactif, les enfants qui en sont l'objet aux enfants issus ex justis nuptiis.

3° *Légitimation par Oblation à la Curie.*

Tous les modes de légitimation examinés jusqu'ici, mais surtout ceux de l'époque chrétienne, nous apparaissent inspirés avant tout par des idées de morale et d'humanité à l'égard des enfants naturels : le but principal toujours visé est l'amélioration de leur sort, le relèvement d'une condition où les a placés la faute d'autrui et non la leur. Tout autre nous apparaît le motif qui, en 442 de J. C., poussa les Empereurs Théodose II et Valentinien III, à créer entièrement (1) un nou-

(1) Par une constit. insérée au Code (Code liv. V tit. XXVII De natural. lib. loi 3.)

veau mode de légitimation, la légitimation par Oblation à la Curie.

Elle est pour nous, comme nous allons le voir, une preuve irrécusable, un vivant témoignage de la démoralisation et de la misère du Bas-Empire. Le but qu'on poursuit avant tout par ce nouveau mode n'est autre que le recrutement des membres de la Curie, qui devient de jour en jour plus difficile et ne cesse d'être une question capitale pour les cités et pour l'Empire lui-même.

La Curie, sous le Bas-Empire, est une sorte de conseil municipal, de Sénat, qui se rencontre dans toutes les villes municipales, c'est-à-dire, suivant Etienne, celles qui avaient le droit de s'administrer elles-mêmes : il pouvait en être ainsi même des chefs-lieux de village ou *metrocomiœ* : elle est analogue à l'*ordo* de l'époque classique.

Les membres de ces curies portent le nom de *curiales* (c'est celui que leur donne Justinien), de décurions ou de curions. Peu d'avantages et des charges considérables, tel est leur lot : leurs avantages consistent seulement en quelques rares privilèges, tel que l'exemption de la torture, des travaux des mines ou du fouet, enfin l'accès exclusif aux honneurs municipaux. En regard, au contraire, des charges accablantes.

Ils font partie à la fois de l'administration centrale et de l'administration municipale. Comme membres de la première, ils sont tenus de donner au prince l'*aurum*

coronarium, impôt variable dû à l'occasion de tout
événement heureux pour l'Empire ; ils sont en outre
chargés de répartir et de recouvrer les impôts, l'impôt
foncier ou *jugatio* et l'impôt personnel ou *capitatio* : ils
en avancent le montant de leur argent, et le supportent
au prorata de l'insolvabilité des contribuables.

Membres de l'administration municipale, ils offrent
à leurs frais des jeux et des spectacles à la foule, ils paient
chaque année à la Curie le quart de leurs revenus : à
leur mort, s'ils ne laissent ni testament ni héritiers, la
curie recueille toute leur succession ; elle en prend le
quart (et même, sous Justinien, les trois quarts), dont ils
ne peuvent la priver par testament, s'ils n'ont que des
héritiers autres que des descendants mâles ou des des-
cendantes mariées à des décurions.

M. Accarias ajoute qu'outre cette restriction à la
liberté de tester, les décurions n'ont pas le droit d'aliéner
leurs immeubles ou leurs esclaves *sine decreto præsidis* :
enfin, même restriction sous Justinien à la faculté de
disposer de leurs biens pas donations entre-vifs, si ce
n'est *dotis causa* en faveur de leurs filles, ou *propter
nuptias* à l'occasion de leur propre mariage ou de
celui de leurs fils.

On comprend qu'en face d'une pareille situation,
la plupart des décurions tentassent de se démettre
d'un honneur aussi écrasant et que personne ne con-
sentît à en accepter volontairement le poids.

Aussi, dès l'époque classique, il leur fut interdit de

sortir du territoire de leur ville ; sous le|Bas-Empire furent édictées des peines sévères contre les *curiales* qui, pour fuir les charges de la Curie, entraient à l'armée, se faisaient colons, ou cherchaient un abri dans les cloîtres ou les ordres ecclésiastiques.

Qui donc était alors revêtu de cette dangereuse dignité ?

Suivant Pomponius (Dig. lib. L, tit. XVI, de verb. signif. loi 239 § 5) « Decuriones quidam dictos aiunt ex eo, quod initio, cum coloniæ deducerentur, decima pars eorum, qui ducerentur, consilii publici gratia conscribi solita sit ». La curie, lorsqu'on fondait une colonie, était donc formée du dixième des membres de cette colonie : ils prenaient le titre de *curiales* ou pères des cités (1), par opposition aux autres habitants nommés *plébéiens* (Code Théo. 1. 5 de bonis proscript.) Dans la suite, il est certain que les curies, suivant un mode analogue, se recrutèrent par la voie de l'élection. (2).

Mais la crainte qu'inspiraient, sous le Bas-Empire, les fonctions de décurion, faisait prévoir l'extinction prochaine des curies.

Les décurions avaient beau ouvrir leurs rangs à tous

---

(1) Utpote *patribus* civitatum, et curæ earum deputatis (Code VIII, 13, 1. unic. de ratiociniis oper.).

2) Priores qui in curiam *lecti sunt* (Loi sciendum 4.Dig. lib.50, tit. 6 de jur. immun). De même (Dig. lib. 50 tit. 2 de Decurionibus et filiis eorum loi 6 § 5 «... *suffragiis* jure decurionis decorati sunt.»

les propriétaires de 25 arpents qui consentaient à faire partie de la curie, ceux-ci se montraient peu ambitieux d'un honneur aussi lourd : pour enrayer le mal, il fallait un remède énergique, les Empereurs eurent recours à la violence : une constitution de l'année 342 déclare membre de droit de la curie (même malgré lui) tout propriétaire d'au moins 35 arpents de terre (Code Théodos. Constit. 33, liv. 12, 1) (1). D'autre part, le décurionat est rendu héréditaire, avec interdiction de s'en affranchir ou de s'en démettre.

Toutes ces réformes n'en empêchèrent pas moins la décroissance progressive du nombre des *curiales*. Comme, en effet, les enfants légitimes succédaient seuls à la dignité de curion, la place d'un curialis restait vide, quand il mourait sans postérité légitime. C'est alors que Théodose II et Valentinien III eurent l'idée, pour combattre l'extinction des curies, de permettre, moyennant certaines conditions, aux pères qui avaient des enfants nés d'un concubinat de les légitimer en en faisant des *curiales*, en les *offrant* à la curie de la ville qu'ils habitaient. Si le père habite dans un *vicus* ou une *possessio*, l'oblation se fera à la curie de la ville où il paie l'impôt. S'il réside à Rome ou à Constantinople, il pourra offrir son fils à toute métropole ou chef-lieu

(1) Sancimus ut qui ultrà viginti quinque jugera privato dominio possidens... omni privilegiorum vel originis vel cujuslibet excusationis alterius frustratione submota, curiali consortio vindicetur.

de province. Ajoutons que jamais le père n'aura besoin
d'être lui-même décurion.

Quelles conditions ces princes exigèrent-ils ?

Il faut : 1° que l'enfant donne son consentement : à la
raison qu'il va tomber *in potestate*, s'en ajoute ici une
nouvelle, chacun peut toujours refuser une donation
(la donation de 25 arpents dont nous allons parler).

2° Que le père n'ait pas d'enfants légitimes ;

3° Enfin, si c'est un fils qu'il s'agit de légitimer, que
son père lui fasse donation irrévocable d'au moins
25 arpents de terre ; si c'est une fille, qu'il la marie,
avec cette même dot, à un décurion.

Justinien supprima la seconde de ces conditions : la
présence d'enfants légitimes n'est plus un obstacle à
l'Oblation à la Curie.

Ajoutons que le père, s'il y a plusieurs enfants naturels, n'est pas tenu de les légitimer tous.

La faculté laissée aux enfants de refuser une telle
légitimation fut, sans doute, fréquemment mise à profit
par eux, car nous voyons les Empereurs Léon et Anthé-
mius, en 470, la leur enlever, du moins dans un cas :
voulant, disent-ils, faire respecter la volonté des mou-
rants, ils déclarent que si le père a laissé tout ou partie
de ses biens à ses enfants naturels en les offrant à la Curie,
ces enfants ne pourront refuser ni l'hérédité, ni les donations qui leur échoient, ni aliéner ces biens en fraude
de la Curie : la volonté du père sera respectée dans son
entier ; ses enfants naturels conserveront, avec ses biens,

le fardeau du décurionat ; et cette dignité sera pareillement imposée à leurs enfants nés ou à naître (1) !

Le consentement de l'enfant à sa légitimation n'est donc plus désormais requis que bien rarement !

Jusqu'ici l'Oblation à la Curie n'est permise qu'au père et seulement en faveur des enfants du concubinat. Justinien en étendit encore la portée. Si le père est mort sans légitimer ses enfants, l'enfant naturel, à la condition qu'il n'ait pas de frères ou sœurs légitimes, pourra s'offrir lui-même à la Curie et, de la sorte, se légitimer.

Enfin, si le père est lui-même *curion* et n'a pas d'enfants légitimes, il pourra offrir à la curie et légitimer les enfants qu'il a eus du *contubernium*. C'est là la seconde exception à la règle que la légitimation proprement dite ne s'applique qu'aux enfants du concubinat.

Jusqu'ici, par bien des points, la légitimation par Oblation à la Curie ressemble aux autres moyens imaginés pour relever la condition des bâtards. Et cependant elle en diffère profondément par ses effets.

Les modes de légitimation, examinés jusqu'ici, assimilent complètement, mais seulement à dater du jour de la légitimation, l'enfant naturel à l'enfant des justes noces : inutile par conséquent de dépeindre en détail sa nouvelle condition (2) ; et cette conséquence de la légiti-

---

(1) Constitution insérée au Code (Cod. liv. V tit. XXVII. De natural. lib. loi 4).

(2) La condition de l'enfant *légitimé*, c'est-à-dire *rendu légitime*,

mation s'explique tout naturellement par ce fait, déjà mis par nous en lumière, que le relèvement de la situation du bâtard est le premier but qu'on recherche.

Il est loin d'en être ainsi pour l'Oblation à la Curie; c'est l'intérêt du fisc qui l'a fait naître : aussi, les Empereurs, conscients de l'infériorité de leur œuvre, essaient, ne pouvant les supprimer, d'en restreindre tout au moins les effets. Aussi l'enfant ainsi légitimé sera-t-il loin d'avoir désormais la même condition qu'un enfant légitime.

L'enfant offert à la curie n'est, en quelque sorte, considéré comme *légitimé*, et comme *légitime*, que dans les rapports directs entre son père et lui. Il n'entre pas dans la famille de son père : les agnats et même les cognats de celui-ci restent absolument des étrangers pour lui, aucune vocation héréditaire réciproque ne naîtra donc entre eux et lui.

Vis-à-vis de son père, au contraire, l'enfant est, à peu près, assimilé à un enfant né *ex justis nuptiis* : il tombe sous sa puissance, il est pour lui un *heres suus*, il a à sa succession les mêmes droits qu'un enfant légitime. Disons cependant qu'il ne pourra jamais être avantagé par son père : sa part de la fortune paternelle ne pourra jamais, par quelque mode que ce soit, donation ou testament, dépasser celle de son frère le moins prenant.

---

doit naturellement, suivant nous, être étudiée avec celle des enfants légitimes : elle sort donc du cadre de ce travail.

L'Oblation à la Curie, expédient fiscal enfanté par la décadence des mœurs, n'est donc, dans sa cause comme dans ses effets qu'une demi-légitimation : elle ne relève qu'à moitié la condition des bâtards.

Tels furent les modes de légitimation usités des Romains : un seul, par la beauté du moyen employé et du but poursuivi, méritait de survivre, et il a survécu : c'est la légitimation par le mariage.

APPENDICE.

Après avoir rapidement examiné la condition des enfants naturels chez les Romains, il nous reste, pour terminer cette étude, à dire ce qu'est devenue cette condition à la fin de l'Empire d'Orient.

Pendant quatre siècles à partir de Justinien, la situation des enfants naturels reste sensiblement ce que nous l'avons vue sous ce prince : notamment la légitimation est toujours possible en leur faveur.

Léon VI, par sa Novelle 91, dont nous avons déjà cité le texte, modifie complètement la législation des bâtards : désormais, les enfants nés du concubinat seront considérés, du reste comme tous les autres enfants naturels, comme *damnato ex coitu nati*, c'est-à-dire assimilés à ce que sont depuis Justinien les enfants adultérins ou incestueux. C'est la ruine complète de toute une législation faite de bienveillance et d'humanité pour les bâtards : pour eux, désormais, aucune planche de salut, ni légitimation, ni droit d'aucune sorte vis-à-vis de leurs père et mère, pas même à des aliments !

La religion du Christ en exigeait-elle autant ? **Nous croyons pouvoir en douter !**

TABLE DES MATIÈRES

DROIT PUBLIC

—

LA

LIBERTÉ DE RÉUNION

EN FRANCE

SON HISTOIRE ET SA LÉGISLATION

DROIT PUBLIC

—

LA LIBERTÉ DE RÉUNION EN FRANCE.

SON HISTOIRE ET SA LÉGISLATION.

INTRODUCTION

Quelques notions théoriques sur la *liberté de réunion,* son histoire en France et sa législation actuelle dans notre pays, tel sera le plan de ce travail, ainsi naturellement divisé en trois parties principales.

PREMIÈRE PARTIE.

NOTIONS THÉORIQUES.

CHAPITRE PREMIER.

DÉFINITION DE LA LIBERTÉ DE RÉUNION. — SA NATURE.

Définition de la liberté de réunion. — Qu'est-ce que la « liberté de réunion », et que faut-il entendre par ces mots, au sens où les emploie en France la langue juridique ? C'est là, nous semble-t-il, la première question que nous ayons à nous poser, sa solution devant fixer les limites de notre travail et lui servir de cadre en quelque sorte.

La liberté de réunion est, dans les États libres, considérée comme l'une des plus importantes des *libertés externes*. C'est dire qu'elle est une des manifestations du droit qu'y a l'individu de donner libre cours à son activité, dans les seules limites que lui imposent le respect du droit d'autrui et la conservation du corps social.

Elle consistera spécialement dans la faculté pour les citoyens de s'assembler, c'est-à-dire de se rencontrer à la même heure dans un même lieu, suivant leur volonté, et moyennant seulement les quelques restrictions nécessaires.

Notre définition est-elle achevée ? On pourrait le penser, des termes d'apparence aussi simple que ces mots : *liberté de réunion*, paraissant repousser toute controverse. Il n'en va pas ainsi cependant : et cela tient au plus ou moins de compréhension, d'étendue que les divers auteurs accordent à l'idée renfermée dans ce mot : *réunion*.

La *réunion*, dans le langage courant, c'est le fait, de la part de deux personnes ou plus, de se rencontrer, de se trouver ensemble au même endroit, et rien de plus. On conçoit, dès lors, toute l'importance du domaine qu'embrasse une telle notion : ne sont-ils pas légion, en effet, les motifs qui peuvent provoquer un tel fait, et leur nature ne nous apparaît-elle pas variable à l'infini ?

Pour M. Morin, qui n'énumère que quelques-uns de ces motifs (1), la *réunion* est le « concours accidentel d'un nombre quelconque de personnes dans un but

_____

(1) A. Morin. Répertoire de Droit criminel. Article : Associations et réunions.

d'enseignement, de discussion, de piété ou de plaisir »,
nous pouvons encore ajouter de *tumulte* ou de *violence*.

Ainsi nous apparaît clairement la nécessité d'une
limitation : nous la trouvons dans le sens d'ordinaire
attribué chez nous aux mots *liberté de réunion*.

La liberté de réunion, dirons-nous, est la faculté pour
les citoyens de s'assembler, *d'une manière accidentelle
et temporaire*, au même lieu, et dans un but commun, à
la réalisation duquel chacun pourra participer.

Ce *but* sera d'ordinaire l'*exposé*, par un ou plusieurs
orateurs, ou encore la *discussion*, d'une matière d'ordre
politique, religieux, moral, économique, social ou scien-
tifique ; ajoutons que la réunion, soit par le fait même
de son existence, soit par le caractère de son objet, sera,
le plus souvent, de nature à intéresser l'ordre public ou
la société, le corps social lui-même ; et qu'à l'objet que
nous venons de mentionner ne viendra pas s'en greffer,
s'en ajouter un autre, d'un caractère tout différent (tel
qu'un divertissement, un fait matériel, etc.) ; il faudra,
en un mot, qu'un *exposé* ou une *discussion*, qui sont la
matière de la réunion, en soient *la seule,* et se suffisent
à eux-mêmes.

Nous écarterons donc, comme étrangères à notre sujet,
les *réunions*, telles que :

Celles des membres d'une même famille vivant ensemble ; ou des personnes (patrons, ouvriers) qui exercent la même profession et travaillent au même ouvrage.
Dans ces sortes d'assemblées, en effet, c'est *la liberté*

du domicile, ou celle du *travail* qui, seules, sont en jeu.

Nous laisserons également, comme indépendantes du droit de réunion proprement dit, les réunions publiques des théâtres, des cafés-concerts, des concerts, de même que les bals publics, les cafés, etc. La réunion n'y est jamais qu'un élément accessoire et secondaire, qui vient se greffer sur une autre liberté, dans la législation de laquelle elle est englobée : ainsi pour les théâtres, c'est une liberté spéciale, appelée liberté des théâtres, qui lui sert de cadre ; pour les cafés ou bals publics, c'est la liberté du travail. Nous en dirons de même encore des réunions ayant pour objet l'exercice d'un culte quelconque : c'est d'une liberté particulière quelles relèvent, la liberté des cultes.

Enfin, et surtout, nous passerons sous silence, comme étant d'un tout autre ordre d'idées et rentrant dans l'étude de la liberté d'association, les *réunions des sociétés ou associations* de tout genre : les unes, les sociétés civiles, comme les sociétés financières, industrielles et commerciales, parce que l'État ne peut jamais avoir intérêt à restreindre la liberté de leurs réunions (1), et que leur étude rentre dans le domaine du droit civil ou son annexe, le droit commercial ; les autres, parce que, bien qu'étant du ressort du droit public, elles rentrent dans le cadre proprement dit de la *liberté d'association*, voi-

---

(1) Nous supposons, bien entendu, que, sous ces dehors, ces sociétés ne déguisent pas des *associations politiques*.

sine sans doute de la liberté de réunion, mais qui n'en
est pas moins entièrement indépendante.

Nature de la liberté de réunion. — La liberté de réunion, telle que nous venons d'essayer de la définir, est-elle,
pour l'homme, un *droit naturel*, n'est-elle au contraire,
pour lui, qu'une *notion dérivée et contingente* ? Cette
question qui, dès les premières lignes de cette étude,
se dresse inévitablement devant nous, a fait naître bien
des controverses, dans lesquelles personne n'a eu le
dernier mot. Empressons-nous, du reste, d'ajouter, que
quelle que soit la solution que l'on adopte, le résultat n'en
demeure pas moins sensiblement le même : qu'il voient
dans la liberté de réunion un *droit naturel*, qu'ils ne la
considèrent, au contraire, que comme une *notion dérivée*,
tous les auteurs ne s'en accordent pas moins à reconnaître à son égard la nécessité d'une certaine limitation.
Pour nous, la liberté de réunion, de même d'ailleurs que la
liberté d'association, est bien un *droit naturel*. L'homme
par sa nature, par la loi même de son être, est destiné
du groupe : isolé, il se sent, en quelque sorte, condamné
à l'impuissance : associé, il ne redoute aucun obstacle.

« Ce serait, dit à ce sujet M. Dubois (1) tomber
dans un des lieux communs les plus rebattus que de
vanter les bienfaits produits, dans l'ordre moral, comme
dans l'ordre matériel, par le concours des forces indivi-

(1) Commentaire théorique et pratique de la loi du 6 juin 1868
sur les Réunions publiques. Paris. 1869.

duelles : l'expérience a prouvé que, dans toutes les branches de l'activité sociale, leur mise en commun décuple leur puissance. »

L'homme est, en effet, né pour la société : c'est, suivant un mot connu, un animal sociable ; rien n'est plus vrai. Il en résulte que le fait de se réunir passagèrement, plus encore, peut-être, que celui de s'associer d'une façon durable avec d'autres hommes, n'est qu'une résultante invincible de sa nature même. C'est là pour lui ce qu'est l'instinct pour l'animal.

« La sociabilité instinctive de l'homme (Bloch. Dictionnaire politiq.) le porte à rechercher ses semblables pour comparer ses idées aux leurs, et à prêter son concours, ou accepter le concours d'autrui, pour la réalisation de la pensée commune. »

C'est bien là aussi notre opinion, à la condition toutefois de bien s'entendre sur la portée et la valeur exacte des termes.

Le droit de réunion est un *droit naturel* sans doute, mais il reste à savoir sous quelle forme, sous quelles espèces nous l'avons reçu de la *nature*.

Le moyen le plus sûr de nous fixer à cet égard et d'éviter ainsi de nous perdre dans un monde de dissertations sans fin, c'est, pensons-nous, de nous reporter à ce que nous avons dit, en commençant, de cette liberté : *c'est l'une des libertés publiques*, telles qu'elles sont reconnues dans la plupart des pays libres. Or, avons-nous dit, ces libertés ont toujours et nécessairement des limites : ce sont celles qui leur sont *naturellement* (car la limitation, elle aussi, est de *droit naturel*) imposées par les droits du voisin et la conservation du corps social.

Si donc nous appliquons au Droit de réunion cette définition, (qui n'est, pensons-nous, contestée que par bien peu de gens), il en résulte, que, de ce qu'il est *naturel*, il ne s'ensuit aucunement qu'il soit *illimité* et qu'il est au contraire des *restrictions légitimes* qu'il appelle nécessairement : elles dérivent d'ailleurs de la même cause, du même principe que lui-même, à savoir la sociabilité humaine et la vie des hommes en commun.

C'est bien cette pensée qu'exprimait M. Peyrusse, lorsqu'il disait au Corps Législatif, le 14 mars 1868 :

« Dans une société régulièrement organisée, tout droit, toute faculté naturelle, sont soumis aux limitations et aux restrictions que l'intérêt public exige. L'indépendance absolue n'est pas la liberté de l'homme civilisé.

« Par le pacte social, selon la belle et très juste expression de Portalis, par le pacte social, chacun de nous s'est engagé à céder toute la portion de liberté dont le sacrifice est nécessaire au bien de tous; c'est au législateur qu'il appartient, suivant les circonstances, de régler la mesure de ce sacrifice. »

« Voilà les vrais principes », ajoutait M. Peyrusse, et ajouterons-nous aussi à notre tour.

Comment le législateur a-t-il, au cours de l'histoire de notre pays, « *réglé la mesure de ce sacrifice* », c'est ce

que nous allons voir en parcourant rapidement les destinées du Droit de réunion chez nous.

Nous arriverons ainsi à sa forme actuelle. C'est alors,
mais alors seulement, qu'il siéra de nous demander si
les « *restrictions* » et le « *sacrifice* » qui nous sont de-
mandés aujourd'hui sont bien proportionnés à nos besoins comme à nos devoirs, ou s'il n'y a pas lieu, au
contraire, soit de les alléger, soit bien plutôt d'en augmenter le poids.

CHAPITRE II

DISTINCTION ENTRE LA RÉUNION ET L'ASSOCIATION.

Nous arrivons maintenant à un point capital, qu'il est de toute importance de bien mettre en lumière, au seuil même de notre travail, nous voulons parler de la *distinction de la réunion et de l'association*, deux sœurs qu'on a souvent confondues, du reste bien à tort, au grand détriment de la clarté et de la précision pourtant indispensables en ces matières.

La *réunion* et l'*association* diffèrent par des caractères, non pas seulement importants, mais essentiels.

Voyons quels sont, pour les principaux auteurs qui se sont occupés de ces matières, les traits distinctifs de l'une et de l'autre, et aussi leurs points de contact qui ont souvent conduit à les confondre.

Commençons par ces côtés qui les rapprochent.

Le premier point commun de l'association et de la réunion, c'est que les associations ont presque toujours des réunions pour conséquence.

« On est, dit M. Dubois (1), quelquefois conduit à confondre les réunions avec les associations, parce que les réunions sont une condition nécessaire de la vie des associations et servent même à manifester leur existence. On ne peut guère se représenter d'association sans réunion. » Mais, comme le disait M. Émile Ollivier au Corps Législatif, (Moniteur du 15 mars 1868) même alors, la réunion ne se confond pas avec l'association ; la réunion n'est ici qu'une manifestation de l'association : elle n'en est pas le but principal.

« La liberté de réunion et la liberté d'association, dit de même M. Dupriez (2), furent longtemps confondues et cette confusion s'explique. La liberté d'association est impossible en fait sans la liberté de réunion : la réunion est la manifestation nécessaire, et la plus sensible, de l'association. On a pu dire, en se plaçant à ce point de vue, que la liberté de réunion n'était qu'un démembrement de la liberté d'association. »

« Ce qui, dit pareillement M. Petit (3), les a fait confondre si longtemps, c'est que l'un de ces droits est, précisément le mode d'exercice de l'autre ; ainsi les associations n'existent et ne prennent corps qu'au moyen des réunions qui leur donnent la vie. ».

Sans doute, comme l'indiquent ces auteurs, les asso-

_____

(1) Commentaire théorique et pratique de la loi du 6 juin 1863 sur les Réunions publiques. Paris, 1869.

(2) La Liberté de réunion. Bruxelles 1887.

(3) Du Droit de réunion. Paris 1883.

ciations ont d'ordinaire pour conséquence des réunions.
Mais ils vont, suivant nous, beaucoup trop loin, en semblant dire que l'association ne peut même pas se comprendre sans réunions.

Nous dirons, au contraire, que, tout comme la réunion peut se former sans une association antérieure, de
même l'association peut très bien se constituer et vivre
sans réunion de ses membres : elle peut, en effet, prendre
naissance et se soutenir par simple voie d'affiliation,
au moyen d'une correspondance, même entre gens qui
ne se sont jamais vus et ne sont pas destinés à se voir :
telles furent l'association des francs-juges, celle des
nihilistes, et telles sont la plupart des sociétés secrètes
en général.

Hâtons-nous, toutefois, d'ajouter que ce n'est là qu'une
exception, les associations comportant d'ordinaire des
réunions de ceux qui les composent.

Mais, si nous voyons en général les associations suivies de réunions, la réciproque n'est pas vraie : la réunion, d'ordinaire accidentelle, toujours *passagère*, ne se
rattache bien souvent à aucune association, dont le
caractère principal, comme nous allons bientôt le voir,
est, au contraire, la *permanence*.

Indépendamment de ce point de contact qui rapproche
souvent la réunion de l'association, il est entre elles
une affinité, une certaine ressemblance qui nous explique
peut-être mieux encore la confusion parfois faite entre
elles. Elles sont, en effet, toutes deux, l'expression d'un

même sentiment, de ce caractère de sociabilité qui est de l'essence de la nature humaine, et dont nous avons parlé tout à l'heure.

Entre l'association et la réunion existe donc une ressemblance indéniable ; mais, qu'elle est vague et peu marquée, pour peu qu'on la compare à tous les traits qui les séparent. Recherchons donc quels sont ces caractères opposés qui font partie de leur essence et devront nous servir de critérium pour nous défendre de toute confusion à leur égard.

Si nous voulions nous borner à les peindre d'un mot, nous dirions : leur caractère dominant fait d'elles deux contrastes : pour l'une, l'association, sa nature est d'être permanente et durable ; pour la réunion, c'est d'être accidentelle et temporaire. Mais entrons plus avant dans leur étude, en prenant soin de nous éclairer de l'opinion de nos devanciers.

Pour Chauveau et Hélie, (1) « toute association suppose deux éléments, un but déterminé et un lien qui unisse les associés. Le caractère fondamental des associations est donc la permanence, leur signe distinctif une constitution organique.

« Les réunions, au contraire, ont pour cause des événements imprévus, instantanés, temporaires. Se réunir, c'est vouloir s'éclairer et penser ensemble ; s'associer, c'est vouloir se concerter, se compter et agir. »

(1) Théorie du Code pénal.

Telles sont pareillement les idées que nous trouvons développées par MM. Petit, Block (1) Achille Morin (loc. cit.), Dupriez (loc. cit.), et Fuzier-Hermann (Répertoire de jurisprudence).

Tous sont d'accord sur les caractères, essentiellement différents, qui constituent la nature même de l'association et de la réunion.

Mais le critérium le meilleur nous semble, sans contredit, fourni par M. Dubois, grâce à la clarté et à la concision des termes à l'aide desquels il nous l'indique :

« Pour qu'il y ait association, il faut, dit-il, l'ensemble de ces trois conditions : communauté du but, union des personnes, permanence, ou, au moins, périodicité.

« Dans tous les autres cas, il n'y a qu'une simple réunion. »

Pour nous, reconnaissant en outre aux associations *un nouveau caractère* qui ressort clairement des opinions précédemment citées, nous dirons :

« L'association ne se comprend pas sans la présence des quatre conditions suivantes :

Un but commun ;

Une affiliation (ou union des membres) ;

Une organisation (ou hiérarchie);

Quant à la quatrième condition, la *permanence* (le mot *périodicité* de M. Dubois est inexact, car il ne fait

_____

(1) Dictionnaire politiq., Art. Association.

allusion qu'aux *réunions* de l'association qui, elle, reste
nécessairement permanente), elle est de beaucoup la
plus importante, mais elle ne doit pas être envisagée en
elle-même et séparément des autres : elle n'est, en effet,
qu'un caractère qui vient toujours s'ajouter aux trois
premiers : il ne peut pas plus, dans l'association, se
comprendre sans eux qu'ils ne peuvent se comprendre
sans lui.

En effet : 1° *le but commun* à atteindre doit être *permanent,* soit parce qu'il est de nature à se réaliser sans
cesse, à renaître perpétuellement, toujours semblable
à lui-même, soit parce qu'il ne peut se réaliser qu'une
fois et qu'il entraîne alors la fin de l'association.

2° L'*affiliation,* c'est-à-dire le lien qui unit les membres et qui exige d'eux un ensemble d'efforts communs,
doit pareillement être, de sa nature, *durable* et *permanente*; vient-elle, en effet, à cesser, elle emporte avec elle
la ruine de l'association.

3° Enfin l'*organisation,* d'ordinaire fixée par les sta-
tuts ou l'acte d'association, a non moins besoin de
durer et de se continuer, car elle est le principe de vie,
l'âme même du corps entier, de l'association.

Que si nous passons maintenant à l'examen de la
réunion, nous la voyons parfois présenter deux de ces
caractères : à savoir, un *but commun* et une *organisation*
(représentée d'ordinaire par le *bureau*), mais il lui manque
toujours, et nécessairement, les deux autres qui, en der-
nirè analyse, vont nous servir de pierre de toûche pour

distinguer infailliblement l'association de la réunion,
c'est-à-dire l'*affiliation* et surtout la *permanence* de cette
affiliation et des *deux premiers caractères*.

Pour nous résumer, nous dirons donc qu'en fin de
compte « *l'association se distingue de la réunion en ce
qu'elle présente toujours, et présente seule, ces deux caractères fondamentaux : l'affiliation et la permanence.* »
Viennent-ils à manquer l'un ou l'autre, le doute n'est
plus possible, nous sommes en présence d'une simple
réunion.

L'association et la réunion, bien que sœurs, n'en sont
donc pas moins très distinctes, et, reprenant ce que nous
avons déjà, plus haut, fait remarquer, nous dirons qu'on
peut, en effet, les rencontrer l'une sans l'autre et voir
des associations non suivies de réunions, comme des
réunions non précédées d'associations.

Cette distinction, si nette et si facile, entre la réunion
et l'association, est aujourd'hui unanimement reconnue
par la doctrine comme par la jurisprudence. S'il en est,
comme nous le verrons, également ainsi de la législation, il n'en fut pas, à beaucoup près, toujours de
même.

A ce point de vue, l'histoire de la liberté de réunion
chez nous, à laquelle nous allons bientôt arriver, se
divise naturellement en deux grandes phases, séparées,
en quelque sorte, par cette date : *1789.*

Avant la Révolution française, la réunion n'est pas
séparée de l'association ; les mêmes dispositions les con-

cernent le plus souvent, la distinction de leurs attributs essentiels n'apparaît nullement au législateur.

Avec la Révolution, au contraire, en même temps que l'on proclame la nécessité de ces libertés, leur diversité apparaît aux yeux et va, de jour en jour, s'établir plus nettement.

C'est dans la Constitution du 5 fructidor an III que nous voyons, pour la première fois, se montrer un commencement de distinction entre ces deux libertés. Ses articles 360, 361 et 362 ne parlent, en effet, que des associations et nullement des simples réunions.

Mais la distinction va, bientôt, s'accuser davantage.

Dans un discours prononcé aux Cinq-Cents (séance du 2 fructidor an VII), Renault (de l'Orne) demande pour les citoyens le droit de se réunir et n'admet de restrictions (qu'il énumère) qu'au droit d'association.

Le 21 du même mois, Chollet (de la Gironde) s'appesantit encore plus sur la distinction des deux droits (il résume un projet de loi présenté par une commission) :

« Ne voir, propose-t-il, dans la réunion des citoyens composant ces sociétés (sociétés politiques) qu'un *rassemblement* d'individus et non un *corps* ou une corporation existant indépendamment de cette réunion..... »

La distinction est maintenant établie et désormais on peut presque dire qu'aucun législateur ne manquera de la respecter : citons seulement, comme exceptions, le Décret de 1852 qui assimile, en fait, la réunion à l'association (sans cependant les confondre en théorie) et le discours de M. Louis Blanc (en 1881 à la Chambre des Députés) qui proposa, mais en vain, de faire régir par une même loi l'une et l'autre, sans toutefois, en méconnaître les dissemblances.

« J'admets, disait-il, qu'il y a des différences entre l'association et la réunion ; je reconnais que la seconde n'a pas le caractère de permanence qui caractérise la première ; je reconnais que les membres d'une association sont liés entre eux par un principe de solidarité qu'exclut ce qu'une simple réunion a d'accidentel et de passager.

« Mais les différences qu'on peut signaler entre ces deux grandes formes de la liberté humaine n'ôtent rien à l'importance suprême de leurs affinités ; elles relèvent toutes deux du même principe, elles sont de la même nature, elles répondent chez l'homme au même besoin : celui de chercher dans la collectivité ce qu'il ne trouverait pas dans l'isolement, et d'opposer à l'oppression la force qui résulte de la mise en commun des sentiments, du rapprochement des pensées, de l'harmonie des efforts, etc. »

Ainsi donc, la distinction entre la réunion et l'association, indiquée pour la première fois par Renault et Chollet, ne devait plus, en théorie tout au moins, être jamais méconnue.

Toutefois, les dispositions législatives qui suivirent (et notamment le Code Pénal de 1810, dans ses art. 291 à 294) la respecteront plutôt qu'ils ne l'affirmeront.

Elle ne devait être complètemnt établie et formulée

qu'en 1834, dans la discussion qui précéda le vote de la lai sur. les associations, et qui dura à la Chambre des Députés du 11 au 24 mars de cette année.

« Jamais, disait un des orateurs, M. Hervé, on n'a confondu le droit de se réunir avec la faculté de s'associer (*jamais* veut, sans doute, dire ici *depuis la Révolution*) : se réunir, c'est vouloir s'éclairer et penser ensemble ; s'associer, c'est vouloir se concerter, se compter et agir. La différence est immense : le pays et les tribunaux ne sauraient s'y tromper. »

C'est encore dans le même sens, qu'à la séance du 11 mars 1834, M. Portalis disait : « Le droit d'association ne saurait être confondu avec celui de se réunir en certain nombre. Le fait de la réunion d'un nombre considérable de personnes peut, jusqu'à un certain point, tomber dans le domaine de la loi et sous la surveillance de la police ; mais le fait d'associations, indépendamment de toute réunion, est un fait immatériel pour ainsi dire. Il ne peut être observé que par des dénonciateurs et des inquisiteurs d'État. On peut être associé et ne se réunir jamais (nous avons déjà insisté sur cette idée). On peut être en communauté de sentiments religieux et politiques et ne correspondre que par écrit. On peut fournir les fonds d'un journal, souscrire pour un acte de pitié, encourager un ouvrage utile, s'associer enfin dans un même but et ne s'être jamais vus (1). »

(1) Moniteur du 12 mars 1834.

Citons encore les paroles suivantes du rapporteur de la loi de 1834, M. Martin (du Nord) : « Les réunions et les associations ne doivent pas être confondues... Les réunions ont pour cause des événements imprévus, instantanés, temporaires ; le motif venant à cesser, la réunion cesse avec lui. Les associations, au contraire, ont un but déterminé et permanent, un lien unit entre eux les associés. Le plus souvent une cotisation vient pourvoir aux moyens d'exécution ; des conventions, soit verbales, soit écrites, leur donnent un caractère de permanence qui les fait facilement discerner... Jusqu'à présent, personne n'a pensé que les réunions eussent été atteintes par l'art. 291 (du Code Pénal). Ne craignez pas qu'elles le soient davantage par la loi que nous discutons. »

A son tour, le Garde des Sceaux affirmait la distinction des deux droits par ces mots : « Nous faisons une loi contre les associations et non pas une loi contre les réunions accidentelles et temporaires, qui auraient pour objet l'exercice d'un droit constitutionnel ».

Même déclaration du rapporteur à la Chambre des Pairs, M. Girod (de l'Ain) ; et M. Rœderer (1) s'écriait pareillement : « La loi n'autorise pas plus à inquiéter qu'à interdire les réunions soit fortuites, soit habituelles ; elle ne regarde que les associations.

« A la vérité, la distinction entre les réunions et les

_____

(1) Le 9 avril 1834.

associations n'est pas tellement nette et tranchée qu'elle ne permette quelques méprises ; on craint que le ministère public ne les confonde quelquefois. Je crois que l'on peut se rassurer contre ces appréhensions. »

C'est encore, sous l'Empire, la même pensée que nous trouvons dans ces paroles de M. Vuitry, ministre président du Conseil d'État (séance du 1ᵉʳ avril 1865) : « Quelles seront les circonstances qui feront qu'une assemblée de citoyens, d'électeurs ou autres, constituera une réunion ou une association ? Il est impossible que je les définisse d'une façon précise devant la Chambre. Ce sera, en général, la durée, la permanence, l'identité du but, le lien durable établi entre les associés. »

Peu après, le Gouvernement impérial, en présentant la loi de 1868 sur les réunions publiques (à l'exclusion des associations), consacrait une fois de plus la distinction des unes et des autres. « La réunion, comme le disait alors M. Émile Ollivier (14 mars 1868), ne se confond pas avec l'association ».

Enfin de nos jours, comme nous l'avons dit, les débats qui ont précédé le vote de la loi actuelle (du 30 juin 1881), ont montré qu'aucun membre du parlement, même ennemi du projet de loi, ne se refusait à reconnaître la distinction fondamentale de la réunion et de l'association.

APPENDICE

DU CLUB ; DÉTERMINATION DE SA NATURE.

Telle est cependant l'affinité qui rapproche l'association et la réunion que, malgré leurs différences, précédemment indiquées, il est, dans certains cas, malaisé de discerner à première vue si l'on se trouve en face de l'une ou de l'autre. Tel est l'exemple du *club*.

Le mot *club*, qui nous vient d'Angleterre, y désigne aujourd'hui plus particulièrement les associations mondaines connues chez nous sous le nom de *cercles*.

Mais le premier sens du mot, son sens propre, ne renferme pas plus l'idée d'association que celle de réunion ; il signifie *massue*, et semble ainsi contenir la notion de la *force obtenue par l'union*, merveilleusement traduite, comme on sait, dans la belle devise du peuple Belge : *l'union fait la force*. Et, de même, si le verbe *to club* (*together*) signifie *se cotiser, s'associer*, le mot *clubroom*, au contraire, veut dire simplement *salle de réunion* (sans y sous-entendre l'idée d'*association*).

Concluons-en que la seule étymologie du mot ne suffit pas à nous instruire sur le caractère prédominant du club. Sera-ce l'association ? Sera-ce, au contraire, la réunion? Avant de nous poser cette question, disons en peu de mots ce qu'est, chez nous, un *club*.

Le club, tel qu'il a été pratiqué en France depuis la Révolution, est une assemblée politique, constituée dans la forme des assemblées législatives, munie d'une organisation permanente qui se traduit par la présence d'un bureau ; elle se réunit périodiquement et délibère sur des questions politiques, dans un local ouvert librement au public. Ajoutons que le *club* se compose de membres affiliés qui, seuls, peuvent prendre la parole et participer aux votes qui suivent les délibérations de l'assemblée. Le public ne fait donc qu'assister aux séances sans y prendre part, absolument comme dans nos assemblées législatives.

Le *club*, disons-nous, est une *assemblée*, nous avons évité, à dessein, de dire une *association*, ne voulant nous prononcer sur son caractère dominant qu'en connaissance de cause.

Or, si nous étudions de près la nature du *club*, nous y voyons à la fois une *association* et une *réunion*, et non pas seulement la réunion de cette association, mais aussi la réunion d'un public entièrement distinct des membres de l'association.

Le *club* présente donc les caractères de l'association et de la réunion. Y figurent-elles en parties égales, y sont-elles de même importance? Ou bien l'une des deux l'emporte-t-elle? Et, dans ce cas, laquelle? Le club est-il une réunion avec, comme accessoire, une association, ou, pour parler le langage de M. Naquet en 1880, une *association simplement greffée sur une réunion?* est-il, au contraire, *une réunion greffée sur une association?*

La loi de 1881, par son art. 7, « les clubs demeurent interdits », ainsi placé dans un ensemble de dispositions uniquement relatives au droit de réunion, pourrait nous faire hésiter un instant. Quoi qu'il en soit, le doute n'est pas permis, et tout le monde aujourd'hui s'accorde à reconnaître que c'est le caractère *association* qui domine. Le club est donc une *réunion simplement greffée sur une association* et, comme tel, il doit être régi par les lois sur les associations : il en présente, en effet, les deux caractères qui manquent à la réunion : l'*affiliation* et la *permanence*. C'est, du reste, bien l'association qui prédomine dans les clubs pour M. Naquet qui les nomme : « des réunions périodiques ayant généralement un bureau *permanent* et étant tenues par des membres *affiliés*. » Le même député, rapporteur de la loi de 1881, avait exprimé la même idée à la séance du 25 janvier 1880 par ces mots : « Quoique les clubs relèvent plutôt de la loi sur les associations que de la loi sur les réunions, et que cet article 7 (qui les prohibe) nous parût par suite inutile... etc. »

De même, pour M. Petit (loc. cit.) « Il semble que l'idée d'association y soit prépondérante, parce que le club suppose un noyau de membres associés, réunis par un lien durable et permanent. »

De même encore pour M. Dupriez (loc. cit.). « Le club est une association constituée en vue d'organiser des meetings... Il y a dans le club une organisation antérieure à la réunion et qui lui survit. Le but qu'il poursuit n'est pas atteint par la tenue d'une assemblée, il suppose des réunions successives et périodiques. »

Mais, comme s'accordent à le remarquer tous les auteurs, il n'est pas facile de donner du club une bonne définition, la plupart des formules ne tenant pas assez compte des deux éléments association et réunion, qui divisent les assistants en deux catégories.

Les définitions de M. Naquet : « Les clubs sont des réunions greffées sur des associations,» ou encore « des *réunions* périodiques ayant généralement un *bureau permanent* (caractère de l'association) et étant tenues par des *membres affiliés* (autre caractère de l'association) » négligent de mentionner un des éléments essentiels du *club*, qui est son *but politique*.

Il est, suivant nous, impossible de donner du club une définition concise : aussi nous en tiendrons-nous, faute de mieux, à celle que nous en avons donnée en commençant.

DEUXIÈME PARTIE

HISTOIRE DE LA LIBERTÉ DE RÉUNION EN FRANCE

AVANT-PROPOS.

LA LIBERTÉ DE RÉUNION DANS L'ANTIQUITÉ

La liberté de réunion, qui est, comme nous l'avons vu, de droit naturel, nous semble avoir été mise en pratique dès la plus haute antiquité. Toutefois, au seuil de cette étude, il importe avant tout de se garantir d'un écueil que n'ont pas su éviter la plupart des auteurs : nous voulons parler de la confusion, naturelle sans doute, mais cependant inadmissible, avec les réunions telles que nous les entendons aujourd'hui, des assemblées qui, à travers les siècles, et dans les divers pays, ont exercé, à un titre quelconque, (législatif, administratif ou judiciaire), une part de la puissance publique : le fait seul qu'elles prennent des décisions exécutoires sera le signe qui nous fera les reconnaître, et, conséquemment, les passer sous silence, comme étrangères à notre sujet.

Or, qu'étaient les assemblées du peuple en Grèce, qu'étaient, à Rome, les réunions, générales ou partielles. connues sous les noms de *Comitia*, de *Concilia* ou de *Conciones*, qui appelaient, à peu près comme à Athènes, le peuple sur la place publique ? De même encore, que faut-il voir dans les *Concilia* généraux des Gaules, avant comme après la conquête Romaine ; et aussi dans les Champs de mars ou *Mals* des Germains, dont nous parle Tacite ? Toutes ces assemblées ont un but soit législatif, soit administratif et souvent les deux ensemble. Toutes rendent des décisions exécutoires. Il en résulte qu'elles n'ont aucun des caractères de la réunion qui fait l'objet de ce travail.

Est-ce à dire que cette dernière fût inconnue aux époques que nous venons de mentionner ? Non, sans doute, mais à cet égard, les textes, notamment pour la Grèce et la Germanie, nous font presque entièrement défaut.

Il n'en est pas de même pour Rome.

Quelle y fut la nature de droit de réunion ? C'est là, comme on va le voir, une question assez délicate et sur laquelle les auteurs sont loin d'être d'accord.

Si nous voulions en croire M. Dupriez (loc. cit.), les réunions, au sens moderne du mot, y sont inconnues et interdites. « A Rome, dit cet 'auteur, le peuple est souverain, il y a des réunions du peuple. Mais est-ce à dire que la Liberté de réunion existait dans l'ancienne

Rome ? Nullement. Il n'y a pas de liberté de réunion pour les citoyens. C'est que le peuple y est considéré comme une notion abstraite, collectivité absolument indépendante de ses membres, collectivité qui a tous les droits, alors que ses membres n'ont que l'obligation de se soumettre à ce qu'elle ordonne. Les citoyens n'ont de droits que considérés comme membres du *populus* : la loi ne connaît et n'autorise que les réunions de la collectivité entière. Toutes les institutions reposent sur l'idée de l'absorption et de l'annihilation de l'individualité et de la personnalité de chacun, dans la collectivité de l'Etat. »

Mais à l'appui de telles assertions il faudrait apporter des preuves ? Et c'est ce qu'oublie de faire M. Dupriez.

Qui nous interdit de penser, au contraire, qu'à côté des réunions chargées de prendre des décisions exécutoires (*comitia, concilia, conciones*), les Romains connaissaient les réunions particulières et notamment les rassemblements pacifiques, en plein air, où, se promenant sous les portiques du *forum*, véritable centre de la vie publique, les citoyens discutaient à loisir des questions d'ordres les plus divers ?

Quoi qu'on en ait dit, nous croyons, en l'absence de textes prohibitifs, que la liberté de réunion, du moins jusqu'à l'avènement de l'Empire, fut mise en pratique à Rome : nous passons, naturellement, sous silence les réunions des *associations*, telles que les *Corpora* ou

Collegia (corporations) et les *Sodalitia* ou *Sodalitates* (sociétés religieuses, ou, suivant Serrigny (1), de secours mutuels.)

L'avènement d'Auguste, comme c'était à prévoir, vint sensiblement restreindre à Rome et dans tout l'Empire (par conséquent aussi en Gaule) la liberté de réunion, en même temps, du reste, que le droit d'association.

. Tandis que bien des sociétés étaient supprimées et, parmi elles, les *sodalitia* (Suétone, Div. Jul, 1, n° 42) et les autres; soumises à une autorisation préalable (2), les réunions étaient sévèrement réglementées.

Toutes les associations ou réunions (la distinction est inconnue à Rome) dirigées contre la République font encourir les peines du crime de lèse-majesté : mais, pour que la réunion soit présumée présenter ce caractère, il faut qu'elle ait la forme d'un attroupement nombreux et et tumultueux : « Quo (ve) cœtus conventusque fiat, hominesve ad seditionem convocentur » (Dig. Ad leg. Juliam majestatis, lib. XLVIII, tit. IV). De même encore « In eadem causa sunt (c'est-à-dire : lege Julia de vi publica tenentur) qui turbæ seditionisve faciendæ consi-

---

(1) Droit public et administratif romain.

(2) Voy. Dig. lib. XLVII tit. XXII. De Collegiis et Corporibus. Loi 3 Marcien § 1. « In summa autem, nisi ex senatusconsulti auctoritate, vel Cæsaris, collegium vel quodcumque tale corpus coierrit, contra senatus consultum, et mandata, et constitutione collegium celebrat. »

lium inierint, servosve aut liberos homines in armis
habuerint » (Dig. lib. XLVIII, tit. VI, loi 3, prœmium).

Ainsi donc, la criminalité se prouve par ces faits :
turba ou *arma*. Rien à dire du port des armes. Mais
quel nombre d'hommes constituera proprement une
turba, passible, à ce titre, de sévères pénalités ? Un
texte nous l'indique : « Turbam autem ex quo nu-
mero admittimus ? Si *duo* rixam commiserint, utique
non accipiemus in turba id factum, quia duo turba
non proprie dicentur. Enimvero, si plures fuerint, de-
cem aut quindecim (10 ou 15) homines, turba dicetur.
Quid ergo, si tres aut quatuor ? Turba utique non erit ».
(Dig., lib. XLVII, tit. VIII, De vi bonorum raptorum et
de turba, loi 4, Ulpien § 3). L'attroupement ne sera donc
jugé assez considérable pour tomber sous le coup de la
loi pénale, que s'il comprend au moins 10 personnes.

Quant aux réunions inoffensives, il est assez difficile
de nous prononcer sur le point de savoir si elles restent autorisées sous l'Empire : nous inclinons cependant
pour l'affirmative. C'est là aussi l'avis de Morin (loc.
citat.) qui croit les réunions permises, à la condition toutefois « qu'elles ne déguiseront pas une association
illicite » (Voy, Dig. lib. XLVII, tit. XXII, loi 2 Ulpien) :
« Quisquis illicitum collegium usurpaverit, ea pœna
tenetur, qua tenentur qui hominibus armatis loca publica vel templa occupasse judicati sunt. »

Cette opinion, selon nous, doit résulter par un *a*
fortiori de ce texte (Eisd. lib. et tit. loi 1 Marcien § 2)

« Sed religionis causa coire non prohibentur : dum tamen
per hoc non fiat contra senatusconsultum, quo illicita
collegia (1) arcentur. » C'est-à-dire: « Les réunions pour
cause de religion sont permises, etc. » Par conséquent,
et à plus forte raison, les autres, auxquelles le pouvoir
attache moins d'importance (témoin la suppression des
seuls *sodalitia.*) Reconnaissons toutefois que, pour certains auteurs, le silence de la loi à l'égard des autres
réunions semblerait, au contraire, en indiquer la prohibition.

Sous le Bas-Empire, la situation reste à peu près la
même. La législation des réunions paisibles et licites
ne nous paraît subir aucune modification sensible.

Par contre, celle des réunions illicites et des attroupements tumultueux se fait de plus en plus sévère.

En 404, Arcadius et Honorius, dans une constitution
que nous trouvons au Code (lib. I, tit. 3, loi 15) disaient :
« Conventicula illicita etiam extra ecclesiam in privatis
ædibus celebrari prohibemus. » Il ne s'agit ici que des
réunions illicites privées.

Quant aux attroupements sur la voie publique, une
constitution de l'empereur Marcien (de l'an 451), insérée au Code (lib. I, tit. 12 loi 5), les punit de mort :
« Nemo moveat tumultum, aut impetum committat,
vel conventicula collecta multitudine in qualibet parte

_____

(1) Toujours la même absence de séparation entre la réunion
et l'association.

civitatis, vel vici, vel cujuscumque loci colligere ac cel-
brare conetur. Nam si quis aliquid contra leges a qui-
busdam (sibi) existimet perpetrari, liceat ei adire judicem
et legitimum postulare præsidium. Sciant sane omnes :
quod si quis contra hujus edicti normam aut agere ali
quid, aut seditionem movere tentaverit, *ultimo supplicio subjacebit.* ».

En résumé, nous dirons donc que la liberté des réunions, tant privées que publiques, est la règle sous le
Bas-Empire : la prohibition ne s'applique qu'aux réunions qui ont un but illicite ou séditieux (1).

(1) Lire à ce sujet les développements de M. Dupriez (loc. cit.),
qui soutient l'opinion contraire.

CHAPITRE PREMIER.

LA LIBERTÉ DE RÉUNION EN FRANCE AVANT 1789.

L'usage des réunions, telles que nous les pratiquons de nos jours en France, nous est-il venu des assemblées des Gaulois ou de celles des Germains ? Cette question, qui s'est posée pour un grand nombre d'auteurs, est, à nos yeux, sans objet. Comme il est, en effet, facile de le constater, les unes comme les autres furent des Assemblées législatives, administratives et judiciaires, tout-à-fait étrangères aux réunions qui nous occupent. En Gaule, comme en Germanie, l'assemblée des guerriers discute de tous les intérêts généraux ; elle rend des décisions qui s'imposent à tous. Qu'y a-t il, dès lors, de commun entre elles et notre liberté de réunion ?

Pour la même raison, nous passerons entièrement sous silence les assemblées du peuple en France sous les deux premières dynasties de nos Rois : les *Champs de Mars*, en honneur sous les Mérovingiens, les *Champs de Mai*, qui leur succèdent sous les Carlovingiens, ne sont, en effet, que la fidèle image des assemblées

franques : c'est dans leur sein que se préparent les
Capitulaires, que se jugent les crimes ou délits des
grands ou des membres de la famille royale, que sont
élus le roi ou le maire du palais.

Un peu plus tard, l'accès de ces assemblées se restreint même aux Nobles et aux Évêques : ce ne sont
plus alors que des réunions d'une sorte de Conseil
privé, d'ordre essentiellement politique et administratif,
chargé de partager avec le roi la direction des affaires
du royaume.

Est-ce à dire qu'à ces diverses époques, la liberté de
réunion, la pratique des assemblées partielles fussent
inconnues en France ? Nous ne le croyons pas.

Toutefois, l'absence de documents à cet égard nous
permet de penser que ces réunions, sous les deux premières dynasties, furent assez peu usitées.

Il nous faut, en effet, arriver aux Capétiens pour en
trouver la première mention.

Mais ici encore, il est une confusion dont il faut, avec
soin, nous garantir : certains auteurs assimilent, sous
l'ancien régime, les *assemblées des communautés d'habitants* et aussi les *assemblées générales des paroisses* avec
les réunions telles que nous les pratiquons et les font
figurer dans leur étude : c'est, pensons-nous, injustifiable.

Dans ces réunions, en effet, se discutent les intérêts
matériels de la communauté ou de la paroisse, les mesures administratives les plus diverses y sont votées,

enfin les décisions prises au sein de ces assemblées
sont obligatoires pour les habitants de la communauté
ou pour les membres de la paroisse. Leur caractère
administratif et la part qu'elles exercent de la puissance
publique les rend donc, comme on voit, absolument
étrangères, elles aussi, à notre sujet!

Si maintenant nous envisageons les réunions particulières, tant publiques que privées, qui furent en
usage dans la France de l'ancien régime et dans lesquelles, comme de nos jours, avaient lieu, sur les sujets
les plus divers, de simples discussions, il est une question qui, tout naturellement, va se poser pour nous : c'est
celle de savoir s'il n'exista pas, sous notre ancienne
monarchie, un principe général, une règle qui se soit,
au cours des siècles, appliquée à la liberté de se réunir.

Ce principe existe, à notre avis, et bien que n'ayant
jamais été bien officiellement formulé, il nous semble
clairement ressortir de l'ensemble des monuments
juridiques que nous a transmis l'ancien régime.

Nature du droit de réunion sous l'ancien régime. — La
liberté de réunion (qui n'est, du reste, jamais bien dis-
tinguée de la liberté d'association) est nulle en théorie :
la règle est *qu'on ne se peut assembler sans l'autorisation
expresse du roi, ou du seigneur dont on dépend.*

Mais cette défense de se réunir sans la permission du
pouvoir, devient, au cours des siècles, de plus en plus
nominale.

Le droit de réunion finira ainsi en fait, (sinon en théorie) par être accordé à tous les citoyens à l'exception, toutefois, des réunions absolument prohibées, dites *Assemblées illicites* et qui sont de trois sortes : les *Attroupements (conventicules* en plein air, armés ou non, et en grand nombre) ; les *Assemblées contraires à des dispositions légales* (ce qui laisse la porte ouverte à tous les abus d'autorité); enfin les *Assemblées pour cause de religion.*

Cependant, aux approches de la Révolution, ce qui n'a jamais cessé d'être la prétention du pouvoir (c'est-à-dire la nécessité d'une permission dans toutes les circonstances) prendra, de nouveau, corps dans des ordonnances qui interdisent toutes les assemblées, même non armées, non pourvues d'autorisation. L'explication d'une telle sévérité est assez simple : la monarchie est devenue absolue.

Comme on voit, les réunions, au cours de l'ancien régime, ne sont, en principe, jamais libres ; elles ne sont que tolérées (le pouvoir fermant les yeux), et, dans ce cas, non punies : les attroupements, les réunions qui violent une ordonnance et les assemblées religieuses sont déclarées illicites et punies.

Et malgré des flottements, des fluctuations inévitables sur une telle suite d'années, ce principe fondamental s'est maintenu jusqu'à la Révolution même.

Farinaccius (Quest. 113, 120, 143 et 146) semble avoir compris ce principe, quand il nous dit : « Conventicula non est punibilis (il ne nous dit pas pour cela qu'elle soit permise *en droit*) nisi fiat in damnum et injuriam alterius. »

Pour Muyart de Vouglans, les assemblées illicites sont celles faites à mauvais dessein, dans un certain nombre, ou contre la disposition des ordonnances : cet auteur n'apporte donc aucune lumière sur la nature et la portée du principe.

Pour Jousse, « les peines ne doivent avoir lieu qu'à l'égard des assemblées illicites qui se font contre le prince ou contre le repos et la tranquillité de l'État... Mais si l'assemblée ne se fait point dans le dessein de faire aucun trouble ni dommage envers quelqu'un, elle ne doit point être punie. »

MM. Chauveau et Hélie (loc. cit.) ajoutent : « Les anciennes ordonnances ne prohibaient, en effet, que les réunions faites publiquement et avec armes, ou si la prohibition était absolue à l'égard de celles qui se faisaient sous prétexte de religion, c'est que ces dernières étaient, à l'époque où elles étaient punies, de véritables associations politiques, plus menaçantes que toutes les autres. »

La nature du Droit de réunion sous notre ancienne monarchie étant ainsi déterminée, l'étude de la législation qui s'y rapporte nous semble devoir se diviser tout naturellement en deux parties principales : la première comprenant les *Assemblées tolérées* ou *licites*, et la seconde, les *Assemblées illicites* dont nous venons de parler.

ASSEMBLÉES LICITES.

A quelles conditions une assemblée sera-t-elle considérée comme licite, à quelles règles devront se conformer les assistants pour n'encourir aucune pénalité ?

La réponse à cette question n'est pas aisée : cela s'explique par la variété des solutions qu'elle nous offre à travers une telle suite d'années. Et cependant, de ces nombreuses dispositions (parfois opposées) relatives au droit de réunion, certains principes semblent se dégager, qui sont restés toujours à peu près immuables.

Une première règle qui paraît s'être à peu près toujours transmise de règne en règne, c'est que les assemblées ne sont généralement permises que dans *des lieux publics* (soit en plein air, soit dans des édifices publics), et jamais dans des *maisons privées*.

Mais, comme nous aurons l'occasion de le voir plus loin, cela n'implique nullement que les réunions fussent alors toujours et nécessairement *publiques* : une réunion peut fort bien, en effet, être *privée*, bien qu'elle ait lieu dans un endroit autre qu'une *maison privée* et par exemple dans un *monument public*.

Comme preuve de l'existence de ce premier principe, nous pouvons citer notamment l'ordonnance de *juin 1559* ou « Déclaration sur le pouvoir des baillis, sénéchaux et prévôts, » qui nous dit dans son article 7 : « Et pour obvier aux monopoles et particulières intelligences qui se pourraient faire entre aucuns de nosdits officiers et *sujets*, nous faisons défenses à tous nosdits officiers et *sujets* de faire icelles assemblées..., en *maison où lieu privé et particulier*, ains (mais) aux maisons de villes et lieux publics destinez à ce faire, appeler ceux qui devraient estre appelez, et jusqu'au nombre qui est requis, et ce, sur peine de nullité desdites assemblées et crime de faux. »

Citons encore un arrêt des Grands Jours du Puy, du 20 nov. 1666, qui défend de tenir des assemblées « *ès maisons privées* par des gens monopoles qui par cet ordre se rendre si puissants dans les communautés que bien souvent ils la ruinent complètement, ce qui n'arriverait pas si les réunions se tenaient en des *lieux publics* à cet usage, en présence d'un magistrat royal. »

M. Petit, auquel nous empruntons ce passage (loc. cit.), nous dit, de même, que les habitants d'Albi furent menacés du crime de lèse-majesté pour s'être réunis, sans autorisation, *dans un couvent*.

A cette prohibition de *certains lieux*, il nous faut maintenant joindre celle de *certains jours*.

Dans le but de faire respecter la sainteté des dimanches et des jours de fête, (la religion catholique est, alors, nous le savons, considérée comme religion d'État), d'assez nombreuses dispositions interdisent pour ces jours-là toute assemblée publique (1). Citons, entre

(1) Sans parler des assemblées telles que les foires ou marchés, les bals ou spectacles publics, également défendus (mais où nous ne voyons pas des *réunions* au point de vue du droit public.)

autres, un arrêt du parlement de Besançon, du 2 août 1774.

À ces conditions vient s'en ajouter, d'ordinaire, encore une autre, qui est *la présence d'un magistrat royal* à la réunion.

La présence de ce magistrat est analogue à celle du *fonctionnaire délégué par l'administration,* telle qu'elle est usitée de nos jours. Le magistrat royal n'est pas, en effet, chargé de la *présidence* de la réunion et de la direction des débats. Il a seulement un rôle de police et de surveillance. Mentionnons notamment, comme émanant de ce principe, une ordonnance rendue le 8 février 1566, qui décide qu'on ne peut faire aucune assemblée dans les villes sans y avoir appelé un conseiller au parlement, le sénéchal ou un autre officier (1).

Nous pouvons citer également l'arrêt des Grands Jours du Puy du 20 novembre 1666, dont nous avons déjà parlé tout à l'heure, et qui exige la « présence d'un magistrat royal. »

Cette règle, toutefois, n'est pas sans comporter quelques exceptions : telle, par exemple, celle que nous voyons contenue dans l'ordonnance de fév. 1461 qui permet aux habitants de *Tours* de s'assembler hors la présence des officiers du roi (2). On remarquera la *spécialité* de cette

(1) Voy. Isambert. Recueil des anc. lois françaises, tome XIV, page 184.

(2) Voy. Isambert. X, 437.

exemption, pour laquelle une ordonnance a été nécessaire ; c'est une preuve nouvelle de l'existence du
principe.

Demandons-nous maintenant quelle pourra être la
matière sur laquelle portera la discussion, en un mot
l'objet de la réunion, pour que celle-ci reste licite ?

Les sujets les plus divers y pourront, semble-t-il, être
mis en question, à l'exception toutefois de matières
religieuses contraires à la religion catholique. Les assistants pourront-ils signer des pétitions ?

La législation ne nous semble pas avoir jamais été
bien ferme sur ce point : témoin, d'une part, la défense
de se réunir pour signer des pétitions, que nous voyons
contenue dans un arrêt du conseil du 21 juin 1717, et,
d'autre part, en 1764, la réunion de communautés de
Troyes, au sein de laquelle fut signée une pétition adressée au roi et qui fut bien accueillie par lui.

Quelques-unes des plus curieuses parmi ces assemblées licites réunies sous l'ancienne monarchie furent,
certainement, celles qui se tinrent à Paris pendant les
trois années (1355-1358) que dura la révolution bour-
geoise (1) à la tête de laquelle était le prévôt des marchands, le célèbre Etienne Marcel, cette révolution qui,
suivant M. Naquet, faillit doter la France, 400 ans plus
tôt, de la plupart des conquêtes de 1789 : ce fut alors
devant le peuple assemblé en foule que se traitèrent aux

_____

(1) Lors de la captivité du roi de France Jean le Bon.

Halles, à la Maison aux Piliers, (l'Hôtel-de-Ville), au Pré-aux-Clercs, les plus graves questions politiques.

On y voit tour à tour prendre la parole et défendre leurs idées non seulement Étienne Marcel et son échevin Étienne Toussac, mais encore Charles le Mauvais, roi de Navarre et le Dauphin lui-même, le futur Charles V, qui ne dédaignait pas de venir prendre le peuple comme juge entre ses ennemis et lui !

Toutefois, et nous ne saurions trop insister sur ce point, toutes ces assemblées que nous avons appelées licites ne sont jamais que des réunions *tolérées*, le pouvoir se réservant toujours la faculté d'y mettre obstacle.

ASSEMBLÉES ILLICITES.

Les Assemblées illicites, c'est-à-dire les réunions tenues malgré une disposition qui les prohibe, constituent un crime réputé *cas royal*. La connaissance en est attribuée aux bailliages, aux sénéchaussées et aux présidiaux, à l'exclusion de toutes autres juridictions, royales ou seigneuriales (Ordonnance d'août 1670, tit. I, art. 11).

D'après Pothier : « Elles appartiennent au crime de lèse-majesté ; car, nul corps ne pouvant se former, nulle assemblée ne pouvant se tenir sans l'autorité du souverain, c'est un attentat à cette autorité et une usur-

pation des droits du souverain que de tenir des assemblées sans son autorité (1). »

Nous pouvons distinguer, nous l'avons déjà dit, les
Assemblées illicites en trois catégories :

1° Les Assemblées faites à mauvais dessein ou conventicules, avec ou sans armes, et en grand nombre,
c'est-à-dire les attroupements.

2° Les Assemblées pour cause de religion.

3° Les Assemblées tenues contre les dispositions de
certaines ordonnances (ordonnances spéciales et variables).

1° *Attroupements.*

Il faut entendre ici par *attroupements* les rassemble
ments tumultueux qui se forment sur la voie publique
et d'où sortent, le plus souvent, des clameurs séditieuses.

Ils constituent, s'ils sont inoffensifs, une entrave à
la circulation; et, s'ils sont faits à mauvais dessein,
contre l'État ou les particuliers, ils compromettent la
sécurité publique.

Armé ou non, l'attroupement, le conventicule, est
toujours illicite.

Comme le fait avec raison remarquer M. Dupriez
(loc. cit.), il n'y a point, sous l'ancien régime, de lois
générales punissant les attroupements et les émeutes;

---

(1) Pothier. Traité de la procédure criminelle, 1re section art. 2.

ce ne sont presque toujours que des édits ou ordonnances du Roi, des arrêts du Parlement ou des ordonnances de police qui sont provoqués par des circonstances spéciales.

Ajoutons toutefois à ce que nous avons déjà dit de
la juridiction particulière qui connaît des crimes d'assemblée illicite que, si l'attroupement est accompagné
de port d'armes, il devient un cas *prévôtal* et, comme tel,
est en dernier ressort attribué à la juridiction des prévôts des maréchaux (Ordonnance d'août 1670, tit. I, art. 12).

Cet art. 12 porte en effet :

Art. 12 « Les prévosts de nos cousins les maréchaux
de France, les lieutenants criminels de robe courte...,
connoistront des assemblées illicites avec port d'armes.»

Quelles pénalités encourront les individus ayant
pris part aux attroupements ?

Bien que, sur ce point encore, la législation ait parfois
varié, il ne nous semble pas impossible de reconstituer
les principes qui semblent avoir régi cette matière.

Et d'abord, il y a, suivant nous ; toujours lieu d'établir
une *distinction* entre l'attroupement armé et l'attroupement sans armes.

Attroupement armé. — Comme nous l'indique l'ordonnance d'août 1670, que nous venons de citer, seul l'attroupement armé est un *cas prévôtal*. Seul aussi il fait
encourir la peine de mort. Toutefois, comme nous l'explique Muyart de Vouglans, ce châtiment ne sera appliqué qu'aux conditions suivantes :

Il faut que l'attroupement :

Soit *armé et suivi de violences;*

Qu'il soit *fait à mauvais dessein;*

Qu'il soit *composé au moins de 10 personnes* (1).

Il s'agit ici, comme on voit, d'attroupements séditieux ; si ces caractères ne sont pas réunis, la peine est
moindre.

Ce châtiment (la mort) figure, en effet, dans quelques
édits, notamment l'édit de juillet 1561, qui prononce
la peine de mort contre ceux qui prennent part aux
émeutes ; citons encore l'ordonnance de *Blois* de 1576,
qui, bien que semblant traiter de toutes les assemblées
illicites, s'applique plus spécialement à l'attroupement
armé. Elle édicte la peine de mort contre les individus
coupables d'assemblée illicite.

Au xviiie siècle, ces ordonnances étaient complètement tombées en désuétude. Aussi Louis XVI, dès la
seconde année de son règne, ne jugea-t-il pas inutile
d'en renouveler les dispositions, en y introduisant toutefois certains adoucissements. C'est ce qu'il fit à la date
du 11 mai 1775, dans une proclamation qui frappait les
attroupements du châtiment suprême (2).

Toutefois, les individus qui se seront dispersés dès
le début n'encourront aucune pénalité.

_____

(1) Une ordonnance du 10 mars 1681 décide, en effet, qu'il y a
attroupement quand les séditieux sont au nombre de 10 et au-dessus. Voy. Isambert, XIX, 262.

(2) Voy. Isambert XXIII, 168.

En voici le texte :

« De par le Roi,

« Il est ordonné que toutes personnes, de quelque qualité qu'elles soient, qui, étant entrées dans les attroupements, par séduction, ou par l'effet de l'exemple des principaux séditieux, s'en sépareront d'abord après la publication du présent ban et ordonnance de Sa Majesté, ne pourront être arrêtées, poursuivies, ni punies pour raison des attroupements, pouvu qu'elles rentrent sur-le-champ dans leurs paroisses et qu'elles restituent en nature, ou en argent, suivant la véritable valeur, les grains, farines ou pain qu'elles ont pillés, ou qu'elles se sont fait donner au-dessus du prix courant.

« Les seuls chefs et instigateurs de la sédition sont exceptés de la grâce portée dans la présente ordonnance.

« Ceux qui, après la publication du présent ban et ordonnance de Sa Majesté, *continueront de s'attrouper encourront la peine de mort* ; et seront les contrevenants arrêtés et *jugés prévôtalement* sur-le-champ.

« Tout ceux qui, dorénavant, quitteront leurs paroisses sans être munis d'une attestation de bonnes vie et mœurs, signée de leur curé et du syndic de leur communauté, seront poursuivis et jugés prévôtalement comme vagabonds, suivant la rigueur des ordonnances ».

Bien que cette proclamation ne le dise par expressément, nous pensons, avec Muyart de Vouglans, que le *port d'armes*, à lui seul, ne fait pas encourir la mort aux individus attroupés. A cette circonstance doit venir s'ajouter l'emploi de violences, la rébellion, etc. Dans le cas contraire, la peine est de beaucoup moins forte : ce sera celle des galères, avec un minimum de 5 ans. C'est, du moins, ce qui nous paraît résulter des articles 3 et 4 de la déclaration du 9 mars 1780, qui défend les attroupements armés (1).

Art. 3 « Les juges des lieux seront tenus d'employer toutes les voies convenables pour empêcher et prévenir les *attroupements*. d'appeler et de convoquer les officiers et cavaliers des maréchaussées les plus proches des lieux, et tous autres qu'il appartiendra, qui seront tenus de se transporter à la première réquisition qui leur en sera faite.

Art. « 4. Ceux qui seront convaincus *d'attroupements avec port d'armes* seront condamnés aux *galères au moins pour* 5 *ans*, sauf à être prononcé contre eux plus forte peine, si le cas y échet, même *celle de mort, en cas de rébellion et de mauvais traitement envers la maréchaussée* ou autres appelés et préposés pour prévenir et empêcher ces *attroupements*, suivant l'exigence des cas. ».

Attroupement sans armes. — L'attroupement sans armes, comme d'ailleurs la plupart des autres assemblées illicites, est un crime réputé simplement *cas royal*, (Voy. *supra*) et non prévôtal (2). La peine qui d'ordinaire s'y

---

(1) Isambert XXV, 278.

(2) Remarquons toutefois qu'à la veille même de la Révolution,

applique est la *confiscation de corps et de biens*. C'est ce qui résulte notamment d'une *déclaration* du 10 septembre 1567, qui défend les *conventicules* (c'est-à-dire les attroupements) et les assemblées publiques sous peine de confiscation de corps et de biens. C'est encore cette pénalité que nous trouvons établie par l'édit de juillet 1651.

Bien entendu, de même que pour l'attroupement armé, ce châtiment ne sera encouru que si le rassemblement est formé d'au moins 10 personnes.

Mais la peine de l'attroupement non armé n'est pas toujours la confiscation de corps et de biens : elle est tantôt plus sévère, tantôt, (et le plus souvent) sensiblement plus douce.

Comme exemple de châtiment plus dur, nous pouvons citer l'ordonnance du 12 mars 1478 qui défend de tenir des assemblées nocturnes à *Angers*, sous peine d'être *battu dans les carrefours et d'avoir les oreilles coupées* (1).

Le plus fréquemment, la peine, au contraire, se réduit à une amende.

C'est là ce que nous trouvons, notamment, dans deux arrêts du Parlement de Paris (du 4 mai 1781) qui défendent les *fêtes baladoires,* sous peine de 50 livres

la juridiction se transforme : l'attroupement (aux termes de l'ordonnance du 28 avril 1789) sera désormais jugé par le prévôt de la maréchaussée.

(1) Voy. Isambert, X, page 808.

d'amende et même, si besoin est, d'une poursuite extra-
ordinaire ; l'amende est élevée à 100 livres (avec responsabilité civile des pères ou mères, maitres ou
maitresses), dans un arrêt, du 27 janvier 1782, par
lequel le Parlement de Paris interdit les attroupements dans la ville d'*Auxerre*.

Mais bien souvent, les dispositions qui interdisent
les attroupements s'abstiennent volontairement de préciser la pénalité encourue et se contentent de s'en référer aux « arrêts et ordonnances» antérieurs. La porte
reste ainsi ouverte à l'arbitraire du pouvoir.

Témoin l'ordonnance de police de Lyon du 1er août
1778, confirmée par arrêt du 7 septembre du Parlement
de Paris, qui défend les attroupements d'ouvriers.

En voici le texte :

Art. 1. « Défenses sont faites à toutes personnes, de
quelque qualité et condition qu'elles soient, de s'*assembler* ou s'*attrouper* dans cette ville, faubourgs et banlieue, sans y être autorisées, ou sans en avoir obtenu
la permission. Pareilles défenses sont faites d'y former
aucune association sous quelque prétexte et dénomination que ce soit, sous les peines portées par les arrêts
et règlements (1).

Art. 2. « Défendons particulièrement à tous ouvriers de

_____

(1) C'est-à-dire, croyons-nous, la confiscation de corps et de
biens. Les arrêts qui n'édictent qu'une amende, étant, comme on
l'a vu, postérieurs à 1778.

former, avoir, ni entretenir aucune association sous le
nom de *sans-gêne, bons-enfants, gavots, droguins, du
devoir, dévorants, passés, gorets* et autres, sous prétexte
de se reconnaître, de se placer et de s'aider ; comme aussi
leur défendons de s'*assembler* et de s'*attrouper*, même
sous prétexte de faire une conduite dans cette ville,
faubourgs et banlieue, non-seulement dans les cafés,
auberges, cabarets, maisons particulières, mais encore
dans les *rues, places, carrefours, quais, ponts, jardins,
prés, terres, vignes, promenades, lieux vagues*, et autres
endroits quelconques, à peine d'être sur-le-champ arrêtés, emprisonnés, et leur procès doit être fait et parfait,
conformément et suivant la rigueur des ordonnances
qui défendent les assemblées illicites. »

L'ordonnance, par son article 4, établit à cette occasion
des pénalités contre les *cabaretiers*, dans certains cas
suivants :

Art. 4. « Défendons à tous cabaretiers, marchands
de vin, traiteurs, limonadiers et autres, de quelque état
qu'ils soient, dans cette ville, faubourgs et banlieue,
de recevoir des *assemblées* sous le nom de compagnons
et ouvriers *du devoir, dévorants, passés, gavots, bons-
enfants, droguins* et autres semblables, aux peines
prononcées par les ordonnances, arrêts et règlements
et notamment *à peine de fermeture de leurs boutiques,*
cafés, cabarets et auberges, *de privation de leur état et
de punition exemplaire.*

Art. 5. « Ordonnons à tous lesdits cabaretiers, auber-

gistes, cafetiers, traiteurs et autres, lorsqu'il se for-
méra *chez eux ou à leur porte un attroupement*, d'en
rendre compte, sur-le champ, à monsieur le commandant,
et de nous en donner avis, comme aussi d'aller sur-le-
champ demander main-forte pour dissiper ladite *assemblée*, savoir, dans la ville, etc..., le tout à peine d'être
réputés fauteurs et *complices* desdites assemblées illicites, poursuivis comme tels, jugés et punis suivant la
rigueur des ordonnances. »

Nouvel exemple d'interdiction des attroupements
sans pénalité précise, dans l'arrêt du Parlement de Paris
du 3 décembre 1781, qui défend les attroupements
d'ouvriers *dans le Berry*. On y lit :

« La cour fait défenses à tous ouvriers employés
aux forges et à l'exploitation des bois et charbons dans
la province du Berry de s'associer, de *s'assembler*, ni de
faire entre eux aucune convention contraire à l'ordre
public, sous quelque dénomination que ce puisse être, à
peine contre les contrevenants d'être poursuivis extraor-
dinairement, *suivant la rigueur des ordonnances* ; fait
défenses auxdits ouvriers, sous les mêmes peines, de
s'attrouper ni porter aucune arme, etc. »

Enfin, comme nous l'avons dit, à la veille même de
l'ouverture des États Généraux de 1789, la juridiction
des attroupements non armés devient encore plus dure :
c'est maintenant un cas prévôtal.

2° *Assemblées pour cause de religion.*

Pas plus que nous n'avons jusqu'ici parlé des *réu-nions des associations* ou des *corporations*, (souvent aussi appelées *confréries*), nous n'avons pas à faire ici l'étude des assemblées des *confréries religieuses.*

Nous passerons également sous silence les *assemblées des paroisses* ; générales ou particulières, elles ont tou-tes un but administratif qui les rend étrangères à notre sujet. Il s'agira et ne s'agira dans ce chapitre que des assemblées du culte et des réunions où se traitent des questions religieuses.

En ce qui concerne la tenue de ces réunions, quel était le principe, la règle générale ?

Le principe est, comme le dit fort bien M. Dupriez, que les assemblées de l'Église catholique sont, de toutes les assemblées, les seules qui ne soient pas soumises au pouvoir temporel, du seigneur ou du roi.

« L'Église catholique a une puisssance indépendante du pouvoir royal... et la liberté des assemblées du culte catholique est considérée comme à l'abri de ce pou-voir. » Bien plus, cette religion est religion d'État : le roi, (son protecteur et non son maître), rend obligatoire la participation de tous aux cérémonies du culte catho-lique, et c'est dans ce but qu'il interdit les assemblées des autres cultes, et notamment du *culte protestant.*

On sait les fluctuations de la politique de nos rois à

cet égard. Elle se traduit naturellement par une suite de dispositions contraires.

Rappelons, tout d'abord, ce que nous dit Pothier (1) des assemblées illicites pour cause de religion. Elles constituent *un cas royal* qu'il appelle l'*hérésie* : « L'hérésie... qui comprend le crime des relaps, le crime de ceux qui, contre les lois du royaume, *tiennent des assemblées* où ils font l'*exercice de la religion protestante* ; le crime des prédicants, qui vont par les maisons enseigner les dogmes de cette religion ; enfin le crime de tous ceux qui, par leurs écrits ou dans les conversations, attaquent la religion en établissant l'athéisme, le déisme et autres erreurs. »

La peine qui frappe le crime d'*hérésie* est d'ordinaire la mort ; quelquefois aussi, elle est réduite à celle des galères perpétuelles (pour les hommes) ou de la détention perpétuelle (pour les femmes), avec confiscation générale de leurs biens ; la peine de mort est alors réservée aux *prédicants* ou aux *religionnaires* qui se sont assemblés *en armes*.

Enfin, à certaines époques de pacification religieuse, ces sortes d'assemblées sont tolérées et ne font encourir alors aucune pénalité.

La première disposition importante est l'ordonnance de Henri II, de juin 1559, qui punit de mort les assem-

(1) Traité de la procédure criminelle. Section I, art. 2.

blées qui se font sous prétexte de religion (Isambert XlV, 11).

Peu après, l'Edit de juillet 1561 en renouvelait les prohibitions et pénalités.

Nous voyons encore porter dans le même but l'ordonnance ou déclaration du 10 sept. 1567.

Les mesures de rigueur, interrompues sous Henri IV, lors de l'Edit de Nantes (1598), (1) allaient reprendre lors de la révocation de cet Edit, en 1685.

Mentionnons toutefois, dans l'intervalle, deux nouvelles ordonnances contre les assemblées religieuses : elles portent les dates de 1610 (27 mai) (2) et de 1629.

L'Edit (de révocation) du 17 octobre 1685, les déclarations du 1er juillet 1686 et du 13 décembre 1698 prohibent, sous les peines les plus sévères, les assemblées de *religionnaires,* nom donné alors aux protestants.

Le 14 mai 1724, une ordonnance « défend les assemblées de religionnaires, sous peine de galères perpétuelles pour les hommes, et de détention perpétuelle pour les femmes. La peine de mort était prononcée contre ceux qui s'assembleraient en armes et contre les prédicants qui convoqueraient des assemblées, y prêcheraient ou y feraient d'autres fonctions. Il était défendu

(1) A sa mort nous voyons, en effet, les protestants ou *religionnaires* tenir à *Saumur* une assemblée générale et s'organiser d'une façon complète.

(2) Isambert, XVI, 6 .

de donner retraite aux prédicants et d'avoir aucun commerce avec eux ; il était enjoint, sous les peines les plus sévères, de les dénoncer aux officiers du lieu.

L'article 1er était ainsi conçu :

Art. 1er — Voulons que la religion catholique, apostolique et romaine soit seule exercée dans notre royaume, pays et terres de notre obéissance : défendons à tous nos sujets de quelque état, qualité et condition qu'ils soient, de faire aucun exercice de religion autre que de ladite religion catholique, et de *s'assembler* pour cet effet en aucun lieu et sous quelque prétexte que ce puisse être, à peine *contre les hommes des galères perpétuelles*, e^t *contre les femmes d'être rasées et enfermées pour toujours* dans les lieux que nos juges estimeront à propos, *avec confiscation des biens des uns et des autres*, même à *peine de mort* contre ceux qui se seront *assemblés en armes*.

L'article suivant édicte la peine de mort contre les prédicants qui ont convoqué ces réunions, « sans que ladite *peine de mort* puisse être réputée comminatoire. »

Le 18 juillet de cette même année, une nouvelle ordonnance était rendue contre les mêmes assemblées.

Cependant, sous la Régence, ces ordonnances tombent peu à peu en désuétude : nous voyons, en effet, à cette époque le pasteur Antoine Court réorganiser chez nous les églises protestantes. Mais ce n'était encore là qu'une simple tolérance.

Seule, la Révolution ouvrira l'ère nouvelle qui rendra

les cultes égaux et leurs assemblées toutes également licites.

3º Assemblées contraires à certaines dispositions légales.

A côté des deux genres d'assemblées illicites que nous venons de passer en revue, il convient de placer des réunions que nous pourrions appeler *assemblées illicites proprement dites*, en ce qu'elles violent la lettre de certaines dispositions légales essentiellement spéciales, contingentes et variables.

C'est dire que le fait de tenir une de ces réunions ne portera jamais atteinte à un véritable principe et que la pénalité alors encourue pourra changer suivant les époques et les lieux. On conçoit, dès lors, qu'une telle étude soit pour nous dépourvue d'intérêt, et qu'en conséquence nous puissions nous contenter de l'effleurer.

La tenue d'une réunion quelconque, avons-nous dit, fut toujours, sous l'ancien régime, subordonnée à l'agrément du pouvoir. Ce que nous avons appelé *assemblées licites* ne sont, comme nous l'avons déjà montré, que des réunions *tolérées*, pour la tenue desquelles une permission spéciale eût été nécessaire et sur lesquelles le pouvoir, n'ayant aucun intérêt spécial à intervenir, a consenti à fermer les yeux. Mais il ne s'en est jamais ensuivi que la monarchie ait abdiqué son droit de contrôle à cet égard : aussi, dès que le Roi, à certaines époques, le jugeait utile au maintien de son autorité et de ses prérogatives, le voyait-on porter une ordonnance pour défendre expressément, dans tel ou tel cas, la réunion d'assemblées dont il prenait soin de préciser le caractère. Et c'était alors, soit une défense absolue et définitive (1), soit une permission conditionnelle soumise à une *autorisation préalable* du pouvoir (2).

(1) Citons notamment : un mandement du prévôt de Paris, du 28 avril 1305, sous Philippe le Bel, qui défend à toutes personnes de faire des assemblées publiques ou occultes de jour et de nuit, en plus grand nombre que 5, sous peine de prison ;

L'ordonnance du 12 sept. 1243 qui prohibe toute espèce d'assemblées : « Que aucuns sur les dites paines (prononcées par la même ordonnance contre les accapareurs de grains) ne soient si hardis de faire assemblée sous couleur de confrærie ne autrement ». Isambert IV, 476 ;

L'ordonnance du 27 janv. 1382 qui défend les assemblées publiques. (Isambert) ;

La déclaration d'août 1546 qui défend à tous gentilshommes de former aucune assemblée. (Isambert XII, 912.)

(2) Mentionnons comme exemple : les lettres royaux du 13 fév. 1407 qui défendent de faire des assemblées *sans la permission du Roi*, et à l'université de Paris d'indiquer et de convoquer des assemblées du peuple (Isambert VII, 170) ;

Les lettres royaux du 6 avril de la même année qui défendent toute assemblée du peuple sans la permission du roi (Isambert VII, 179.)

CHAPITRE II

LA LIBERTÉ DE RÉUNION EN FRANCE DEPUIS 1789

L'histoire du Droit de réunion depuis 1789 doit, suivant nous, se diviser en deux parties :

1° L'histoire des réunions proprement dites.

2° Celle des attroupements.

1° LES RÉUNIONS PROPREMENT DITES DEPUIS 1789

Sous l'ancien régime, comme nous venons de le voir, la liberté de réunion n'était que le résultat d'une tolérance de l'autorité. Jamais elle n'exista en droit, jamais elle ne fut reconnue en principe. Il n'existait pas en effet de droits publics avant 1789.

La monarchie étant, du moins dans les derniers siècles, devenue absolue, un tel état de choses s'expliquait très naturellement : sous un gouvernement absolu, il ne peut en effet, y avoir place que pour de la tolérance, jamais pour de la liberté. La liberté n'existe que dans les pays qui jouissent d'une Constitution, c'est-à-dire là où les pouvoirs de l'autorité et les droits des citoyens sont clairement définis par la loi et se servent mutuellement de bornes.

Aussi, quelque grande qu'ait été la tolérance à certains jours de l'ancien régime, on peut sans crainte d'erreur avancer que c'est de la Révolution de 1789 que datent en France nos libertés et parmi elles la liberté de réunion.

Ajoutons que la distinction, inconnue jusqu'alors, de la réunion et de l'association, va peu à peu, et quoique lentement, se faire jour et s'affirmer, tant dans les esprits que dans la législation elle-même. (Voir *supra* la distinction entre la réunion et l'association).

Mais, depuis 1789, la liberté de réunion n'a, pas plus du reste que la plupart de nos autres libertés publiques, conservé immuable sa physionnomie des premiers jours de la Révolution ; son histoire depuis lors est, au contraire, comme le reflet même et l'image des si nombreuses fluctuations de notre politique.

« L'histoire du droit de réunion, comme l'a dit Garnier-Pagès, c'est l'histoire de nos révolutions et de nos réactions ; ce droit, subissant la logique des situations différentes, a été, tantôt largement pratiqué, tantôt rigoureusement refusé, suivant les époques. »(1)

Le premier texte de la Révolution où l'on s'attendrait, avec raison, à voir figurer le droit de réunion,

_____

(1) Séance du 12 mars 1868, au Corps législatif. Moniteur du 13.

nous voulons parler de la *Déclaration des droits de l'homme et du citoyen* (des 23 aout-5 octobre 1789) qui contient le principe même et qui est comme le Code de nos libertés publiques, ce texte ne fait cependant aucune mention de la liberté de réunion.

La première disposition qui concerne cette liberté est un décret du 14 décembre 1789, qui proclame (dans son article 62) le droit pour les citoyens de se réunir paisiblement et sans armes. En voici le texte :

Art. 62. « Les citoyens actifs ont le droit de se réunir paisiblement et sans armes en assemblées particulières, pour rédiger des adresses ou des pétitions, soit au corps municipal, soit aux administrations de département et de district, soit au Corps Législatif, soit au Roi, sous la condition de donner avis aux officiers municipaux du temps et du lieu de ces assemblées, et de ne pouvoir députer que 10 citoyens pour apporter et présenter ces adresses et pétitions. »

Telle n'avait pas été, toutefois, la première rédaction de cet article. Le 1ᵉʳ décembre 1789, la commission avait prétendu interdire le droit de se réunir aux assemblées de plus de 30 : « Pourront les citoyens se former paisiblement jusqu'au nombre de 30 en assemblées particulières, pour rédiger et faire parvenir, etc. » Cette restriction fut vigoureusement combattue par Mirabeau, et, sur la demande de Duport, l'article fut renvoyé à la commission qui lui donna alors la forme définitive que nous avons citée plus haut.

Ce décret établissait donc, pour la tenue d'une réunion, la nécessité d'une déclaration préalable.

L'année suivante, l'assemblée nationale s'y référait dans une instruction des 12-24 août 1790, dont le paragraphe 8, art. 3, disait :

« Les directoires veilleront de même à ce que les citoyens ne soient pas troublés dans la faculté de se réunir, paisiblement et sans armes, en assemblées particulières, pour rédiger des adresses et pétitions, lorsque ceux qui voudront s'assembler ainsi auront instruit les officiers municipaux du temps, du lieu et du sujet de ces assemblées. »

Mais déjà, à la faveur de cette liberté, des clubs s'étaient formés et celui des Jacobins, notamment, avait tenté de recruter des affiliés jusque dans les rangs de l'armée : pour y mettre un frein, un décret des 19-20 septembre 1790 défendit les correspondances, sous quelque prétexte que ce fût, entre les clubs, associations ou corporations d'une part, et de l'autre les « régiments français, suisses et étrangers » qui composaient l'armée.

Mais l'Assemblée Nationale n'avait eu pour but que la sauvegarde de la discipline militaire : elle ne songeait point du tout à diminuer la liberté de réunion. Nous en avons la preuve dans un décret des 13-19 nov. 1790 qui reconnait aux citoyens le droit de s'assembler en toute liberté. On y lit : « Les citoyens ont le droit de s'assembler paisiblement et de former entre eux des sociétés libres, à charge d'observer les lois qui régissent tous les citoyens. »

Bien que rendu au sujet d'une contestation entre la société des Amis de la Constitution, de Dax, et la municipalité de cette ville, ce décret n'en était pas moins d'une application générale.

Mais bientôt les excès de la trop grande liberté se faisant sentir, l'assemblée prend quelques dispositions qui viennent restreindre l'exercice du droit de réunion.

Citons notamment la Constitution des 3-14 sept. 1791, qui reproduit à peu près le décret des 13-19 nov. 1790.

« L'assemblée nationale, y est-il dit, proclame la liberté pour tous les citoyens de se réunir paisiblement et sans armes, en satisfaisant aux lois de police. »

Les lois de police, dont on parle ici, sont :

Le décret du 14 décembre 1789 (art. 62), qui exige une déclaration préalable ; la loi des 16-24 août 1790, dont le titre XI (Des juges en matière de police) porte dans son art. 3 :

« Les objets de police confiés à la vigilance et à l'autorité des corps municipaux sont :.... 2° Le soin de réprimer et punir les délits contre la tranquilité publique, tels que..... le tumulte excité dans les lieux d'assemblée publique..... 3° Le maintien du bon ordre dans les endroits où il se fait de grands rassemblements d'hommes, tels que les foires, marchés, réjouissances et cérémonies publiques, spectacles, cafés, églises et autres lieux publics. »

Enfin, la loi des 16-22 juillet 1791, dont l'art. 46 porte:

« Aucun tribunal de police municipale, ni aucun corps municipal ne pourra faire de règlements ; le corps municipal néanmoins pourra, sous le nom et l'intitulé de *délibération,* et sauf la réformation, s'il y a lieu, par l'administration du département, sur l'avis de celle du district, faire des arrêtés sur les objets qui suivent :

1° Lorsqu'il s'agira d'ordonner les précautions locales sur les objets confiés à sa vigilance et à son autorité par les articles 3 et 4 du titre XI du décret du 16 août (1790) sur l'organisation judiciaire ;

2° De publier de nouveau les lois et règlements de police, ou de rappeler les citoyens à leur observation. »

Tout en respectant la liberté de réunion, un décret des 29-30 sept. — 9 oct. 1791 cherche à restreindre dans de justes limites les attributions des clubs ; le rapport du comité de constitution, qui précède le décret, en indique bien le but : « Dans un pays libre, lorsqu'une Constitution fondée sur les droits de l'homme a créé une patrie, un sentiment cher et profond attache à la chose publique tous les habitants de l'Empire ; c'est un besoin de s'en occuper et d'en parler ; loin d'éteindre ce feu sacré, il faut que toutes les institutions sociales contribuent à l'entretenir.

« Mais à côté de cet intérêt général se placent les maximes de l'ordre public et les principes du gouvernement représentatif.

« Les sociétés, les réunions paisibles de citoyens, les clubs, sont inaperçus dans l'État. Sortent-ils de la situation privée où les place la Constitution, ils s'élèvent contre elle, ils la détruisent au lieu de la défendre. »

En conséquence, le décret dispose qu'aucune société, aucun club ne pourra avoir une existence politique, et leur interdit toutes les formes qui leur en donneraient l'apparence : les pétitions en nom collectif, les députations, l'assistance en corps aux cérémonies publiques ; il leur est défendu de mander à leur barre les fonctionnaires ou les simples citoyens. d'apporter obstacle aux actes de l'autorité, sous peine de radiation du tableau civique, avec incapacité d'exercer des fonctions publiques, et d'une amende correctionelle pour ceux qui ne seraient pas sur ce tableau.

Mais, comme le remarque M. Naquet, ces restrictions aux droits des clubs ne peuvent être considérées comme des restrictions au droit de réunion proprement dit.

Sans doute, d'après ce décret, les réunions des clubs sont limitées par certains obstacles, mais les réunions autres que celles des clubs continuent à ne relever que de la Constitution de 1791.

A l'Assemblée Législative succède la Convention, qui professe, sur le droit de réunion et sur les clubs, des théories absolument contraires. Aux restrictions du décret d'oct. 1791, elle oppose la liberté la plus large.

En effet, le décret du 13 juin 1793, dans son art. 2, dispose :

« Il est fait défense aux autorités constituées de troubler les citoyens dans le droit qu'ils ont de se réunir en sociétés populaires. »

La déclaration des Droits (article 7), inscrite en tête de la Constitution du 24 juin 1793, proclame comme au-dessus de tout pouvoir et reconnaît aux citoyens le droit de s'assembler paisiblement et de s'unir en sociétés populaires :

Art. 7. « Le droit de manifester sa pensée et ses opi-nions, soit par la voie de la presse, soit de toute autre manière, le droit de s'assembler paisiblement, le libre exercice des cultes, ne peuvent être interdits.

« La nécessité d'énoncer ces droits suppose ou la présence ou le souvenir récent du despotisme. »

Le décret des 15-25 juillet 1793, qui suivit, défend à tout fonctionnaire, commandant de la force publique, ou simple citoyen, de porter obstacle à la réunion des clubs ou de tenter de les dissoudre, et cela sous les pei-nes les plus sévères : dix années de fers pour les fonc-tionnaires, et cinq années pour les simples particuliers.

Mais bientôt, comme il est naturel, l'extrême liberté engendra la licence : les clubs virent leur puissance grandir à un point tel, qu'ils firent la loi à la Conven-tion elle-même. La réaction était proche.

Dans ce but, une première tentative a lieu par le dé-cret du *9 brumaire an II*, qui interdit les *clubs ou so-ciétés de femmes* et exige la publicité des séances des so-ciétés populaires, comme des sociétés libres des arts.

Le 9 thermidor acheva l'œuvre de réaction. Les clubs furent sévèrement réglementés.

Le décret du 25 vendémiaire au III défend les agrégations, affiliations, fédérations entre sociétés, ainsi que toute correspondance en nom collectif entre elles. Restaient toutefois permis les sociétés ou clubs isolés, à la condition d'écrire la liste des noms de leurs membres et d'en envoyer une copie pour l'afficher dans la salle des séances de la municipalité. Ajoutons que, le 20 brumaire de la même année, le célèbre club des *Jacobins* était fermé par ordre.

Nous arrivons ainsi à la Constitution du 5 fructidor an III : elle respecte la *liberté de réunion* et la *liberté d'association*, mais interdit les sociétés populaires et les clubs comme contraires à l'ordre public. Citons ses dispositions relatives au droit de réunion :

Art. 360. « Il ne peut être formé de corporations ni d'associations contraires à l'ordre public.

Art. 361. « Aucune assemblée de citoyens ne peut se qualifier société populaire.

Art. 362. « Aucune société particulière, s'occupant de questions politiques, ne peut correspondre avec aucune autre, ni s'affilier à elle, ni tenir des séances publiques composées de sociétaires et d'assistants distingués les uns des autres (c'était là un commencement de distinction entre les droits de réunion et d'association), ni imposer des conditions d'admission et d'éligibilité, ni s'arroger des droits d'exclusion, ni faire porter à ses membres aucun signe extérieur de leur association.

Art. 363. « Les citoyens ne peuvent exercer leurs droits politiques que dans les assemblées primaires ou communales.

Art. 364. « Tous les citoyens sont libres d'adresser aux autorités publiques des pétitions, mais elles doivent être individuelles ; nulle association ne peut en présenter de collectives, si ce n'est les autorités constituées, et seulement pour les objets propres à leur attribution.

« Les pétitionnaires ne doivent jamais oublier le respect dû aux autorités constituées. »

Les articles suivants (365 et 366) réputaient criminel et punissaient tout attroupement armé et ordonnaient de dissoudre les attroupements non armés.

Dès le lendemain, en vertu de ces articles de la Constitution, un rapport et un décret (6 fructidor an III) ordonnèrent aux départements, aux assemblées primaires et aux armées de dissoudre toute assemblée connue sous le nom de *club* ou de *société populaire* et de fermer sur l'heure la salle de ses séances.

Peu après, le droit de réunion en matière religieuse fait l'objet d'une réglementation spéciale : un décret du 7 vendémiaire an IV (articles 1er, 16, 17 et 18) exige, sous peine d'amende et d'emprisonnement, de toute réunion ayant pour objet l'exercice d'un culte quelconque, la double condition d'une déclaration préalable et de la surveillance de l'autorité.

Le 7 thermidor an V, un nouveau décret, contresigné par Carnot, vient compléter contre les clubs les dispositions législatives portées en fructidor an III ; ce décret déclare provisiorement défendues toutes les sociétés particulières s'occupant de questions politiques : ceux qui en feront partie seront poursuivis et frappés comme coupables du délit d'attroupement. Seront considérés comme responsables les propriétaires ou principaux locataires des lieux de ces réunions et passibles d'une amende de 1.000 francs et d'un emprisonnement de 3 mois.

Le 19 fructidor an V, nouveau décret dans le même sens. Il ordonne, dans son article 37, la fermeture de toute société particulière ayant un objet politique et dans laquellle il serait émis des principes contraires à la Constitution. Ceux de ses membres qui professeraient ces théories devaient être poursuivis et frappés d'après la loi du 27 germinal an IV, qui punissait les attroupements séditieux et les attentats à la sûreté publique.

Enfin, le 24 ventôse an VI, un arrêté du Directoire exécutif achevait l'anéantissement des clubs, en ordonnant la fermeture de ceux appelés *cercles constitutionnels,* comme violant la Constitution en présentant des pétitions et adresses en nom collectif, et en semblant ainsi former des corporations dans l'État, quand la Constitution ne reconnaît d'autres corps que les autorités constituées.

Le Directoire, s'appuyant sur la Constitution du 5 fructidor an III, dont nous avons donné les articles inté-

ressant le droit de réunion, venait, par cette série de
mesures restrictives, de donner à ce droit le coup de
grâce. Suppression des réunions politiques, réglementation sévère des réunions religieuses, on en était ainsi
arrivé à un régime certainement plus dur que sous l'ancienne monarchie ; celle-ci, sans reconnaître la liberté
de réunion, la tolérait presque toujours : le Directoire refusait tout à la fois de la tolérer et de la reconnaître.

Mais ce régime oppressif ne s'établit pas, comme on
pense, sans de multiples protestations.

Nous en trouvons la preuve dans les discussions soulevées au Conseil des Cinq-Cents sur les réunions publiques et les sociétés populaires.

Les uns, comme Denisart, réclament contre la fermeture des clubs et des réunions politiques. « Ouvrez
demande-t-il, les sociétés politiques ; le peuple le demande, la Constitution le veut et le bien public l'exige ;

« Dans ces réunions civiques les passions généreuses
seront stimulées. On y parlera de la patrie, de la liberté,
les âmes s'agrandiront avec les dangers, l'œil actif et
fidèle du maître nous garantira de nouveaux abus...

« Je demande... que la discussion sur l'organisation
des sociétés s'occupant de questions politiques soit
mise demain à l'ordre du jour. »

D'autres, comme Renault (de l'Orne) et Chollet (de
la Gironde), tout en défendant pour les citoyens le
droit de réunion politique, n'en constatent pas moins
la nécessité de sauvegarder les droits de l'Etat. Tous

les deux, nous l'avons déjà dit, reconnaissent aussi, et bien plus nettement qu'on ne l'a jamais fait avant eux. la distinction de l'association et de la réunion.

« Représentants du peuple, disait Renault de l'Orne aux Cinq-Cents, dans la séance du 2 fructidor an VII, je ne serai point de ceux qui pensent que vous avez le droit de défendre les réunions politiques. Dans une démocratie représentative, où chaque citoyen est, pour ainsi dire, propriétaire de la chose publique, il est naturel qu'on s'en occupe et qu'on en parle comme de ses propres affaires.

« Vainement dirait-on que l'article de la Constitution qui parle de ces réunions n'est que facultatif ; vainement dirait-on qu'il ne donne point le droit, qu'il le suppose seulement, mais qu'il ne l'établit pas.

« Le droit de s'assembler pour s'occuper de questions politiques est un des premiers droits de l'homme en société, un de ces droits toujours retenus, qu'aucune Constitution ne donne et qu'aucune ne peut enlever. Il devait seulement en régler l'exercice et c'est ce qu'il a fait par l'article 362. Mais cet article, il faut l'avouer, est au moins un imposant avis du souverain pour arrêter la législature qui voudrait porter atteinte au droit dont il s'agit. »

Mais si le droit de réunion doit être sans limite, Renault reconnaît qu'il n'en est pas de même de l'association, de la société politique qui peut devenir un danger pour l'État.

Renault, il est vrai, ne sépare pas encore absolument, du moins dans les termes, la *réunion* de l'*association*, mais la distinction ressort à n'en pas douter des prohibitions qu'il demande pour la seconde seule : aussi voyons-nous là, à l'encontre de M. Naquet (rapport de 1879 à la Chambre des Députés) quelque chose de plus qu' « un commencement vague et timide de distinction entre l'une et l'autre. »

A son tour, Chollet (de la Gironde), à la séance du 21 fructidor an VII, se montre partisan des mêmes principes que Renault. Il établit plus nettement encore la séparation de la réunion et de l'association.

« Représentants du peuple, disait-il, je viens défendre les principes qui ont servi de base au travail de la commission que vous aviez chargée de vous présenter un projet de loi organique concernant les sociétés particulières s'occupant de questions politiques. »

Il propose alors de « n'admettre dans ces sociétés que des citoyens français ; et leur garantir l'exercice paisible d'un droit consacré par la Constitution. »

Puis, après avoir établi, dans une phrase que nous avons déjà citée (1) la distinction de la réunion et de l'association, Chollet démontre, à côté de la légitimité du droit de se réunir, l'utilité d'une restriction des associations :

« Je n'aurai pas besoin de remonter jusqu'à l'origine

_____

(1) Voy. *Supra* la distinction de la réunion et de l'association.

de la civilisation pour prouver que la sociabilité est de l'essence de l'espèce humaine, et qu'ainsi ôter aux citoyens le droit de se réunir pour converser ensemble sur ce qu'ils peuvent avoir de plus cher, le bien de leur patrie et les moyens de la rendre heureuse et florissante, serait une violation des premiers principes du droit naturel, un attentat contre la société entière, une dégradation du titre et du caractère de citoyen.

« Mais comme, dans un État constitué, chacun des membres de la société se départ nécessairement d'une partie de ses droits naturels pour se soumettre aux lois de police qu'exige la sûreté de tous, il n'est pas douteux que l'exercice de celui qu'ont les citoyens de former des réunions particulières, ne puisse être modifié par la loi et assujetti à ses règles qui garantissent la grande société, composée de l'universalité des citoyens, de la trop grande influence que ces sociétés particulières pourraient prendre sur elle, et des troubles qu'elles pourraient occasionner. »

Le 18 brumaire empêcha ces discussions d'aboutir.

A l'inverse des Constitutions de 1791, de 1793 et de l'an III, la Constitution du 22 brumaire de l'an VIII allait être muette sur la liberté de réunion, comme du reste aussi sur la liberté d'association.

Nous constatons le même silence sur ces matières pendant toute la durée du Consulat (1), et sous l'Em-

(1) Mentionnons toutefois l'arrêté consulaire du 12 messidor an VIII qui donne au préfet de police à Paris le droit de prendre

pire, du moins jusqu'en 1810, date de la promulgation
de notre Code Pénal.

Ce silence, du reste, s'explique aisément : c'était là
un régime parfaitement approprié à l'absolutisme napo-
léonien.

Le Code Pénal, dans ses articles 291, 292, 293 et 294
(titre VII. Des associations et réunions illicites) ne parle
que des associations et non des réunions.

Il nous semble cependant utile de les faire connaître,
car le décret (auquel nous allons bientôt arriver) du
25 mars 1852 devait soumettre le droit de réunion aux
mêmes règles (à peu de choses près) que le droit d'association, et, entre autres, à ces articles du Code Pénal.
En voici le texte :

*Livre III, titre I, section VII: Des associations ou
réunions illicites.*

Art. 291. « Nulle association de plus de vingt personnes, dont le but sera de se réunir tous les jours ou
à certains jours marqués pour s'occuper d'objets religieux, littéraires, politiques ou autres, ne pourra se
former qu'avec l'agrément du Gouvernement et sous les
conditions qu'il plaira à l'autorité publique d'imposer
à la société. Dans le nombre des personnes indiqué
par le présent article, ne sont pas comprises celles

les mesures propres à prévenir ou à dissiper : « les réunions tumultueuses ou menaçant la tranquillité publique. »

domiciliées dans la maison où l'association se réunit.

Art. 292. « Toute association de la nature ci-dessus exprimée qui se sera formée sans autorisation ou qui, après l'avoir obtenue, aura enfreint les conditions à elle imposée, sera dissoute.

« Les chefs, directeurs ou administrateurs de l'association seront en outre punis d'une amende de 16 fr. à 200 francs.

Art. 293. « Si par discours, exhortations, invocations ou prières, en quelque langage que ce soit, ou par lecture, affiche, publication ou distribution d'écrits quelconques, il a été fait, dans ces assemblées, quelque provocation à des crimes ou à des délits, la peine sera de cent francs à trois cents francs d'amende, et de trois mois à deux ans d'emprisonnement, contre les chefs, directeurs et administrateurs de ces associations, sans préjudice des peines plus fortes qui seraient portées par la loi contre les individus personnellement coupables de provocation, lesquels, en aucun cas, ne pourront être punis d'une peine moindre que celle infligée aux chefs, directeurs et administrateurs de l'association.

Art. 294. « Tout individu qui, sans la permission de l'autorité municipale, aura accordé ou consenti l'usage de sa maison ou de son appartement, en tout ou en partie, pour la réunion des membres d'une association même autorisée, ou pour l'exercice d'un culte, sera puni d'une amende de 16 fr. à 200 fr. »

Le principe qui a dicté ces articles, c'est, on le voit,

la nécessité de l'autorisation préalable du Gouvernement en matières d'associations : l'esprit dont il émane semble avoir encore présent le souvenir des excès des clubs et des sociétés politiques de la Révolution.

Malgré l'intention du Conseil d'État de n'atteindre que les sociétés politiques ou religieuses, intention clairement manifestée, sur l'initiative de Berlier, par cette décision que « les effets de l'article (291) seraient bornés aux réunions religieuses ou politiques », le texte de cet article ne subit aucune modification et ses dispositions, vu la généralité des termes, s'étendirent indistinctement à toutes les sociétés.

Mais ces prohibitions portaient en elles-mêmes le germe de leur ruine : le Code n'interdisant que les associations de plus de 20 personnes, qui se réunissaient à certains jours marqués, les sociétés tournèrent facilement la loi en se fractionnant en sections de moins de 20 personnes, et en se réunissant à des dates irrégulières et non périodiques.

Il devait, d'ailleurs, en être ainsi jusqu'à la loi de 1834 sur les associations, à laquelle nous allons bientôt arriver.

La Charte de 1814, comme aussi l'Acte Additionnel aux Constitutions de l'Empire, gardèrent le silence sur les libertés d'association et de réunion. Le Code pénal seul continua à réglementer ces matières.

Cependant, les 5-8 juillet 1820, nous voyons porter une ordonnance contre certaines sociétés d'étudiants.

Dès lors disparurent les réunions et les associations patentes : par contre, on vit, pendant toute la Restauration, se former une foule de sociétés secrètes, fractionnées en groupes de moins de 20 personnes, et se réunissant à intervalles non périodiques : les principales étaient les *carbonari*, la société « Aide-toi, le ciel t'aidera », celle des Amis du peuple, celle des Droits de l'homme (1), etc., qui toutes préparaient les réunions électorales, dirigeaient les choix et jouaient dans les élections un rôle prépondérant ; ajoutons : et aussi dans les insurrections.

Telle était la situation au début de la Monarchie de Juillet. Les dispositions du Code pénal étaient reconnues manifestement insuffisantes : elles semblaient une forteresse que l'ennemi aurait tournée de toutes parts.

Décidé à atteindre les sociétés secrètes, le Gouvernement déposa, le 25 février 1834, un projet, qui est devenu la loi du 10 avril 1834 sur les associations.

La discussion à la Chambre des Députés fut des plus vives et des plus longues ; elle dura 13 jours, du 11 au 24 mars 1834.

Au cours de ces débats, l'opposition rappela à M. Guizot, alors ministre, que, dans les premiers jours qui avaient suivi la Révolution de Juillet, il avait émis sur

(1) Celle-ci, d'abord patente, et dissoute en vertu du Code Pénal, s'était reconstituée en tournant la loi.

ce sujet des théories tout-à-fait opposées à la loi qu'il défendait maintenant.

Le 24 septembre 1830, il s'était, en effet, écrié à la Chambre des Députés :

« Cet article (l'art. 291) est mauvais : il ne doit pas figurer éternellement, longtemps si vous voulez, dans la législation d'un peuple libre. Sans doute les citoyens ont le droit de se réunir pour causer entre eux des affaires publiques ; il est bon qu'ils le fassent et jamais je ne contesterai ce droit ; jamais je n'essaierai d'atténuer les sentiments généreux qui poussent les citoyens à se réunir, à se communiquer leurs sympathiques opinions. Le temps viendra, et j'espère qu'il ne sera pas long, où l'art. 291, n'étant plus motivé par l'état réel de la société, disparaîtra de notre Code. »

En rappelant à M. Guizot ses paroles, l'opposition lui reprocha amèrement la contradiction de sa conduite :

« J'ai dit, répondit-il dans la séance du 13 mars 1834, que l'art. 291 ne figurerait pas éternellement dans les lois d'un pays libre, pourquoi ne le dirai-je pas aujourd'hui ? Il viendra, je l'espère, un jour, où la France pourra voir l'abolition de cet article comme un nouveau développement de liberté. Mais, jusque-là, il est de la prudence des Chambres et de tous les grands pouvoirs publics de maintenir cet article ; il faut même le modifier selon le besoin du temps, pour qu'il soit efficace contre les associations dangereuses d'aujourd'hui ».

Dangereuses, en effet, ces sociétés, à en croire le tableau qu'en avait fait le Garde des Sceaux, M. Persil, dans son exposé des motifs en déposant le projet de loi. (Séance du 25 février 1834.) Il les peignait « tantôt applaudissant au désordre après l'avoir provoqué, s'efforçant d'irriter et d'armer tous les mécontentements, tous les égarements, toutes les misères, dissuadant du travail ceux que le travail seul peut nourrir ; tantôt essayant de dissoudre les éléments de la force publique, insultant la garde nationale, prêchant l'indiscipline à l'armée, et cherchant à dominer par la terreur jusqu'à la justice elle-même. » L'objet de la loi nouvelle, comme nous allons le voir dans un instant, en parcourant le texte, était seulement d'empêcher à l'avenir d'échapper à l'art. 291 du Code pénal. La loi ne s'occupe nullement des *réunions* et quant aux sociétés « elle n'atteint, disait le Garde des Sceaux dans son exposé des motifs, que les associations qu'atteignait l'article 291 du Code pénal... C'est l'article 291, sauf la périodicité, sauf le fractionnement du nombre (les deux moyens qui avaient servi à le tourner) ; ce n'est pas autre chose. »

La loi nouvelle ne s'occupe donc que des associations: la *liberté de réunion* reste hors de sphère. Ce point capital fut nettement établi au cours de la discussion dans les Chambres : nous y voyons plusieurs orateurs formuler, avec la plus grande précision, la distinction de la réunion et de l'association. Nous avons (*supra* Distinct.

de la réunion et de l'association) cité les paroles de M. Portalis, et celles de M. Hervé, dans lesquelles ces orateurs séparent nettement ces deux droits.

Un amendement, tendant à affirmer la liberté des réunions, ayant été présenté, il fut retiré comme inutile sur les explications (déjà citées *supra*) (1) du rapporteur M. Martin (du Nord), qui termina par ces mots : « Jusqu'à présent personne n'a pensé que les réunions eussent été atteintes par l'art. 291. Ne craignez pas qu'elles le soient davantage par la loi que nous discutons. »

Un second amendement, tendant à faire introduire dans la loi la proclamation de la liberté des réunions électorales, fut combattu par M. Persil, et repoussé, pour ce motif qu'en voyant déclarer libres certaines espèces de réunions, on pourrait être induit à croire les autres défendues.

M. Odilon Barrot, tout en regrettant que la loi ne fût pas plus explicite, déclara prendre acte des paroles du ministre, et le rapporteur les reproduisit en disant qu'elles étaient « le commentaire de la loi. »

Enfin, le 24 mars 1834, la Chambre des Députés adoptait le projet du Gouvernement, à la majorité de 246 voix contre 154.

Le lendemain, il était porté à la Chambre des Pairs. Le rapporteur, M. Girod (de l'Ain) déposa, le 5 avril, son rapport, qui fut discuté le 8.

(1) Distinction de la réunion et de l'association.

M. Girod appuyait encore sur la séparation de la réunion et de l'association, et, citant les paroles de M. Persil, il ajoutait : « Si cette déclaration surabondante n'est pas la loi même, elle ne forme, du moins, le commentaire officiel et inséparable. C'est sous sa foi que l'article a été adopté par l'autre Chambre, qu'il pourra l'être par vous, et il n'est pas à craindre qu'un tribunal en France refuse de l'entendre ainsi. »

Et M. Rœderer, partageant cette opinion, la formulait en ces termes : « La loi n'autorise pas plus à inquiéter qu'à interdire les réunions soit fortuites, soit habituelles ; elle ne regarde que les associations. A la vérité, la distinction entre les réunions et les associations n'est pas tellement nette et tranchée qu'elle ne permette quelques méprises ; on craint que le ministère public ne les confonde quequefois. Je crois que l'on peut se rassurer contre ces appréhensions. L'objet immédiat de la loi est de frapper les associations existantes, les associations patentes, organisées et armées pour la guerre qu'elles ont déclarée au gouvernement de l'État. La portée politique de la loi ne va pas plus loin que les associations formant Etat dans l'État, et qui, comme disait Mathieu Molé, *placent un corps vivant dans le cœur de la nation.* » (Moniteur du 9 avril 1834).

Le 9 avril, le projet de loi était adopté à la Chambre des Pairs, à la majorité de 127 voix contre 22.

Il est devenu la loi sur les associations, du 10 avril 1834, dont voici le texte :

Art. 1er. « Les dispositions de l'article 291 du Code Pénal sont applicables aux associations de plus de vingt personnes, alors même que ces associations seraient partagées en sections d'un nombre moindre, et qu'elles ne se réuniraient pas tous les jours ou à des jours marqués.

« L'autorisation du Gouvernement est toujours révocable.

Art. 2. « Quiconque fait partie d'une association non autorisée sera puni de deux mois à un an d'emprisonnement et de 50 francs à 1,000 francs d'amende.

« En cas de récidive, les peines pourront être portées au double.

« Le condamné pourra, dans ce dernier cas, être placé sous la surveillance de la haute police pendant un temps qui n'excèdera pas le double du maximum de la peine.

« L'article 463 du Code Pénal (1) pourra être appliqué dans tous les cas.

Art. 3. « Sont considérés comme complices et punis comme tels, ceux qui auront prêté ou loué sciemment leur maison ou appartement pour une ou plusieurs réunions d'une association non autorisée.

Art. 4. « Les attentats contre la sûreté de l'État, commis par les associations ci-dessus mentionnées, pourront être déférés à la juridiction de la Chambre des Pairs, conformément à l'article 28 de la Charte constitutionnelle.

(1) Relatif aux circonstances atténuantes.

« Les délits politiques commis par lesdites associations seront déférés au jury, conformément à l'article 69 de la Charte constitutionnelle.

« Les infractions à la présente loi et à l'article 291 du Code Pénal seront déférées aux tribunaux correctionnels.

Art. 5. « Les dispositions du Code Pénal auxquelles il n'est pas dérogé par la présente loi continueront de recevoir leur exécution. »

Ainsi, de l'avis de tous, la loi nouvelle, pas plus que le Code Pénal, n'ayant trait à la liberté de réunion, celle-ci restait régie par les lois de la Révolution. C'est, en effet, ce que reconnurent deux arrêts de la Cour de Cassation, en date du 16 août 1834 et du 14 février 1835, qui décidèrent que l'autorité municipale n'a pas le droit d'exiger des *simples réunions* de plus de 20 personnes la nécessité d'une autorisation préalable, et que l'arrêté de police qui émet cette prétention est entaché de nullité.

La liberté de réunion, ainsi consacrée, fut, en effet, pendant un certain temps un droit acquis et respecté par le Gouvernement. Il cessa d'en être ainsi à la fin de 1847 et au commencement de 1848, lorsque prit naissance le célèbre mouvement connu sous le nom de *campagne des banquets réformistes,* qui allait amener la chute de la monarchie de Juillet.

Sans doute, prétendit, à cet époque, le Gouvernement, la liberté de réunion était consacrée par les monuments législatifs de la Révolution, notamment le décret des 13-

19 nov. 1790 et la Constitution de 1791, mais elle avait aussi pour limites ces mots du décret de nov. 1790 «... à la charge d'observer les lois qui régissent tous les citoyens,» et ceux-ci de la Constitution de 1791 : «... en satisfaisant aux lois de police. »

Ces lois de police dont put alors s'armer le gouvernement de Juillet contre le droit de réunion étaient :

La loi des 16-24 août 1790 (1) ;

Celle des 16-22 juill. 1791 (2), que nous avons déjà citées ;

L'arrêté consulaire du 12 messidor an VIII, pareillement cité *supra*, et qui donne au Préfet de police à Paris « le droit de prendre les mesures propres à prévenir ou à dissiper les réunions tumultueuses ou menaçant la la tranquillité publique. »

Enfin la loi, alors récente, du 18 juillet 1837.

Cette loi, *sur l'administration municipale* (aujourd'hui expressément abrogée par la loi du 5 avril 1884 art. 168), contient, sur le sujet qui nous concerne, les articles que voici :

Art. 9. « Le maire est chargé, sous l'autorité de l'administration supérieure :

..... 3° De l'exécution des mesures de sûreté générale ;

---

(1) Sur l'organisation judiciaire ; aujourd'hui abrogée par l'article 168 de la loi du 5 avril 1884.

(2) Relative à l'organisation d'une police municipale et correctionnelle.

Art. 10. « Le maire est chargé, sous la surveillance de l'administration supérieure :

1° de la police municipale ;.....

Art. 11. « Le maire prend des arrêtés à l'effet :

1° d'ordonner les mesures locales sur les objets confiés par les lois à sa vigilance et à son autorité. »

L'emploi que le Gouvernement prétendit avoir le droit de faire des lois de police que nous venons de mentionner, pour interdire les *banquets réformistes*, amena des protestations violentes de la part de l'opposition : la liberté de réunion fut vivement défendue par MM. de Maleville, Odilon-Barrot, Ledru-Rollin et Feuillade-Chauvin. Deux ministres leur répondirent : c'étaient M. Duchâtel, ministre de l'Intérieur, et M. Hébert, ministre de la Justice.

M. de Maleville soutenait que le pouvoir n'avait pas le droit d'interdire une réunion publique, si elle avait été précédée d'une déclaration à l'autorité municipale, le décret du 14 décembre 1790 n'en demandant pas davantage.

M. Duchâtel répondit en défendant le droit, pour le pouvoir, de s'opposer aux réunions lorsqu'il le jugeait nécessaire : « Il a, dit-il, été reconnu de tout temps que la loi de 1791, qui donne à l'autorité municipale le droit de faire des règlements sur les objets compris dans le titre correspondant de la loi de 1790, implique pour l'autorité le droit de s'opposer aux réunions, quand ces réunions paraissent devoir être dangereuses pour l'ordre public, et cela est tout simple : la loi ne peut admettre sans contrôle, sans aucune espèce de précaution de la part de l'autorité, ce droit exorbitant d'établir partout des réunions politiques, d'ouvrir des clubs, de semer partout l'agitation. »

M. Odilon Barrot répliqua en soutenant que le ministre avait ajouté aux textes de loi qu'il citait ; et qu'il importait au plus haut point de ne pas confondre les droits politiques des citoyens avec des questions de police.

« Je maintiens, disait-il notamment, que si vous subordonnez ce droit (de réunion) à la faculté arbitraire de la police de permettre ou de ne pas permettre la réunion, vous faites dégénérer toute liberté politique dans ce pays en questions de police ; vous mettez la police au-dessus de la Charte, vous soumettez à son sceau l'accomplissement, l'exercice de tous les droits politiques. »

Après une réponse du Garde des Sceaux, M. Hébert, Ledru-Rollin s'éleva violemment contre les prétentions du Gouvernement et termina son discours par ces paroles de menace : « Répétons tous au ministère : Prenez garde! oui, le droit est pour nous, et vous ne pouvez le violer sans attirer sur votre tête la plus lourde des responsabilités.

« Tous, nous irons jusqu'au bout, et si nous sommes brisés dans la lutte, aux mêmes moyens d'oppression il faut opposer les mêmes armes. Que le pays alors,

comme en 1829, forme une vaste association pour le
refus de l'impôt. »

Nous connaissons la suite : l'opposition du Gouvernement allait lui être fatale, et, pour avoir voulu brider la
liberté de réunion, la monarchie de Juillet, peu après,
s'écroulait.

La République ayant été proclamée le 24 février, l'opposition de la veille, désormais maîtresse du pouvoir,
s'empressa de reconnaître la liberté absolue de réunion.

Le Gouvernement provisoire l'affirma, en effet, dans
sa proclamation des 19 avril et 14 mai ; il y déclarait
que « les clubs sont pour la République un besoin, et
pour les citoyens un droit ; il ne voyait de péril que dans
les rassemblements tumultueux et armés qui peuvent
compromettre la liberté elle même, exciter la lutte des
passions et en faire sortir la guerre civile. »

Mais bientôt, la trop grande liberté, comme il est de
règle, engendra la licence : la France entière se couvrit
de clubs : 145 de ces sociétés s'étaient, suivant M. Dubois (loc. cit.), formées à Paris et dans sa banlieue, du
24 février au 30 mars 1848.

Enfin, l'attentat du 15 mai décida le pouvoir à agir, et
l'amena à proposer (dans un projet de décret présenté
le 17 mai) l'interdiction des réunions armées, sous peine
de 4 mois à 3 ans de prison et à fermer (par deux arrêtés du 22) les clubs Blanqui et Raspail où était née
l'idée de l'insurrection.

En outre, une loi sévère (que nous étudierons plus

bas) était, à la date du 7 juin, rendue contre les attroupements.

Le remède, toutefois, était encore insuffisant : il ne
put empêcher les troubles de Juin.

C'est alors, qu'après lecture, au nom d'une commission
spéciale, d'un rapport de M. Coquerel sur le Droit de
réunion, MM. Sénard (ministre de l'Intérieur) et Bethmont (ministre de la Justice) présentèrent, dans le but
de réglementer les droits de réunion et d'association
un projet qui est devenu le décret sur les clubs du 28
juillet 1848.

Il devait, dans la suite, à l'exception toutefois de son
article 13, aujourd'hui encore en vigueur, être abrogé
par le décret du 25 mars 1852 et par la loi actuelle du
30 juin 1881.

Le décret de 1848 divise les réunions en quatre catégories :

1° Les réunions publiques, politiques ou non ; (art. 2).

Pour elles, nécessité d'une déclaration préalable,
fermeture ne pouvant être ordonnée que par les tribunaux.

2° Les réunions privées non politiques (art. 14).

Nécessité de déclarer le local à l'autorité municipale
et de donner la liste des fondateurs.

En cas de fausse déclaration, le préfet a le droit de
fermer la réunion, et ses membres peuvent être considérés comme appartenant à une société secrète.

3° Les réunions privées politiques (art. 15).

Nécessité de l'autorisation préalable toujours essentiellement révocable.

4° Les réunions ayant pour objet l'exercice d'un culte (1)
et les réunions électorales (art. 19).

Aucune formalité n'est requise.

Enfin le club, sauf quelques particularités, est assimilé à la réunion publique (nous avons dit, *supra*, qu'on
s'accorde aujourd'hui à y voir plutôt une association),
et à ce titre, il n'est soumis qu'à la déclaration préalable.

Quelques mois après ce décret, la Constitution du
4 novembre 1848, dans son article 8, reconnaissait formellement la liberté de réunion.

Art. 8. « Les citoyens ont le droit de s'associer, de
s'assembler paisiblement et sans armes, de pétitionner,
de manifester leurs pensées par la voie de la presse ou
autrement. »

« L'exercice de ces droits n'a pour limites que les
droits ou la liberté d'autrui et la sécurité publique. »

Mais les termes par trop généraux et abstraits de
cette disposition constitutionnelle faisaient naître une
série de questions fort embarrassantes.

Quelle influence l'art. 8 de la Constitution devait-il
avoir sur les précédentes dispositions législatives qui
règlementaient les libertés de réunion et d'association?

(1) Autres, bien entendu, que les réunions des membres d'*associations* religieuses.

Dans quelle mesure abrogeait-il, d'une part les articles
291-294 du Code pénal et la loi du 10 avril 1834 et, de
l'autre, le récent décret du 28 juillet 1848 ?

Rien, du reste, ne venait faciliter cette interprétation,
aucun détail n'ayant été donné à cet égard, ni dans le
rapport, ni dans la discussion : un représentant du
peuple, dans le but de préciser la portée de l'art. 8, avait
bien proposé d'y insérer ces mots : « en restant soumis
aux lois répressives des délits qu'ils pourraient commettre dans l'exercice de ces droits. » (Moniteur du 21 sep.
1848). Sa proposition avait, par un vote, été repoussée.
M. Morin (1) constate que « les proclamations du
gouvernement provisoire, des 10 mars et 29 avril, avaient
virtuellement abrogé le Code pénal et l'acte législatif de
1834, en tant qu'ils établissaient la nécessité d'une autorisation administrative, facultative et révocable. Mais
il pense qu'on peut parfaitement concilier avec la Constitution le décret du 28 juillet 1848. Et c'est là l'opinion
qui fut admise de tous.

A cet effet, on considéra le décret comme restant
entièrement en vigueur, à titre de loi organique votée
par anticipation, conformément aux prescriptions et
aux prévisions de la Constitution elle-même : telle fut
également l'appréciation de la Cour de Cassation, et de
la Cour d'assises de la Seine-Inférieure, qui refusèrent
d'admettre l'abrogation par la Constitution de certaines

(1) Répertoire (loc. cit).

parties du décret du 28 juillet 1848 (arrêts des 2 et 8 juin 1849).

Quoi qu'il en soit, les prescriptions de ce décret parurent encore insuffisantes contre l'envahissement des clubs.

Aussi, le 26 janv. 1849, un projet de loi fut-il présenté à l'Assemblée Nationale, dont la principale disposition était l'interdiction des clubs (Moniteur du 27 janv.).

De tous côtés, alors, on entendit déclarer que la Constitution était violée (29 janv.), et des représentants du peuple prétendirent mettre en accusation le ministère.

Une commission, nommée dans les bureaux pour examiner le projet, se divisa en deux camps : l'un proposa une nouvelle loi, considérant le projet comme inconstitutionnel ; l'autre camp parvint cependant à faire adopter, en première lecture, le premier projet par l'Assemblée, grâce à une modification dans la définition du club : au lieu de « Sera considérée comme club toute réunion publique qui se tiendrait périodiquement ou à des intervalles irréguliers pour la discussion des matières politiques », la commission avait substitué, d'ailleurs, avec beaucoup de raison : « Ne seront pas considérées comme *clubs*, les assemblées publiques et politiques non permanentes, qui ne se réuniront que pour la discussion d'un objet déterminé. » (Moniteur des 19 et 20 mars).

La discussion s'étendit ensuite à un nouveau projet qui complétait celui du Gouvernement, et qui fut adopté.

Finalement, il aurait fallu, pour rendre la loi définitive, une troisième lecture, à cinq jours d'intervalle. Elle n'eut pas lieu et la loi attendue ne fut pas adoptée : les clubs subsistèrent donc.

Mais bientôt, la dissolution de l'Assemblée Constituante et l'élection d'une Assemblée Législative allaient modifier la situation. Au lendemain de l'attentat du 13 juin 1849, le Gouvernement, convaincu de la nécessité d'une prompte décision, demanda à l'assemblée, par l'organe de M. Dufaure, ministre de l'Intérieur, le droit, pour un an, d'interdire « les clubs et autres réunions publiques qui seraient de nature à compromettre la sécurité politique » (Moniteur du 15 juin 1849). Tel fut aussi l'avis de la commission de l'assemblée, qui reconnut que « cette forme de réunion appelée *club* est incompatible avec le mouvement régulier d'une société, que l'interdiction des clubs est autorisée ou commandée par la Constitution elle-même. » (1)

L'assemblée, à la majorité de 373 voix contre 151, adopta le projet, ainsi devenu la *loi sur les clubs* du 19 juin 1849, dont voici le texte :

Art. 1. « Le Gouvernement est autorisé, pendant l'année qui suivra la promulgation de la présente loi, à interdire les clubs et autres réunions publiques qui seraient de nature à compromettre la sécurité publique. »

(1) Rapport de M. de Lasteyrie. 18 juin 1849.

Art. 2. « Avant l'expiration de ce délai, il sera présenté à l'Assemblée Nationale un projet de loi qui, en interdisant les clubs, règlera l'exercice du droit de réunion. »

Deux circulaires accompagnaient cette loi : l'une, du ministre de la Justice, le 22 juin 1849 ; l'autre du ministre de l'Intérieur par laquelle, le 24 juin, il enjoignait aux préfets d'interdire sur tout le territoire les clubs et autres réunions mentionnées dans l'art. 1 de la loi.

L'article 2 avait promis une loi nouvelle : il n'en fut rien : l'Assemblée Législative, par deux lois, se contenta de proroger, en l'aggravant, celle du 19 juin 1849.

La première de ces lois, qui est du 6 juin 1850, (1) porte :

Art. 1. « La loi du 22 juin 1849 sur les clubs et autres réunions publiques est prorogée jusqu'au 22 juin 1851.

Art. 2. « Les dispositions de cette loi sont applicables aux réunions électorales qui seraient de nature à compromettre la sécurité publique. »

La seconde, ou *loi sur les clubs et autres réunions publiques* (2) du 21 juin 1851, est ainsi conçue :

Article unique. « Les lois des 19 juin 1849 et 6 juin 1850, sur les clubs et autres réunions publiques, sont prorogées jusqu'au 22 juin 1852.

(1) Elle fut présentée par M. Baroche, ministre de l'Intérieur.

(2) Elle fut présentée par M. Léon Faucher, ministre de l'Intérieur.

Nous arrivons ainsi à l'Empire, dont l'un des premiers actes fut de soumettre le droit de réunion à une règlementation des plus dures.

Le 25 mars 1852, le Gouvernement, dans le but « d'exercer sur toutes les réunions publiques une surveillance qui est la sauvegarde de l'ordre et la sûreté de l'État », comme il le disait lui-même dans le préambule, rendit sur le droit de réunion un *décret interdisant définitivement les clubs* et soumettant les réunions publiques de toute nature à la nécessité de l'autorisation administrative : en voici la rubrique et la teneur :

« Décret du 25 mars 1852 qui abroge celui du 28 juillet 1848, à l'exception de l'article 13, et déclare applicables aux réunions publiques les articles 291 et 294 du Code pénal, et les articles 1, 2 et 3 de la loi du 10 avril 1834 :

Art. 1er. « Le Décret du 28 juillet 1848 sur les clubs est abrogé, à l'exception toutefois de l'article 13 de ce décret, qui interdit les sociétés secrètes.

Art. 2. « Les articles 291, 292 et 294 du Code pénal et les articles 1, 2 et 3 de la loi du 10 avril 1834 seront applicables aux réunions publiques, de quelque nature qu'elles soient. » (Nous avons donné plus haut, à leur place chronologique, le texte de ces diverses dispositions).

Peu après, un nouveau décret, du 15 janvier 1853, (art. 1er § 7), vint déclarer le décret de 1852 applicable dans les colonies françaises.

« Seront soumises à la nécessité de l'*autorisation préalable* les réunions publiques de quelque nature qu'elles
soient », disait expressément l'article 2 ; et, d'autre part,
l'article 1 ayant nécessairement abrogé, avec le décret de
1848, l'article 19 de ce décret, les réunions électorales
et les réunions publiques ayant pour objet l'exercice
d'un culte étaient, comme les autres, désormais soumises à l'autorisation administrative.

C'est ce que décidèrent un arrêt de la Cour de Cassation (arrêt de rejet du 4 février 1860), au sujet des réunions électorales ; et un autre arrêt de cette même
Cour (en date du 9 décembre 1853), pour les réunions
religieuses.

Mais si, pour les réunions publiques, le décret de 1852
était venu sensiblement aggraver la législation antérieure, le contraire s'était produit pour les réunions
privées. La condition qui leur est faite est-elle, comme
le croit probable M. Naquet, le résultat d'une omission
de la part du législateur, nous n'avons pas à le rechercher.

Quoi qu'il en soit, le décret de 1852, en abrogeant,
parmi les dispositions du décret de 1848, les articles 14
et 15 de ce décret qui soumettaient à diverses restrictions les réunions privées, tant politiques que non politiques, affranchissait ces réunions de tout contrôle
quel que fût leur objet, par conséquent même les réunions électorales particulières.

Sans avoir à rechercher, dans cette étude purement

juridique, quels résultats produisit cette législation sévère, constatons seulement, sans nous en demander la
cause, l'évolution sensible qui s'opéra, aux environs de
1866, dans la politique intérieure de l'Empire : c'est le
commencement de la période qui a été appelée : *l'Empire
libéral.* « Aujourd'hui, écrivait Napoléon III, le 19 janvier 1867, dans une lettre au ministre d'État, je crois
qu'il est possible de donner aux institutions de l'Empire
tout le développement dont elles sont susceptibles, et
aux libertés publiques une extension nouvelle, sans
compromettre le pouvoir que la nation m'a confié.

« Le plan que je me suis tracé consiste à corriger les
imperfections que le temps a révélées, et à admettre les
progrès compatibles avec nos mœurs; car gouverner,
c'est profiter de l'expérience acquise et prévoir les
besoins de l'avenir... »

L'Empereur pense alors à étendre les limites qui
enserrent étroitement le droit de réunion. Après avoir
parlé d'un projet de loi sur la presse, « ... Il est,
continue-t-il, également nécessaire de régler législati-
vement le droit de réunion, en le contenant dans les
limites qu'exige la sûreté publique. »

Le 14 février 1867, à l'ouverture de la session des
Chambres, l'Empereur fait une nouvelle allusion aux
lois en préparation :

« Aujourd'hui..., dit-il, il m'a paru que l'heure était
venue d'adopter les mesures libérales qui étaient dans
la pensée du Sénat et les aspirations du Corps législatif.

Je réponds donc à votre attente, et sans sortir de la Constitution, je vous propose des lois qui offrent de nouvelles garanties aux libertés politiques. »

Enfin, le 18 novembre 1867, à l'ouverture de la session de 1868, l'Empereur répétait encore :

« Cette session sera principalement employée à l'examen des lois dont j'ai pris l'initiative au mois de janvier dernier. Le temps écoulé n'a pas changé mes convictions sur l'utilité de ces réformes. »

Le même jour, en effet, le projet de loi sur les réunions publiques était déposé.

Il est devenu la loi sur les réunions publiques du 6 juin 1868.

La loi de 1868 divise les réunions publiques en deux catégories :

1° Les réunions publiques ayant un objet religieux ou politique, mais non électoral (art. 1er).

Sont assimilées aux questions politiques, dans l'esprit de la Commission, comme du Gouvernement, les *questions sociales* (ayant pour objet l'organisation de la société prise dans son ensemble).

Toutes ces réunions restent soumises à la législation du décret de 1852, c'est-à-dire à la nécessité de l'autorisation préalable.

2° Les réunions publiques autres que les précédentes.

Dans cette catégorie sont comprises les réunions électorales, et aussi celles ayant pour objet des *questions d'économie sociale* (telles que les rapports du capital et du travail, le partage des bénéfices, etc.).

Cette seconde espèce de réunions n'est assujettie qu'à la déclaration préalable.

Cette déclaration sera faite par sept personnes ; elle doit indiquer l'objet de la réunion.

La réunion, ne peut se tenir que trois jours francs après la remise du récépissé de la déclaration : elle doit avoir lieu dans un local clos et couvert, et ne peut se pro· longer après l'heure fixée pour la clôture des endroits publics. Sont responsables, chacun en ce qui le concerne, les déclarants, le propriétaire de la salle et les membres du bureau.

Un fonctionnaire de l'ordre administratif ou judiciaire peut toujours assister à la séance, revêtu de ses insignes et la dissoudre dans deux cas : s'il s'y traite des questions étrangères à l'objet indiqué dans la déclaration préalable, ou si la réunion devient tumultueuse.

Enfin (art. 13) le préfet peut, s'il le juge à propos, ajourner la réunion, et le ministre de l'Intérieur, l'interdire.

Quant aux réunions privées, aucune disposition ne venant s'y appliquer, elles restent soumises à la législation antérieure, (du décret de 1852), c'est-à-dire au régime de la liberté absolue.

La discussion qui précéda le vote de cette loi de 1868 fut longue et mouvementée :

« L'expérience a montré, disait le rapporteur, M. Peyrusse, qu'il suffit de cette seule liberté (la liberté de réunion) mal réglée, pour mettre en péril toutes les autres, pour opprimer les gouvernements les plus légitimes, pour semer et organiser la guerre civile, pour compromettre une liberté qui doit nous être chère à tous, qui a sa place dans les principes de 1789 et qui résume toutes les autres : la sécurité, la sécurité privée et la sécurité publique (1). »

Ce même orateur prétendait alors démontrer que, dans un pays de suffrage universel, les mandataires seuls du peuple devaient avoir toute liberté pour discuter les questions politiques «... Il n'est pas besoin, disait-il, de ces réunions publiques où se produisent les théories extrêmes, où des hommes passionnés, sans autre délégation que leur propre volonté, viennent discuter les systèmes les plus désastreux de société, de gouvernement et d'administration... En France ces réunions n'ont jamais profité à la cause de la liberté ; elles n'ont jamais été qu'un instrument de révolution. »

M. Émile Ollivier combattit ces affirmations par d'excellentes raisons. Il ne fallait pas, disait-il, confondre, comme on le fait souvent, le droit de décider et celui de discuter. Le suffrage universel, le peuple, le mandant a délégué à ses mandataires le droit de décider; mais il n'a pas pour cela abdiqué le droit de dis-

(1) Séance du 14 mars 1868.

cuter : « Et lorsque vous prétendez, messieurs, au nom
du droit de délibérer qui vous a été délégué, contester
à vos mandants le droit de discuter, c'est vous qui
vous attribuez le pouvoir que vous n'avez pas, c'est vous
qui êtes des usurpateurs. » (Séance du 14 mars 1868).
En même temps, un contre-projet, élargissant considérablement le champ du droit de réunion, était présenté par MM. Jules Favre, Jules Simon, Bethmont,
Carnot, Glais-Bizoin, Garnier-Pagès, Pelletan, Male-
zieux, Ernest Picard, Piéron-Leroy, Marie, Havin, Hé-
non, Magnin, duc de Marmier, Dorian, vicomte de Lan-
juinais et Girot-Pouzol. Il était ainsi conçu :

« Les citoyens ont le droit de se réunir en dehors de
la voie publique, sous la condition de prévenir l'autorité
municipale 24 heures à l'avance. » Parmi ces signataires beaucoup prirent la parole : le premier fut
M. Garnier-Pagès, le 12 mars 1868.

M. Glais-Bizoin parla ensuite. Il mit un premier point
en lumière : le peu de démarcation, l'absence de critérium bien tranché entre les *réunions politiques ou religieuses* et celles qui n'avaient pas ces caractères.

Vint ensuite M. Jules Simon, qui s'éleva avec force
contre la loi nouvelle : parlant des réunions politiques
et des réunions religieuses : « Il n'y a, en effet, dit-il,
que deux exceptions à la liberté de réunion (c'étaient les
propres paroles du rapporteur) : seulement les deux
choses qu'on excepte, je ne crains pas de le dire, étaient
les deux choses pour lesquelles le droit de réunion

était demandé et pour lesquelles il était nécessaire. »

Mais on peut dire que c'est l'art. 13, qui d'ailleurs détruisait à lui seul tout le reste de la loi, qui s'attira le plus d'attaques ; après celles de MM. Glais-Bizoin et Marie, M. Jules Simon s'écria avec esprit :

« Oui, vous avez douze articles pour organiser tant bien que mal une certaine liberté, et, suivant moi, vous l'organisez aussi mal que possible, et quand vous l'avez organisée, vous avez un treizième article qui la détruit. Comment le droit d'ajourner, le droit d'interdire, comment cela s'appelle-t-il en français ? Cela s'appelle le régime arbitraire. Il y a cette différence entre le régime actuel et celui qui nous est offert que, dans l'état actuel, il faut que nous allions saluer M. le Ministre de l'Intérieur et que nous lui disions : ayez la bonté de nous permettre d'user de ce droit sacré qui nous appartient par cela seul que nous sommes des citoyens Français ; et que, quand la nouvelle loi sera votée, nous userons bravement de notre droit comme des gens qui n'ont plus rien à demander à personne.

« Nous déposerons notre déclaration, cela seul suffit pour assurer notre droit. Nous rentrerons alors chez nous, et nous y trouverons une lettre du préfet ainsi conçue : « J'ajourne », et le lendemain nous recevrons un télégramme ainsi conçu : « J'interdis. »

« Voilà, messieurs, toute la différence. »

Et M. Marie disait absolument dans le même sens :

« Je veux fonder une réunion dans laquelle on ne

s'occupera de matières ni politiques, ni religieuses,
ou dans laquelle on s'occupera exclusivement des intérêts électoraux..... il me suffira d'en faire la déclaration..... Cela fait, et après l'accomplissement des formalités que je viens de rappeler, la société que je viens
de former pourra-t-elle entrer en action ? Pas du tout.
A ce moment on m'arrête ; l'article 13 intervient et me
dit : « M le Préfet oppose sur veto ; il ajourne la réunion. Il ne peut que l'ajourner, c'est vrai, mais il en
réfère au ministre de l'Intérieur, et celui-ci pourra interdire. Quelle différence faites-vous entre un veto qui
ferme une réunion au moment où elle va s'ouvrir, et
une autorisation préalable, sans laquelle elle ne peut
avoir lieu ? »

Rien n'est, en effet, plus juste que le jugement de ces
orateurs sur l'article 13 : il n'est ni plus ni moins que la
négation de la loi tout entière. C'est là un fait si peu
niable, qu'un auteur, pourtant partisan de cette loi,
M. H. Ameline, ne peut, dans le commentaire qu'il en a
fait, s'empêcher d'avouer que « dans les termes rigou-
reux de la logique et du droit, MM. Jules Simon et Marie
ont raison. L'article 13 est la démolition théorique de
l'article premier (qui, comme nous l'avons vu, contient
le principe de la liberté des réunions publiques et résume à lui seul l'ensemble de la loi). La contradiction
est saillante, et l'un à côté de l'autre, ces deux articles
n'eussent pas été tolérables. » (Ameline. Revue politique
de Droit français. 1868. page 66.)

Telle était la législation qui régissait chez nous la liberté de réunion à la chute de l'Empire.

On était en droit de penser que l'arrivée au pouvoir de l'opposition de la veille allait aussitôt doter le pays de cette liberté de réunion qu'il n'avait cessé de réclamer à grands cris : vain espoir, la panacée tant désirée ne s'est pas fait attendre moins de dix ans !

Jusqu'au 30 juin 1881, en effet, la loi de 1868 est restée en vigueur. Elle n'a subi jusqu'à cette date que deux modifications partielles, qu'il importe toutefois de mentionner.

Les 22-23 janvier 1871, un décret sur les *clubs* vient même aggraver la législation impériale. En voici le texte :

« Le Gouvernement...

« Considérant qu'à la suite d'excitations criminelles dont certains clubs ont été le foyer, la guerre civile a été engagée par quelques agitateurs désavoués par la population tout entière ; qu'il importe d'en finir avec ces détestables manœuvres qui, dans les circonstances actuelles, sont un danger pour la patrie et qui, si elles se renouvelaient, entacheraient l'honneur irréprochable jusqu'ici de la défense de Paris ;

« Décrète :

Art. 1. « Les clubs sont supprimés jusqu'à la fin du siège. Les locaux où ils tiennent leurs séances seront immédiatement fermés. Les contrevenants seront punis conformément aux lois.

Art. 2. « Le préfet de police est chargé de l'exécution du présent décret » (1).

Une seconde modification à la loi de 1868 est contenue dans la loi du 2 août 1875 sur les élections des Sénateurs (article 16).

Art. 16. « Les réunions électorales pour la nomination des sénateurs pourront avoir lieu en se conformant aux règles tracés par la loi du 6 juin 1868, sauf les modifications suivantes :

1° Ces réunions pourront être tenues depuis le jour de la nomination des délégués jusqu'au jour du vote inclusivement ;

2° Elles doivent être précédées d'une déclaration faite la veille, au plus tard, par sept électeurs sénatoriaux de l'arrondissement et indiquant le local, le jour et l'heure où la réunion doit avoir lieu, et les noms, profession et domicile des candidats qui s'y présenteront ;

3° L'autorité municipale veillera à ce que nul ne s'introduise dans la réunion s'il n'est député, conseiller général, conseiller d'arrondissement, délégué ou candidat.

Le délégué justifiera de sa qualité par un certificat du maire de sa commune, le candidat par un certificat du fonctionnaire qui aura reçu la déclaration mentionnée au paragraphe précédent. »

_____

(1) La modification à la législation impériale n'est d'ailleurs ici ju'une apparence. Les clubs ayant été, en fait, interdits sous le second Empire.

Ajoutons, comme nous le verrons plus loin, que cet article 16 a, depuis, été modifié par l'art. 8 de la loi du 9 décembre 1884 sur l'organisation du Sénat et les élections des Sénateurs.

Par contre, avant comme depuis la loi de 1881, nous ne trouvons aucune disposition spéciale aux élections des Députés.

Nous arrivons maintenant à l'étude des projets, rapports et discussions qui ont précédé et amené le vote de la loi actuelle, qui porte la date du 30 juin 1881.

Le 9 juillet 1876, un projet de loi, tendant à élargir les limites de la liberté de réunion, fut déposé à la Chambre des Députés par M. Louis Legrand (Journal officiel du 31 Juillet 1876).

Des projets analogues étaient également présentés, la même année, par MM. Tolain et Barodet, et par M. Maigne ; quant à M. Naquet, son projet visait à la fois les droits de réunion et d'association.

Les propositions de MM. Legrand et Naquet furent prises en considération et confiées à l'examen d'une même commission : dans l'intervalle, M. Naquet demanda et obtint de la Chambre la disjonction de son projet, dont une commission nouvelle dut examiner la partie se référant au droit d'association.

La dissolution de la Chambre, le 25 Juin 1877, fit tomber tous ces projets.

Ils furent repris au sein de la nouvelle Chambre.

M. Naquet, le 31 mai 1878, (Officiel du 11 juin), déposait un projet nouveau, tout différent du précédent : car il établissait une *règlementation* de la liberté de réunion.

Le 1er Juin 1878, M. Louis Blanc reprenait pour son compte le premier projet de M. Naquet, qui supprimait toutes sortes d'entraves au droit de réunion.

Enfin, M. Legrand déposait à son tour un projet sur les réunions électorales.

Renvoyées à une même commission (1), ces trois propositions firent l'objet d'une série de rapports : le 14 février 1879, M. Gatineau, député, présentait, au nom de la 6e commission d'initiative parlementaire, un rapport sommaire sur le projet Naquet.

Le 22 du même mois, M. Margue, député, présentait également un rapport sommaire sur le projet Louis Blanc. La même année, M. Amot, député, en présentait un à son tour sur la proposition Legrand.

Enfin, un rapport général fut présenté le 15 Juillet 1879 (Officiel des 18 et 19 août 1879) par M. Naquet sur les trois propositions Louis Legrand, Naquet et Louis Blanc.

Voici quelle était l'économie de ce projet de la Commission.

Pour toutes les réunions publiques, sans distinction d'objet, la nécessité de l'*autorisation préalable* était supprimée.

Nécessité, au contraire, d'une *déclaration préalable*. Celle-ci, portant la signature d'un seul citoyen, sans

(1) Composée de MM. Louis Blanc, président, Corentin Guyho, secrétaire, Naquet, Beaussire, Sallard, Margue, Marcou, Binachon, Henri Giraud, Cantagrel et Martin Nadaud.

condition de domicile, devait, vingt-quatre heures avant
la réunion, être remise au maire ou à son représentant,
qui en devait un récépissé immédiat. En cas de refus
ou d'empêchement du maire, une attestation, signée de
4 témoins, tiendrait lieu de récépissé.

On pouvait également faire la déclaration par la voie
du télégraphe, dont le récépissé servirait de preuve.

Pour les réunions électorales et les réunions tenues
en dehors de la période électorale par les sénateurs,
les députés, les conseillers généraux ou d'arrondissement (pourvu que ce fût dans les limites des circonscrip-
tions qu'ils représentaient), l'intervalle entre la déclaration et la réunion était réduit à deux heures ; et la
déclaration n'était même plus nécessaire dans les communes de moins de 3.000 habitants.

Les organisateurs d'une réunion pouvaient lui donner
la forme d'une conférence faite par un ou plusieurs
orateurs ; ou en limiter l'accès à un ordre déterminé
d'auditeurs, sans toutefois qu'ils pussent être jugés
responsables si la réunion changeait de nature. Les réunions pouvaient désormais ne plus nécessairement se
tenir dans un local clos et couvert, mais restaient interdites sur la voie publique, sauf autorisation du maire

Toute réunion devait avoir un président, chargé de la
police et de la direction des débats : il était désigné par le
signataire de la déclaration, sinon élu par les assistants.

Un fonctionnaire de l'ordre administratif ou judiciaire
pouvait assister à la réunion et la dissoudre :

Si elle avait lieu, sans permission, sur la voie publique ;

Ou si elle n'avait pas de président ;

Ou, enfin, si elle devenait tumultueuse et refusait de se dissoudre malgré l'ordre du président.

Enfin, des peines étaient prononcées contre ceux qui violeraient la loi et spécialement contre les fonctionnaires qui refuseraient un récépissé de déclaration ou qui dissoudraient illégalement une réunion.

Parmi les nombreuses différences de ce projet avec la loi de 1868, alors en vigueur, on remarquera qu'il refusait au Gouvernement les *droits d'ajournement* et *d'interdiction,* qu'il ne forçait pas les organisateurs à indiquer, dans la déclaration, l'objet exact de la réunion et, comme conséquence, que le fonctionnaire présent à la réunion ne pouvait la dissoudre simplement si le président laissait mettre en discussion un objet étranger au but indiqué.

Mais bientôt le Gouvernement, jugeant qu'une semblable réforme législative ne devait pas être laissée à l'initiative parlementaire intervint à son tour.

Le 11 décembre 1879, M. Lepère, ministre de l'Intérieur et des Cultes, déposait un projet de loi ayant pour titre : « Projet de loi sur la liberté de réunion. »

« La loi des 6-10 juin 1868, était-il dit dans l'exposé des motifs, avait contenu la liberté de réunion dans des limites arbitraires et étroites. La loi que vous propose le Gouvernement de la République n'a d'autre objet que de garantir la liberté de tous en assurant la sécurité de tous.»

La suite est un résumé du projet de loi :

« Le droit de réunion dans toute son étendue est re-connu. L'autorisation préalable est supprimée, quelles que soient les matières qui puissent être discutées dans les réunions légalement organisées.

« L'obligation de se renfermer dans un local clos et couvert, pour conférer à quelques-uns ou pour s'assembler par milliers, cette obligation disparaît. Mais il était indispensable, en raison même de la suppression de toute barrière, d'assurer la liberté de la circulation et la paix de la place publique et, puisque les initiatives demeuraient entières, de déterminer les responsabilités.

« C'est cette pensée qui a dicté les art. 2, 3, 4, 5 et 6 de la loi. La déclaration exigée ne sera pas seulement une garantie donnée à la sûreté générale ; elle sera aussi une mise en demeure pour l'autorité et, à ce double point de vue, elle permettra de faire la part des devoirs réciproques de l'administration et des administrés.

« Les délais sont rendus aussi courts que possible et les formalités se réduisent au strict nécessaire. Au lieu des 7 personnes domiciliées dans la commune qu'exigeait pour toute déclaration la loi de 1868, deux personnes (dont une domiciliée dans la commune), suffiront pour que la réunion s'ouvre à tous. Chaque fois qu'il s'agit de mettre en contact un mandataire du suffrage avec ses commettants, les facultés deviennent plus larges, et on pourrait dire qu'il n'y a presque plus de conditions à cet acte naturel de la vie publique.

Faisant ensuite allusion à l'article 10, par lequel le Gouvernement prétendait en cas de troubles imminents donner aux préfets et sous-préfets le droit d'ajournement (sans cependant aller jusqu'à y ajouter comme corrollaire le droit, pour le Ministre, d'interdire les réunions), M. Lepère ajoutait :

« Il importait néanmoins de ne point désarmer l'autorité contre des agitations ou des violences que, par exception, le bon sens populaire serait impuissant à prévenir ou à dompter.

« C'est ainsi que, lorsque, des troubles imminents menacent la tranquillité de la rue, il n'est pas possible de laisser créer des foyers d'agitation qui ajouteraient à la surexcitation des esprits.

« Enfin, les réunions périodiques, connues sous le nom de *clubs*, sont dans tous les cas interdites..... »

L'exposé des motifs laissait ainsi deviner certains points de divergence entre le projet du Gouvernement et celui de la commission. Il y en avait encore beaucoup d'autres.

Ainsi le Gouvernement demandait :

Que l'intervalle entre la déclaration et la réunion fût, en temps habituel, porté de 24 à 48 heures ; et de 2 à 24 heures, pour les réunions électorales ou celles qui y étaient assimilées ; que, dans tous les cas sans exception, la déclaration fût exigée ; le nombre des signataires de la déclaration devait être porté de 1 à 2, dont un, au moins, domicilié dans la commune ; la dé-

claration ne serait remise au maire que dans les chefs-
lieux de canton ou les simples communes ; elle devait
l'être à Paris, au préfet de police ; dans les chefs-lieux
de département, au préfet ; et dans les chefs-lieux
d'arrondissement, au sous-préfet.

Comme dans la loi de 1868, la déclaration devait préciser l'objet de la réunion, et le représentant de l'auto·
rité pouvait dissoudre l'assemblée si le bureau laissait
traiter des matières étrangères à l'objet indiqué.

De même encore que dans la loi de 1868, était exclu
des réunions publiques électorales quiconque n'était ni
candidat, ni électeur ; il n'y avait pas de pénalités contre
le fonctionnaire qui refusait un récépissé de déclaration ; et rien ne pouvait tenir lieu de récépissé.

Chaque réunion devait avoir, non pas seulement un
président, mais un bureau de 3 membres au moins.

La Commission ne voulut pas admettre tel quel le projet du Gouvernement : les ministres furent donc con-
traints de le modifier. L'accord s'établit sur ce nouveau
projet gouvernemental, à l'exception toutefois de quatre
points, sur lesquels le Gouvernement se refusa absolument à céder.

Il voulait, à l'encontre de la Commission :

1º Que les réunions ne pussent modifier leur ordre
du jour ; (art. 9 du nouveau projet du Gouvernement)

2º Que les fonctionnaires qui avaient refusé un récépissé n'encourussent aucune peine (art. 11 du nouveau
projet de la Commission).

3° Que le récépissé ne pût être remplacé que par un acte extrajudiciaire (art. 2 des deux nouveaux projets).

4° Qu'en cas de troubles imminents, l'ajournement pût être prononcé par le préfet de police et les préfets ou sous-préfets.

La discussion s'ouvrit, à la Chambre des députés, le 24 janvier 1880, sur ces deux projets concurrents, qu'il n'est pas, suivant nous, inutile de placer sous les yeux du lecteur :

PROJET DU GOUVERNEMENT.	PROJET DE LA COMMISSION.
Art. 1.	**Art. 1.**
Les réunions publiques peuvent avoir lieu sans autorisation préalable sous les conditions prescrites par les articles suivants :	Comme au projet du Gouvernement.
Art. 2.	**Art. 2.**
Toute réunion publique sera précédée d'une déclaration indiquant le *lieu*, le jour, l'heure de la réunion. Cette déclaration sera signée par deux personnes au moins, dont l'une domiciliée dans la commune où la réunion doit avoir lieu.	Comme au projet du Gouvernement.
Les déclarants devront jouir de leurs droits civils et politiques, et la déclaration indiquera leurs noms, qualités et domiciles.	Comme au projet du Gouvernement.
Les déclarations sont faites : à Paris, au préfet de police : dans les chefs-lieux de départements, au préfet ; dans les chefs-lieux d'arrondissements, au sous-préfet, et dans les autres communes, au maire.	Comme au projet du Gouvernement.
Il sera donné immédiatement récépissé de la déclaration.	Comme au projet du Gouvernement.

Dans le cas où le déclarant n'aurait pu obtenir de récipissé, il suffira qu'il fasse constater l'empêchement ou le refus par notification extrajudiciaire.

Cette notification tiendra lieu de récépissé.

La réunion ne peut avoir lieu que quarante-huit heures au moins après la délivrance du récépissé ou de l'acte qui en tient lieu.

Art. 3.

Le délai pour la déclaration sera réduit à *deux heures* avant la réunion :

1· Lorsqu'elle aura pour but le choix de candidats à des fonctions publiques électives et si elle est tenue dans la période comprise entre le décret ou l'arrêté portant convocation du collège électoral et le jour de l'élection exclusivement.

Toutefois, des réunions pourront avoir lieu le jour même du vote s'il s'agit d'élections comportant plusieurs tours de scrutin dans la même journée.

2° Si elle est organisée par un sénateur, un député, un conseiller général ou un conseiller d'arrondissement, dans les limites de la circonscription qui l'a élu.

Art. 4.

Les organisateurs d'une réunion publique devront, dans leur déclaration et leurs annonces, en préciser l'objet et le caractère.

Les réunions restreintes à cer-

Dans le cas où le déclarant n'aurait pu obtenir de récépissé, il suffira qu'il fasse constater l'empêchement ou le refus par notification extrajudiciaire ou par une attestation signée de deux témoins domiciliés dans le département ; cette notification ou cette attestation tiendra lieu de récépissé.

La réunion ne peut avoir lieu que quarante-huit heures au moins après la délivrance du récépissé *ou de la pièce qui en tient lieu.*

Art. 3.

Comme au projet du Gouvernement.

Comme au projet du Gouvernement.

Comme au projet du Gouvernement.

Art. 4.

Les organisateurs d'une réunion publique doivent, dans leur déclaration, indiquer s'il s'agit d'une conférence faite par un ou plusieurs orateurs déterminés,

taines catégories de personnes pourront être l'objet de la déclaration prévue à l'article 2 et seront soumises, dans ce cas, aux conditions générales de la présente loi.

d'une réunion ordinaire de discussion, d'une réunion électorale ou d'une réunion restreinte à une catégorie d'assistants.

Art. 5.

Lorsque la réunion aura pour but *le choix* ou l'audition de candidats à des fonctions publiques électives, ne pourront y assister que les électeurs de la circonscription, les candidats, *les Membres des deux Chambres et le mandataire de chacun des candidats, si ceux-ci n'assistent pas en personne à la réunion.*

Art. 5.

Comme au projet du Gouvernement.

Art. 6.

Les réunions ne peuvent être tenues sur la voie publique; elles ne pourront se prolonger au-delà de l'heure fixée pour la fermeture des lieux publics.

Art. 6.

Comme au projet du Gouvernement.

Art. 7.

Toutes réunions publiques périodiques dans le but de traiter de matières politiques sont interdites.

Toutefois, cette interdiction ne s'applique pas aux conférences.

Art. 7.

Comme au projet du Gouvernement.

Art. 8.

Chaque réunion doit avoir un bureau composé de trois personnes au moins. Le bureau est chargé de maintenir l'ordre ; d'empêcher toutes infractions aux lois ; *de limiter la discussion à l'examen du sujet signalé dans la déclaration* ; d'interdire tout discours

Art. 8.

Chaque réunion doit avoir un bureau composé de trois personnes au moins. Le bureau est chargé de maintenir l'ordre : d'empêcher toute infraction aux lois ; *de maintenir à la réunion le caractère qui lui a été donné par la déclaration, conformé-*

contraire à l'ordre public et aux bonnes mœurs ou tendant à provoquer un acte déclaré crime ou délit par la loi.

Les signataires de la déclaration désigneront, soit parmi eux, soit parmi les assistants, les membres du bureau, à moins qu'il ne préfèrent que le bureau soit élu par l'assemblée.

Dans tous les cas, les membres du bureau et, *jusqu'à la formation du bureau,* les signataires de la déclaration seront toujours responsables des infractions aux prescriptions des articles 6, 7 et 8 de la présente loi. Toutefois, la responsabilité du bureau ne commencera qu'après les avertissements du fonctionnaire assistant à la réunion au termes de l'article suivant.

Art. 9.

Un fonctionnaire de l'ordre administratif ou judiciaire *pourra être* délégué pour assister à la réunion, à Paris, par le préfet de police, et, dans les départements, par le préfet ou le maire, suivant les cas prévus à l'article 2.

Il choisira sa place et devra être revêtu de ses insignes.

Il est autorisé à prononcer la dissolution de la réunion :

1º Si le bureau, après trois avertissements, laisse mettre en discussion des questions étrangères au sujet indiqué dans la déclaration, ou maintient la parole à qui commettrait un délit prévu par les lois ;

2º Si la réunion méconnaît l'au-

ment à l'article 4 ci-dessus ; d'interdire tout discours contraire à l'ordre public et aux bonnes mœurs ou tendant à provoquer un acte déclaré crime ou délit par la loi.

Comme au projet du Gouvernement.

Comme au projet du Gouvernement.

Art. 9.

Comme au projet du Gouvernement.

Comme au projet du Gouvernement.

Comme au projet du Gouvernement.

Repoussé par la Commission.

Si la réunion méconnaît l'autorité du président, ou si elle devient tumultueuse, sans préjudice du droit qui lui appartient de dresser procès-verbal de toute contravention aux lois.

ART. 10.

En cas de troubles imminents, les préfets de police, préfets et sous-préfets pourront ajourner les réunions publiques, à la charge par eux d'en référer immédiatement au ministre de l'Intérieur.

ART. 11.

Toute infraction aux articles 2, 3, 4, 5, 6, 7, 8, 9 et 10 sera punie d'une amende de 100 à 500 fr. et d'un emprissonnement de 15 jours à 2 mois, ou de l'une de ces deux peines, suivant le cas, sans préjudice des poursuites pour crimes et délits qui pourraient être commis dans les réunions

ART. 12.

L'article 463 du Code pénal est applicable aux délits et contra-

torité du président..... Le reste, comme au projet du Gouvernement.

ART. 10.

Repoussé par la Commission.

ART. 11.

Toute infraction aux articles 2, 3, 4, 5, 6, 7, 8 et 9. — Le reste comme au projet du Gouvernement.

Le refus par les agents de l'autorité désignés en l'article 2 de recevoir la déclaration de réunion publique qui leur est présentée, ou d'en délivrer immédiatement récépissé, constitue pour ces agents un délit puni d'une amende de 16 fr. à 500 fr., et d'un emprisonnement de 1 mois à 6 mois. La poursuite pourra avoir lieu, soit sur la requête du ministère public, soit sur la plainte des parties lésées.

ART. 12.

Comme au projet du Gouvernement.

ventions prévues par la présente loi. L'action publique et l'action privée se prescrivent par six mois.

Art. 13.

Le décret du 28 juillet 1848, le décret du 25 mars 1852, la loi des 6-10 juin 1868 sont abrogés dans toutes leurs dispositions *contraires à la présente loi*, notamment dans le paragraphe 2 de l'article 1er de la loi des 6-10 juin 1868 et le paragraphe 1er de l'article 3 de la même loi.

Art. 13.

Le décret du 28 juillet 1848, le décret du 25 mars 1852, la loi des 6-10 juin 1868 sont abrogés dans toutes celles de leurs dispositions *qui concernent le droit de réunion*, notamment dans le paragraphe 2 de l'article 1er de la loi des 6-10 juin 1868 et dans le paragraphe 1er de l'art. 3 de la même loi

La discussion de ces deux projets s'ouvrit, à la Chambre des députés, comme nous l'avons dit, le 24 janvier 1880 ; elle se continua les 26, 27 et 29 janvier ; et, en seconde délibération, les 11, 13 et 15 mai de la même année.

Sans entrer dans le détail de cette discussion, mentionnont seulement les débats auxquels donnèrent lieu les art. 7 et 10. De l'art. 7, (interdiction des clubs) M. Georges Périn demanda la suppression. Le Gouvernement, par l'organe du ministre de l'Intérieur, s'y opposa et finalement l'art. 7 fut voté mais ainsi modifié : « Les clubs demeurent interdits. »

Quant à l'art. 10 (droit ajournement), il a subi devant la Chambre des fortunes diverses. D'abord voté le 29 janvier tel que le demandait le Gouvernement, le droit d'ajournement a ensuite, au sein de la même assemblée, été définitivement repoussé. Il ne figure pas dans

le projet émané de la Chambre et transmis par elle au
Sénat. Il ne devait pas davantage trouver place dans
la loi définitive.

A la Chambre des députés, la discussion se termina
le 15 mai 1880 par le vote du projet que voici :

Projet de loi du 15 mai 1880.

ARTICLE PREMIER. « Les réunions publiques peuvent
avoir lieu sans autorisation préalable, sous les conditions prescrites par les articles suivants.

ART. 2. « Toute réunion publique sera précédée
d'une déclaration indiquant le lieu, le jour, l'heure de
la réunion. Cette déclaration sera signée par deux personnes au moins, dont l'une domiciliée dans la commune où la réunion doit avoir lieu.

Les déclarans devront jouir de leurs droits civils
et politiques, et la déclaration indiquera leurs noms,
qualités et domiciles.

Les déclarations sont faites : à Paris, au préfet de
police ; dans les chefs-lieux de département, au préfet :
dans les chefs-lieux d'arrondissement, au sous-préfet,
et dans les autres communes, au maire.

Il sera donné immédiatement récépissé de la déclaration.

Dans le cas où le déclarant n'aurait pu obtenir de récépissé, il suffira qu'il fasse constater l'empêchement
ou le refus par notification extrajudiciaire ou par une

attestation signée de deux citoyens domiciliés dans la commune et témoins du fait ; cette notification ou cette attestation tiendra lieu de récépissé. Dans tous les cas, cette notification contiendra la mention de l'heure à laquelle elle aura été signifiée.

La réunion ne peut avoir lieu que quarante-huit heures au moins après la délivrance du récépissé ou de la pièce qui en tient lieu.

Art. 3. « Le délai pour la déclaration sera réduit à deux heures avant la réunion.

1° Lorsqu'elle aura pour but le choix ou l'audition de candidats à des fonctions électives, et si elle est tenue dans la période comprise entre le décret ou l'arrêté portant convocation du collège électoral et le jour de l'élection exclusivement.

Toutefois, des réunions pourront avoir lieu le jour même du vote s'il s'agit d'élections comportant plusieurs tours de scrutin dans la même journée.

2° Si elle est organisée par un sénateur, un député, un conseiller général ou un conseiller d'arrondissement, dans les limites de la circonscription qui l'a élu.

Art. 4. « Les organisateurs d'une réunion publique doivent, dans leur déclaration, indiquer s'il s'agit d'une conférence faite par un ou plusieurs orateurs déterminés, d'une réunion ordinaire de discussion, d'une réunion électorale ou d'une réunion dont l'entrée est subordonnée à des conditions déterminées.

Art. 5. « Lorsque la réunion aura pour but le choix

ou l'audition de candidats à des fonctions publiques
électives, ne pourront y assister que les électeurs de la
circonscription, les candidats, les membres 'des deux
Chambres et le mandataire de chacun des candidats.

ART. 6. « Les réunions ne peuvent être tenues sur
la voie publique; elles pourront se prolonger jusqu'à
onze heures du soir, et, dans les localités où la fermeture des établissements publics a lieu plus tard, elles
pourront se prolonger jusqu'à l'heure fixée pour la fermeture de ces établissements.

ART. 7. « Les clubs demeurent interdits.

ART. 8. « Chaque réunion doit avoir un bureau composé de trois personnes au moins. Le bureau est chargé
de maintenir l'ordre, d'empêcher toute infraction aux
lois, de maintenir à la réunion le caractère qui lui a été
donné par la déclaration, conformément à l'article 4
ci-dessus; d'interdire tout discours contraire à l'ordre
public et aux bonnes mœurs ou tendant à provoquer
un acte déclaré crime ou délit par la loi.

Les signataires de la déclaration désigneront, soit
parmi eux, soit parmi les assistants, les membres du
bureau, à moins qu'ils ne préfèrent que le bureau soit
élu par l'assemblée.

Dans tous les cas, les membres du bureau et, jusqu'à
la formation du bureau, les signataires de la déclaration
seront toujours responsables des infractions aux prescriptions des articles 6, 7 et 8 de la présente loi. Toutefois, la responsabilité du bureau ne commencera qu'a-

près les avertissements du fonctionnaire assistant à la réunion, aux termes de l'article suivant.

ART. 9. « Un fonctionnaire de l'ordre administratif ou judiciaire pourra être délégué pour assister à la réunion, à Paris, par le Préfet de police, et, dans les départements, par le Préfet ou le Maire, suivant les cas prévus à l'article 2.

Il choisira sa place et devra être revêtu de ses insignes.

Après trois avertissements donnés par ce fonctionnaire, si le bureau maintient la parole à qui commettrait un délit prévu par les lois, il encourra la responsabilité mentionnée en l'article précédent.

Il n'est rien innové aux dispositions de l'article 3 de la loi des 16-24 août 1790, des articles 8 et 9 de la loi des 19-22 juillet 1791 et des articles 9 et 15 de la loi du 18 juillet 1837.

Sont exemptées de l'obligation portée au paragraphe 1er les réunions comprises à l'article 3 de la présente loi.

ART. 10. « Toute infraction aux dispositions de la présente loi sera punie des peines de simple police, sans préjudice des poursuites pour crimes et délits qui pourraient être commis dans les réunions.

ART. 11. « L'article 463 du code pénal est applicable aux délits et contraventions prévus par la présente loi. L'action publique et l'action privée se prescrivent par six mois.

ART. 12. « Le décret du 28 juillet 1848, le décret du 25 mars 1852, la loi des 6-10 juin 1868 sont abrogés

dans leurs dispositions qui concernent le droit de réunion, notamment dans le paragraphe 2 de l'article 1 de
la loi des 6-10 juin 1868 et dans le paragraphe 1er de
l'article 3 de la même loi. »

Ce projet, ayant été soumis au Sénat, celui-ci nomma
pour l'examiner une commission au nom de laquelle
M. Émile Labiche fit un rapport dans la séance du 3
février 1881 (Officiel du 5). La première délibération sur
le projet eut lieu au Sénat le 8 février et la seconde le 14.

Le 16, le projet, avec quelques modifications, était
adopté et renvoyé à la Chambre des députés.

En son nom, M. Naquet fit, le 10 mars, un rapport sur
le nouveau projet renvoyé du Sénat, projet qui fut discuté par la Chambre le 31 mars 1881.

Enfin, après une discussion dans les deux Chambres
au sujet de l'article 9, elles s'entendirent pour repousser
l'amendement de M. Maigne, député, qui refusait à
l'administration le droit de se faire représenter dans les
réunions électorales, tout en le lui conservant pour les
réunions ordinaires.

Le 25 juin, enfin, la Chambre adoptait le projet qui
est devenu la loi du 30 juin 1881, actuellement en
vigueur.

Le projet voté par la Chambre le 15 mai 1880 avait
ainsi subi, grâce au Sénat, les quatre modifications suivantes :

1o L'intervalle entre la déclaration et la réunion sera
de 24 heures (et non plus de 48) (article 2).

2° La réduction de cet intervalle à 2 heures n'aura lieu que pour les réunions électorales et non, comme le voulait la Chambre, pour les réunions tenues dans sa circonscription par un mandataire du pays (sénateur, député, conseiller général ou d'arrondissement) (article 3).

3° L'administration pourra se faire représenter par un fonctionnaire administratif ou judiciaire à toute réunion, même électorale, (ces dernières en étaient dispensées par la Chambre) (art. 9).

Enfin 4° Le droit de dissolution n'est accordé au délégué de l'administration que s'il en est requis par le bureau ou s'il se produit des collisions et voies de fait art. 9).

II° LES ATTROUPEMENTS DEPUIS 1789.

Nous avons vu plus haut à quelle législation avaient été soumis les attroupements sous l'Ancien Régime.

Dès le début de la Révolution, les mouvements et les troubles de tout genre dont elle était le prétexte, notamment à Paris, rendirent nécessaire le vote par l'Assemblée Nationale Constituante d'une loi spéciale qui, tout en sauvegardant les droits des citoyens, permettrait au pouvoir de résister aux attroupements séditieux.

Tel fut l'objet d'un décret rendu les 21 octobre-21 novembre 1789 et qu'on désigne d'ordinaire sous le nom de *Loi Martiale*; résumons-le en quelques mots :

Quand la tranquilité publique était menacée, les autorités municipales étaient tenues de déclarer que la

force militaire allait être employée pour rétablir l'ordre
(art. 1er).

Cette déclaration se faisait en déployant à la principale fenêtre de l'hôtel-de-ville, ainsi que dans les rues,
un drapeau rouge, qui annonçait le péril, rendait les
attroupements criminels et permettait de les disperser
par la force (art. 2 et 3).

Un officier municipal devait aller demander leurs de-
siderata aux personnes rassemblées : celles-ci pouvaient
envoyer six délégués pour les exposer ; les autres devaient se disperser, sinon trois sommations étaient
faites : la dernière, si l'attroupement n'était pas dispersé,
pouvait être suivie de l'emploi de la force (art. 4 à 7).

Si l'attroupement se retirait paisiblement, ses instigateurs seuls pouvaient être punis ; la peine était de
3 ans de prison (art. 8).

Au cas de violence, tous les individus attroupés tom-
baient sous le coup de la loi pénale : ils encouraient
1 an de prison, s'ils étaient sans armes ; 3 ans, s'ils
étaient armés ; la peine de mort, s'ils s'étaient servis
de leurs armes ou étaient les organisateurs du mouvement (art. 9), ou encore s'ils étaient militaires ou gardes
nationaux (art. 10).

Les autorités militaires étaient tenues de prêter main-
forte pour dissiper l'attroupement : ceux qui, en étant
requis, s'y seraient refusés encouraient la dégradation
et trois ans de prison (art 10).

Enfin, l'ordre une fois rétabli, un arrêté devait mettre
fin à l'application de la Loi Martiale et un drapeau

blanc   remplacer pendant huit jours   le drapeau rouge art. 11 et 12).

Ces dispositions étaient des plus terribles, comme il fut permis de le voir au Champ-de-Mars le 17 juillet 1791, quand Bailly, maire de Paris et Lafayette, commandant de la garde nationale, firent tirer sur le peuple, en vertu de la Loi Martiale. Restait à la compléter par des dispositions relatives aux véritables *séditions*. Ce fut l'objet du décret rendu par l'Assemblée nationale le 18 juillet 1791 :

Il déclare séditieuse toute provocation à la désobéissance aux lois faite dans un lieu public (art. 1er) ; toute provocation au meurtre dans un attroupement est punie, suivant le résultat, de trois ans de chaîne ou de la peine de mort (art. 2) ; enfin est puni de deux ans de prison tout *cri de sédition*, c'est-à-dire tout cri ayant pour but de faire déposer les armes à la force publique (art. 3).

A la date des 26-27 juillet et 3 août 1791, un nouveau décret sur les attroupements vint modifier la Loi Martiale :

La gendarmerie, la garde des villes et même les simples particuliers sont tenus de concourir à empêcher les troubles et les attroupements séditieux (art. 1 à 8).

L'art. 9 définit l'attroupement séditieux : « Sera réputé attroupement séditieux, et puni comme tel, tout rassemblement de plus de quinze personnes s'opposant à l'exécution d'une loi, d'une contrainte ou d'un jugement. »

La gendarmerie, les gardes des villes et les gardes nationaux étaient tenus de disperser les attroupements formés pour entraver la perception des contributions (art. 10).

La force publique ne pouvait faire usage des armes que dans trois cas : Si elle était frappée ; si c'était là le seul moyen de défendre les postes qu'elle occupait ; si trois sommations avaient été faites en ces termes : « Obéissance à la loi ; on va faire usage de la force ; que les bons citoyens se retirent. » (Art. 25 à 27).

Enfin, la Loi Martiale restait applicable en cas de troubles persistants, en vertu d'un article additionnel : « La Loi Martiale continuera à être proclamée lorsque la tranquillité publique sera habituellnment menacée par des émeutes populaires ou attroupements séditieux qui se succèderaient l'un l'autre. Pendant le temps que la Loi Martiale sera en vigueur, toute réunion d'hommes au-dessus du nombre de quinze, dans les rues ou places publiques, avec ou sous armes, sera réputée attroupement. »

Ajoutons à ces dispositions législatives, les lois organiques qui chargeaient de la dispersion des « attroupements et émeutes populaires » et des « révoltes et attroupements séditieux » les municipalités, la gendarmerie et la garde nationale. C'étaient la loi des 16-24 août 1790, art. 6 ; et le décret du 16 janv. 1791, tit. 8, art. 1er.

Ajoutons enfin les dispositions pénales édictées suivant les cas contre les attroupements séditieux par la loi du 19 juillet 1791, tit. 1er, art. 19, et titre 2, art. 26 à 30 ; et par le Code pénal du 25 sept. 1791, 2ᵉ partie, tit.1er, section 4, articles 1 à 6.

Si nous voyons en 1793 la Convention décréter « que la Loi Martiale est abolie » le décret des 26-27 juil.-3 août 1791 n'en restait pas moins en vigueur. Il était en outre complété par une série de dispositions pénales, contenues dans les décrets des 7 août 1793, 1er germinal an III, 24 germinal et 3 brumaire an IV, et par les dispositions législatives qui donnaient aux préfets, aux commissaires généraux de police ainsi qu'à la gendarmerie et à la garde nationale le droit de réprimer les attroupements de tout genre. C'étaient la loi du 28 germinal an VI, art. 125, et les arrêtés du 13 floréal an VII, 12 messidor an VIII, et 3 brumaire an IX (Voy. Morin, Répertoire. Article : Attoupements).

Le Code Pénal de 1810 n'apporta, du reste, aucune modification à cette législation sur les attroupements, car il ne s'occupait, pour les frapper, que des réunions qui font un emploi illégal de la force armée dans un but de dévastation et de pillage.

Telle était la situation à l'avènement de la Monarchie de Juillet. Dans le but de réprimer les troubles qui avaient accompagné et suivi son avènement, le roi Louis-Philippe fit voter et promulgua une loi nouvelle sur les attroupements, la loi du 10 avril 1831. Comme nous allons le voir, elle laisse subsister certaines dispositions de la Loi Martiale :

Les attroupements sont tenus de se dissiper après les sommations indiquées par la loi de 1791 : faute de quoi, on aura recours à la force (art. 1). Pourront être arrêtés et passibles de peines de simple police ceux qui demeureront après la 1re sommation (art. 2) ; après la 2e sommation, ils encourront 3 mois de prison ; après la 3e, un an (art 3). Seront passibles de 3 mois à 2 ans de prison : 1º les instigateurs de l'attroupement, s'il ne s'est pas dissipé à la 3e sommation ; 2º les individus armés, s'ils sont restés après la 1re sommation (art. 4). S'ils ne sont pas domiciliés à l'endroit de l'attroupement, le jugement pourra leur en interdire l'accès pendant un an et s'ils enfreignent cette défense, ils seront passibles d'un emprisonnement égal au temps restant à courir (art. 5 et 6). Les armes saisies seront confisquées (art. 7). Après les trois sommations, les manifestants seront solidairement responsables des dégâts et dommages (art. 9). La juridiction compétente est le tribunal de police correctionnelle ou la cour d'assises, suivant que l'attroupement est ou n'est pas politique (art. 10).

Le caractère dominant de cette loi était, comme on voit, de punir l'attroupement dans tous les cas et d'augmenter les pénalités suivant les circonstances.

Une nouvelle modification à la législation sur les attroupements est due à l'Assemblée Nationale de 1848 ; c'est la loi du 7 juin 1848, actuellement encore en vigueur.

TROISIÈME PARTIE

LÉGISLATION ACTUELLE DU DROIT DE RÉUNION EN FRANCE

CHAPITRE PREMIER

DES RÉUNIONS PROPREMENT DITES

SECTION PREMIÈRE. — DISTINCTION ENTRE LE RÉUNION PRIVÉE ET LA RÉUNION PUBLIQUE

Avant de rechercher à quelles dispositions législatives sont aujourd'hui soumises en France les réunions de toute nature, il nous paraît indispensable, la législation qui les régit n'étant pas la même, de préciser tout d'abord la distinction qui sépare la réunion publique de la réunion privée.

La loi étant muette à cet égard, c'est à la jurisprudence et à la doctrine qu'il nous faudra demander le critérium nécessaire.

Il est un premier point qu'il importe, tout d'abord, d'écarter, c'est la prétendue influence sur la nature de la réunion, du lieu où elle se tient. Rien n'empêche, en effet, une réunion publique d'avoir lieu dans un endroit ordinairement privé, de même qu'il n'est pas du tout contradictoire qu'une réunion privée se tienne dans un local habituellement public (salle de bal, cabaret, etc.)(1).

Écartons de même l'influence, sur le caractère de la réunion, du nombre des personnes qui y assistent : fussent-elles dix mille et plus, cette condition à elle seule est insuffisante à faire de la réunion une réunion publique.

Enfin, nous en dirons de même de la publicité préalable, par la voie de la presse par exemple, donnée à une réunion : ce ne serait pas encore là un caractère capable à lui seul d'empêcher la réunion d'être privée.

Reconnaissons toutefois avec M. Dubois que « lorsqu'une réunion soi-disant privée se tient ailleurs que dans la demeure proprement dite, par exemple dans un magasin, dans un chai, dans une écurie ; à plus forte raison, lorsqu'elle se tient dans un lieu public, tel qu'un café ou un théâtre ; lorsqu'elle comprend un nombre très considérable d'assistants, 800, 1500, 2000 personnes ; lorsqu'elle a été annoncée à l'avance dans les journaux, ou qu'elle a reçu, par toute autre voie, une

_____

(1) Seraient cependant considérées comme publiques, les réunions tenues en plein air et, d'une façon générale, celles qui ont lieu dans un endroit tel que les étrangers peuvent, du dehors, en-ndre ce qui se dit dans la réunion.

publicité préalable, il y a là autant de présomptions graves que la réunion est véritablement une réunion publique déguisée ». Des presomptions, oui, une preuve, non.

Quelle sera donc pour nous la preuve, l'indice certain auquel nous reconnaîtrons le caractère exact d'une réunion ?

Ce critérium, c'est le mode d'admission à la réunion.

Mais c'est ici surtout que la précision va s'imposer.

Dirons-nous que les réunions publiques sont celles où le public est admis, et les réunions privées celles où il ne l'est pas ? Ces définitions, comme le remarque avec raison M. Dupriez, ne nous apprennent absolument rien. Que faudra-t-il, en effet, entendre par ces mots « le public » ?

La jurisprudence de la Cour de Cassation et l'opinion de la majorité des auteurs vont nous aider à établir une définition plus nette ; nous dirons :

Est *privée*, toute réunion à laquelle sont seules admises les personnes munies d'une invitation (1) personnelle et individuelle, émanant de la volonté de l'organisateur et tenue dans un endroit tel qu'aucun étranger ne puisse, du dehors, percevoir ce qui se dit à l'intérieur. En conséquence, sera réputée *publique*, toute réunion où pourront pénétrer, sans rencontrer d'obstacles, des personnes non invitées(2).

---

(1) Écrite ou verbale, peu importe.

(2) *Compétence*. — Il importe peu qu'un procès-verbal constate.

C'est ce qui résulte d'un arrêt de la Cour suprême, en date du 4 février 1865: (1).

« Attendu, dit l'arrêt, que, du jugement rendu le 22 avril 1864, il résulte que cette réunion (une réunion électorale de 3 à 400 personnes), par sa nature, par son objet et par le nombre des personnes qui la composaient, avait essentiellement le caractère d'une réunion publique, et qu'en réalité elle était publique, puisque le commissaire de police et l'officier de paix qui l'accompagnait avaient pu *y pénétrer librement et sans rencontrer d'obstacle, et sans qu'il leur fût fait la moindre question ou observation*; attendu qu'en adoptant les motifs des premiers juges, la Cour impériale a ajouté qu'un appel avait été adressé au dehors; que

qu'il a été tenu une *réunion publique* sans déclaration préalable, en faisant résulter la publicité de la réunion de ce que la salle était librement ouverte au public.

Le *juge de simple police* est souverain pour contredire les énonciations de ce procès-verbal, en procédant à une enquête à l'audience et en entendant des témoins.

Il peut souverainement déclarer que la réunion était privée et que personne n'y a été admis sans carte (voir *infra*.)

Cela suffit légalement, si la formule du serment prêté par les témoins est régulièrement constatée par les *notes d'audience*, signées du greffier, à défaut du jugement. (Arrêt de Cass. du 6 nov. 1886).

Voy. *Gazette des Tribunaux*, 1887, 5 janv. — Journal *le Droit* 1886 page 262.

(1) Voy. Dalloz. 1865 ; 1ʳᵉ part. 89.

l'*accès* de l'atelier où se tenait la réunion *avait été permis à tous pendant sa durée*, etc... »

De même encore, sera considérée comme publique,
toute réunion où le nombre des personnes admises
dépassera le chiffre des cartes distribuées. Ainsi jugé
par la Cour de Cassation (1) le 7 janv. 1869 :

« La Cour, dit l'arrêt, — sur l'unique moyen tiré, de la
fausse application et par suite, de la violation de la loi
du 6 juin 1868, en ce que l'arrêt attaqué (rendu par la
Cour impér. de Nîmes, chambre correction. le 13 nov. 1868)
aurait à tort considéré comme une réunion électorale
publique la réunion organisée le 29 juillet 1868 par les
demandeurs en Cassation,

« Attendu que les réunions électorales publiques ne
peuvent avoir lieu que sous les conditions et dans les
délais déterminés par la loi sus-visée (la loi de 1868);
attendu qu'il est constant que la réunion électorale dont
Lacy-Guillon et Ribot ont été les organisateurs s'est produite en dehors des délais légaux, et même sans que les
formalités prescrites par l'art. 8 de la loi de 1868 aient
été accomplies ; que, dès lors, la seule question à examiner par la Cour impériale de Nîmes était celle de
savoir si la réunion incriminée avait un caractère
public ou un caractère privé ; attendu que l'arrêt attaqué
constate en fait que, pour servir de lieu de réunion,
Lacy-Guillon et Ribot avaient loué un vaste entrepôt ou

Voy. Dalloz, année 1869, 1re partie, 113.

magasin, ouvrant sur la voie publique par une large porte, dont l'un des battants est resté constamment ouvert; que 500 ou 600 cartes d'invitation avaient été distribuées par les soins des demandeurs en Cassation; que *le nombre des personnes admises dépassait notablement le chiffre des cartes distribuées*, et qu'enfin, parmi les membres de la réunion, *une partie a pu librement y pénétrer sans invitation verbale ou écrite* émanée des prévenus; attendu que c'est à bon droit que des faits ainsi constatés l'arrêt attaqué a tiré la conséquence que *la réunion* électorale organisée par Lacy-Guillon et Ribot était *une réunion publique* et non une réunion privée et qu'en le jugeant ainsi, loin de violer les dispositions de la loi du 6 juin 1868, il n'en a fait qu'une juste application, — rejette. »

Mais la décision la plus complète de la Cour suprême au sujet de la distinction entre les réunions publiques et les réunions privées nous semble être contenue dans l'arrêt qu'elle a rendu le 9 janv. 1869 (Voy. Dalloz. Année 1869, 1, 113).

Comme nous allons le voir en parcourant le texte même de l'arrêt, sera encore considérée comme publique et non privée, toute réunion :

Dont les cartes d'entrée seront distribuées : indistinctement et sans adresse, à domicile; ou sur la voie publique à tous les passants; ou (ce qui est analogue à la porte de l'habitation de l'organisateur à quiconque se présentera pour en demander; ou en nombre à une personne seule qui pourra les remettre ensuite à qui bon lui semble (1); (voir également, sur ce point, arrêt de Cass. du 4 juin 1869) ; ou de telle façon que plusieurs personnes puissent être admises à la réunion avec une carte unique.

Cet arrêt du 9 janv. a trait à deux réunions publiques électorales, auxquelles il refuse le caractère privé, (il nie, en passant, comme nous l'avons déjà montré, l'influence du local sur la nature d'une réunion) :

« Attendu, dit la Cour, que si *les réunions tenues en la demeure des citoyens* sont des *réunions privées* et participent de l'inviolabilité du domicile, ce n'est qu'autant que l'accès en est *sérieusement interdit au public ;* que le *domicile perd son caractère privé, ainsi que les réunions* qui s'y tiennent, *dès qu'il est ouvert au public* ; que la question est donc de savoir, en ce qui concerne la réunion électorale organisée et tenue par le baron de Saubert-Larcy dans son domicile à Alais, *si le public s'y est introduit* ou a *pu s'y intro-duire ;* — attendu, en fait, en ce qui concerne cette ré-union, que le jugement, dont l'arrêt attaqué a adopté les motifs, constate « que les cartes imprimées pré-parées pour convier à la réunion du 30 juillet ont été *distribuées non seulement à domicile, celles-ci presque*

(1) A moins cependant, comme le remarque M. Dupriez, que cette personne ne puisse être considérée, par ses relations avec l'organisateur, comme ayant reçu de lui un mandat spécial à cet effet.

*toutes sans adresse, mais encore sur la voie publique ;
qu'il en a été délivré plusieurs à la fois à des personnes
seules, qui les ont ensuite remises à qui bon leur a semblé ;* qu'il en a encore été distribué *à la porte de l'habitation du prévenu à quiconque s'est présenté pour en
demander ;* que *plusieurs personnes ont été admises à
la réunion avec une carte unique ;* (la suite de l'arrêt
reproduit des considérants déjà rencontrés dans les
autres arrêts que nous avons cités) et qu'enfin (continue-t-il) en effet un *assez grand nombre d'autres personnes, qui n'en étaient pas munies, se sont librement
introduites dans ladite habitation et ont assisté à
cette même réunion ;* attendu qu'il résulte de ces constatations souveraines de fait *qu'il ne s'agissait pas
d'une réunion privée, mais d'une réunion publique,
puisque le public a pu s'y introduire et s'y est introduit ;»* (mêmes considérants en ce qui touche la seconde réunion, tenu à Saint-Ambroix par la même
personne) (1).

La jurisprudence refuse encore de reconnaître pour
une réunion privée celle pour laquelle les invitations,
même personnelles, sont envoyées à une collectivité de
personnes, si toutefois elles sont inconnues de l'organisateur en tant qu'individus.

Tel le cas où un candidat envoie des convocations

(1) Voy. encore dans le même sens arrêts de Cassation (Crim.)
du 4 juin 1869 (Dalloz, 1869, 1.391) ; du 5 déc. 1872 ; (Dalloz 1872
1.432) ; arrêt de Cassat. (Req.) du 12 juin 1877 (Dalloz,1879.5.369.

personnelles pour une réunion électorale à tous les électeurs d'une localité, ces invitations étant faites simplement d'après une copie de la liste électorale.

Ainsi l'a décidé le tribunal correctionnel de Lesparre, par un jugement du 11 mars 1869, dont voici le dispositif :

« ... Attendu que la réunion qui a eu lieu dans le chai de Mayer, le 19 décembre dernier, n'a eu d'autres convocations que celles qui ont été faites sur *une copie de toutes les listes électorales du canton*, copie prise par les nommés..., et autres ;

« Que les invitations ont, à bien peu d'exceptions près, été *adressées à tous les électeurs* du canton ; « qu'appeler dans une réunion la masse des électeurs d'un pays, c'est y appeler le public, tout le public ayant des droits politiques ; c'est avoir une *réunion publique*; ..... attendu que les cartes d'invitation faites, par d'autres que par Mayer ont été *données en blanc* à quelques-uns, notamment à....

« Qu'ainsi, *réunion publique électorale*, voilà le caractère évident de la réunion du 19 déc..... attendu etc.

« Le tribunal condamne etc... »

Enfin la jurisprudence considère encore comme une réunion publique celle, très analogue à la précédente, à laquelle une *catégorie déterminée de citoyens* est convoquée par *voie d'affiches* et sans invitations nominatives.

C'est ce qui résulte d'un arrêt de Cass. du 7 août

1885 (1) qui casse un jugement du tribunal de police
de Montluçon.

« Attendu, dit notamment cet arrêt, que cette déclaration (la déclaration préalable exigée pour les réunions
publiques par la loi du 30 juin 1881) est exigée, soit
que la réunion doive être ouverte au *public en général*,
soit seulement à une *certaine catégorie de citoyens*,
*sans désignation de personnes nominativement con-
voquées* (il s'agissait dans l'espèce d'une convocation, en vue de la formation d'une Chambre syndi-
cale, des électeurs prud'hommes des 1re et 3e catégories); qu'en effet, l'art. 5 de ladite loi (de 1881) n'excepte pas de cette règle les réunions électorales (réunions publiques élect.) où ne peuvent assister que les
électeurs de la circonscription et autres personnes
qu'elle énumère ;

« Attendu que la réunion en question est une *réunion publique*, etc. »

La forme *individuelle* et *personnelle* fait en effet complètement défaut ici à la convocation : peu importe, dès
lors, que la catégorie convoquée ne comprenne pas le
public tout entier : l'invitation est *collective*, ce qui suffit
(comme pour les réunions électorales) pour que la réunion cesse d'être privée.

Nous croyons avoir ainsi suffisamment établi la dis-

(1) Voy. Dalloz, 1885.1.475. —Sirey,1885.1.144. —Gaz. des Trib.
1885, 19 août.

tinction entre les réunions privées et les réunions
publiques.

Terminons en remarquant que la Cour de Cassation
a, comme le prouvent les arrêts que nous venons de
citer, complètement refusé d'admettre l'argument suivant qui figurait dans une consultation de M. Odilon-
Barrot et à laquelle ont adhéré MM. Dufaure, Marie et
plusieurs autres jurisconsultes : « Le domicile d'un
citoyen, y est-il dit, même lorsqu'il y a admis le public,
ne perd pas pour cela le caractère d'habitation privée ;
car, s'il a convenu à un domicilié d'admettre le public
dans son habitation, il a gardé le droit de l'en expulser ;
il reste donc maître chez lui ; et ce qui s'y passe ne
saurait, dans aucun cas, se passer dans un lieu public.
Les cris qui seraient poussés dans cette habitation,
par exemple, alors même qu'elle serait ouverte au
public momentanément, ne sauraient être punis comme
ayant été proférés dans un lieu public, au moins d'après
la stricte application de la loi pénale. »

SECTION II. — DES RÉUNIONS PRIVÉES.

Nous n'avons que bien peu de choses à dire de cette
catégorie de réunions ; leur législation peut se résumer
en quatre mots : elles sont entièrement libres.

Nous savons qu'elles ne l'ont pas toujours été.

Le décret de 1848 les divisait en politiques et non

politiques et les soumettait toutes à des formalités plus ou moins rigoureuses.

Le décret de 1852, en abrogeant avec la presque totalité du décret de 1848 ses articles 14 et 15, qui imposaient diverses restrictions aux réunions privées, les a, par là même, affranchies toutes indistinctement de toute espèce de contrôle : les dispositions législatives qui ont suivi, telles que les lois de 1868 et de 1881, ne visant absolument que les réunions publiques, il en résulte qu'aujourd'hui comme en 1852 la liberté absolue est le lot des réunions privées.

Cette liberté des réunions privées n'est du reste qu'une conséquence, toute naturelle (1), de ce principe admis dans les lois de presque tous les peuples libres : l'inviolabilité du domicile. « Cette inviolabilité, dit M. Dupriez (2), consiste dans le droit que possède chaque citoyen de n'admettre chez lui que la personne qu'il veut. La surveillance et la libre entrée de la police constituent les principales mesures réglementaires qui régissent les réunions politiques. Étendez-les aux réunions privées : les agents pourront pénétrer dans le domicile de chaque citoyen dès que certains indices leur permettront de supposer qu'ils y trouveront une réunion d'un certain nombre de personnes : autant vaudrait alors déclarer que le domicile de chaque

(1) Voy. Palma. Corso di Diritto Constituzionale III, 183.
(2) La liberté de Réunion, page 57.

citoyen cesse d'être inviolable, du moment où il y
reçoit des personnes étrangères à sa famille.

« Car si l'on prétend que la loi peut permettre à la
police de pénétrer dans une maison lorsque cent, deux
cents personnes y sont réunies, pourquoi ne le pour-
rait-elle pas, dès que 5 ou 10 personnes seulement s'y
trouvent assemblées... Toute distinction serait purement
arbitraire : il faut appliquer à toute réunion privée les
mêmes principes, qu'elle se compose de mille membres,
ou qu'elle n'en compte que deux.

« De même, soumettre les réunions privées aux heures
de retraite, ce serait empêcher les citoyens de recevoir
quelqu'un chez eux après telle ou telle heure ! » (1)

Mais si la liberté des réunions privées est la règle,
cela n'implique, bien entendu, aucunement qu'il n'y sera
jamais dérogé. Elle découle, avons-nous dit, de l'inviolabilité du domicile : elle comportera donc, en conséquence, les mêmes exceptions que celle-ci : bornons-
nous, sans aucunement entrer dans le détail (étranger
à notre matière) à citer les principales :

Elles sont contenues notamment dans les articles :
16, 36, 40, 87 et 464 du Code d'Instruction criminelle ;
40, 52 et 176 du Code Pénal ; 587 et 588 du Code de Procédure civile ; et dans les lois des 19-22 juill. 1791, tit.
1er, art. 8 ; du 5 fructidor. an III, art. 353 ; du 28 germi-

(1) M. Dupriez suppose, ce qui n'est du reste, nous l'avons vu,
que le *plerumque fit*, que la réunion privée a lieu dans un local
privé.

nal an VI, art. 131, qui autorisent à pénétrer dans le
domicile des particuliers dans les cas d'inondation, d'incendie ou de clameurs et d'appel au secours sortant de
l'intérieur de l'habitation; sans compter les dispositions
législatives qui donnent à la police et à la force publique
l'accès des lieux ouverts au public (cabarets, cafés, boutiques, maisons de jeu, théâtres, bals etc).

Par contre, nous devons mentionner l'article 1037 du
Code de Procédure civile qui détermine (sauf les exceptions fixées par les lois) les heures où sera interdite à
tous l'entrée du domicile privé ; et les dispositions qui
édictent le châtiment des fonctionnaires ou des particuliers, qui, hors des cas prévus par la loi, n'auront pas
respecté l'inviolabilité du domicile : elles sont contenues
dans l'art. 184 du Code Pénal.

Telle est la législation qui régit actuellement chez
nous les réunions privées, qu'elles soient, du reste, politiques ou non, qu'elles soient ou ne soient pas électorales.

SECTION III. — Des réunions publiques.

On distingue actuellement en France deux catégories
de réunions publiques, les réunions publiques ordinaires et les réunions publiques électorales. Nous verrons plus loin comment la loi définit ces dernières. La
distinction, en ces deux espèces, des réunions publiques,

vient de la diversité des dispositions légales qui s'y appliquent.

I. Des réunions publiques ordinaires.

Elles sont aujourd'hui régies par la loi du 30 juin 1881 sur la liberté de réunion, à l'exception toutefois des articles 3 et 5 de cette loi qui se réfèrent aux réunions publiques électorales et de l'article 7 qui est spécial aux clubs.

Nous allons (c'est, suivant nous, le moyen le plus simple) passer successivement en revue, dans l'ordre même de cette loi, chacun de ses articles.

1. Principe général.

Ce principe est contenu dans l'article 1er ainsi conçu :

ARTICLE PREMIER. « Les réunions publiques sont libres.

« Elles peuvent avoir lieu sans autorisation préalable, sous les conditions prescrites par les articles suivants. »

Ce principe de la liberté des réunions publiques ne figurait pas, comme il est facile de le voir en se reportant au texte que nous en avons donné, dans le projet du 15 mai 1880. Ce paragraphe a été ajouté par le Sénat qui a voulu le faire servir en quelque sorte de frontispice au nouveau monument.

Mais aussitôt, et malgré la parole éloquente de Louis

Blanc, la Chambre et le Sénat se rappellent que la liberté sans frein est sœur de la licence et ils ajou t « *sous les conditions suivantes.* »

« *Elles peuvent avoir lieu sans autorisation prea-lable* » ; aucune exception n'étant faite à cette règle générale, les réunions, même politiques ou religieuses (1), seront désormais dispensées de cette dure nécessité.

L'article suivant va nous indiquer la formalité qui la remplace.

2. De la déclaration préalable.

Tout ce qui concerne la déclaration préalable est contenu dans les articles 2 et 4 ainsi conçus :

ART. 2. « *Toute réunion publique sera précédée d'une déclaration indiquant le lieu, le jour, l'heure de la réunion. Cette déclaration sera signée par deux personnes au moins, dont l'une domiciliée dans la commune où la réunion doit avoir lieu.*

« *Les déclarants devront jouir de leurs droits civils et politiques, et la déclaration indiquera leurs noms, qualités et domiciles.*

« *Les déclarations sont faites : à Paris, au préfet de police ; dans les chefs-lieux de département, au préfet ; dans les chefs-lieux d'arrondissement, au sous-préfet ; et dans les autres communes, au maire.*

(1) Soumises, nous l'avons vu, à la nécessité de l'autorisation par la loi de 1868.

« *Il sera donné immédiatement récépissé de la déclaration.*

« *Dans le cas où le déclarant n'aurait pu obtenir de récépissé, l'empêchement ou le refus pourra être constaté par acte extrajudiciaire ou par attestation signée de deux citoyens domiciliés dans la commune.*

« *Le récépissé, ou l'acte qui en tiendra lieu, constatera l'heure de la déclaration.*

« *La réunion ne peut avoir lieu qu'après un délai d'au moins 24 heures.* »

Article 4. « *La déclaration fera connaître si la réunion a pour but une conférence, une discussion publique, ou si elle doit constituer une réunion électorale, prévue par l'article suivant.* »

Nécessité de la déclaration. — La déclaration préalable n'est jamais facultative : elle est, dans tous les cas, exigée par la loi.

Utilité de la déclaration. — Elle est d'une double utilité, à la fois pour le Gouvernement et pour les citoyens. Elle permet à l'administration de prendre dans son propre intérêt les mesures d'ordre nécessaires ; elle la met en demeure de les prendre aussi dans l'intérêt des citoyens présents à la réunion. Faute de quoi, le maire, chaque fois qu'il y aurait intérêt, pourrait se retrancher derrière sa prétendue ignorance de la réunion, au préjudice tantôt des citoyens réunis et parfois aussi de l'ordre public. C'est ce que semble avoir méconnu Louis Blanc qui prêchait la suppression de la déclaration. La règle édictée nous semble donc d'une grande sagesse et ne nous paraît pas du tout mettre « la liberté en quarantaine. »

Contenu de la déclaration (1). — La déclaration doit *nécessairement* contenir :

1° *Le lieu, le jour et l'heure* de la réunion ; l'article 2 dit en effet « ..... *une déclaration indiquant le lieu, le jour, l'heure de la réunion* ».

La loi de 1868 (art. 2) disait : « *Cette déclaration indique... le local, le jour et l'heure de la séance* », le *local* et non le *lieu*; l'art. 3 de cette loi disait en effet : « *Une réunion ne peut être tenue que dans un local* clos et couvert ». Il n'en est plus de même aujourd'hui : une réunion peut très bien se tenir en plein air, si toutefois ce n'est pas sur la voie publique (loi de 1881 art. 6).

L'heure doit être indiquée d'une façon précise. Comme le remarque M. Constant (1) une désignation comme celle-ci « tel dimanche après vêpres » ne suffirait pas, le délai de 24 heures entre la déclaration et la réunion se comptant d'heure à heure.

2° *Les signatures de 2 personnes au moins*, dont l'une domiciliée dans la commune où se tiendra la réunion ; art. 2 : « *Cette déclaration sera signée par deux personnes au moins, dont l'une domiciliée dans*

_____

(1) Voy. l'arrêt de Cass. rapporté par la Gaz. des Trib. du 2 oct. 1885.

(2) Code des réunions publiq. élect. et privées page 48.

la commune où la réunion doit avoir lieu » La loi de
1868, art. 2, disait au contraire : « *signée par 7 per-*
sonnes domiciliées dans la commune où la réunion doit
avoir lieu ». MM. Jules Simon, Garnier-Pagès et Picard avaient alors critiqué cette disposition, en invo-
quant la difficulté dans les petites localités de trouver
aisément un tel nombre de citoyens. M. Baroche, le
Garde des Sceaux, au contraire, la soutenait disant qu'il
n'entendait pas que ce droit « fût abandonné au ca-
price de deux ou trois individus... qu'ils pussent mettre en mouvement toute une commune, l'agiter, y ré-
pandre l'émotion en faisant une réunion que personne
ne désirerait. » Il reconnaissait avoir emprunté cette
formalité à l'Angleterre où tout meeting de plus de 50
personnes doit être précédé d'une déclaration de 7 chefs
de famille « Vous le voyez, messieurs, il est donc très-
raisonnable de demander, comme on l'a fait en Angleterre... l'assentiment préalable d'un certain nombre
d'habitants de la commune (1). »

Cette nécessité de 7 déclarants fut, en effet, comme le
cherchait le Gouvernement impérial, une réelle entrave,
dans bien des cas, à la tenue des réunions publiques.

Aussi, en 1879, la Commission de la Chambre rédui-
sit-elle, dans son projet, comme nous l'avons vu plus
haut, ce nombre à 1, et encore sans condition de domicile.

_____

(1) Discours de M. Baroche. Moniteur du 17 mars 1868.

Mais le Gouvernement demanda et obtint de la Commission qu'elle portât ce nombre à deux, dont l'un au moins domicilié dans la commune. Cette concession de la commission fut en vain combattue par M. Gatineau : la proposition du Gouvernement sur ce point est passée dans le projet du 15 mai 1880 et, de là, dans la loi actuelle.

Le nombre de deux déclarants n'est, du reste, qu'un minimum, l'art. 2 dit en effet « deux personnes au moins. »

Ces deux signatures doivent-elles être *légalisées* ? La loi est muette à cet égard et les discussions, auxquelles la préparation de la loi actuelle a donné naissance dans les deux Chambres, ne le sont pas moins.

Nous pensons cependant qu'il faut hardiment répondre non. Et cela pour plusieurs motifs. D'abord, comme le disait en 1868 M. Paulmier, en réponse à cette même question posée par Jules Favre « la demande est remise à Paris, au préfet de police ; dans les départements, au préfet ou au sous-préfet (il faut ajouter aujourd'hui : ou au maire) ; or puisque le sous-préfet a le pouvoir de légaliser la signature, il est bien incontestable que, lorsque le sous-préfet reçoit la demande et lorsqu'il en donne le récépissé, cela vaut la législation de la signature. » Quoi de plus bizarre, en effet, que de faire légaliser une signature le plus souvent par le fonctionnaire-même qui recevra la déclaration, et dans le même instant ?

En outre, comme le remarquent plusieurs auteurs, ne peut-on pas dire que la signature du déclarant connu et domicilié dans la commune de la réunion *légalisera* en quelque sorte celle du déclarant étranger à la localité ?

D'autre part, quelle perte de temps, quand il faudrait légaliser la signature d'un déclarant ayant un domicile fort éloigné du lieu de la réunion, ou même très proche, s'il s'agit d'une réunion électorale ?

Mais *quid*, si le fonctionnaire auquel est remise la déclaration prétend exiger la légalisation des signatures ? La loi de 1881, nous le verrons bientôt, porte remède à cette situation en permettant (art. 2 in fine) de passer outre, d'une façon très simple, au refus de récépissé certainement opposé par ce fonctionnaire comme sanction de son exigence.

3° *Les noms, qualités et domiciles des déclarants*; l'art. 2 dit en effet « *la déclaration indiquera leurs noms, qualités et domiciles.* » Par *noms*, il faut entendre non seulement le nom de famille, mais aussi les prénoms et surnoms. — (Ces mentions, déjà exigées pas la loi de 1868, l'étaient également dans les projets de la Commission et du Gouvernement et dans le projet du 15 mai 1880).

4° *La mention du but, du caractère général de la réunion ;* la loi de 1881, dans son art. 4 dit en effet : « *la déclaration fera connaître si la réunion a pour but une conférence, une discussion publique, ou si elle doit constituer une réunion électorale* (1). »

C'est donc simplement le but général de la réunion que doit indiquer la déclaration, et non son objet spécial, son ordre du jour. Cette rédaction actuelle de l'art. 4, qui nous semble toute simple, n'a cependant pas été obtenue sans bien des discussions.

Et d'abord, tel n'était pas le texte de la loi de 1868 ; son art. 2 disait au contraire : « *cette déclaration indique... l'objet spécial et déterminé de la réunion.* » C'est là du reste, à peu de choses près, ce qu'en 1879 proposa le Gouvernement, son projet porte en effet : art. 4 : « *Les organisateurs d'une réunion publique devront, dans leur déclaration et leurs annonces, en préciser l'objet et le caractère.* »

C'était donc bien exiger, comme en 1868, la mention de l'ordre du jour. Son utilité nous était du reste expliquée par l'art. 9 du même projet qui disait : « *Il* (le fonctionnaire assistant à la réunion) *est autorisé à prononcer la dissolution de la réunion :*

1° *Si le bureau, après trois avertissements, laisse mettre en discussion des questions étrangères au sujet indiqué dans la déclaration...* »

La commission repoussa ces rédactions comme trop peu libérales ; et, en même temps qu'elle effaçait tout

_____

(1) Une réunion de *musiciens* pour l'exécution de morceaux ne saurait donc être assimilée à une réunion publique et soumise comme telle à la nécessité de la déclaration préalable. Cassat. 27 février 1886. Voy. Sirey 1888. 1.95.

ce début de l'art. 9, elle proposait pour l'art. 4 le texte suivant, qui n'exige pas la mention de l'ordre du jour : « *Les organisateurs d'une réunion publique doivent, dans leur déclaration, indiquer s'il s'agit d'une confé- rence faite par un ou plusieurs orateurs déterminés, d'une réunion ordinaire de discussion, d'une réunion électorale ou d'une réunion restreinte à une catégorie d'assistants.* »

M. Naquet, au nom de la Commission, fit comprendre que sous l'empire de la loi de 1868, étant donnée la différence de régime (nécessité de l'autorisation) pour les réunions politiques et religieuses, l'indication de l'objet précis de la réunion s'imposait ; mais qu'elle n'avait aucune raison d'être avec le nouveau système proposé, qui ne faisait entre les réunions aucune distinc- tion quant à la formalité préalable. « Mais alors, disait- il, si j'ai le droit de tout discuter, pourquoi voulez-vous m'imposer l'obligation de préciser mon sujet, et pour- quoi voulez-vous reconnaître à l'autorité le droit de dissoudre une réunion et d'en poursuivre les auteurs quand ils modifient leur ordre du jour ? »

Ajoutons encore, comme le remarque M. Petit, qu'il pourrait y avoir un certain danger à donner à un fonc- tionnaire subalterne, quelquefois peu instruit, le droit de décider sans appel si une réunion s'écarte ou non de l'ordre du jour et, comme conséquence, de la dissoudre.

Ces raisons ont d'ailleurs paru décisives à la Cham- bre, dont le projet du 15 mai 1880 reproduit presque textuellement la lettre de l'art. 4 de la Commission et supprime le 1° de l'art. 9 (proposé par le Gouvernement); décisives aussi au Sénat, car la rédaction actuelle de l'art. 4, peu différente de celle de la Chambre, n'exige aucunement la mention de *l'ordre du jour* dans la déclaration.

Remarquons, en terminant, qu'aux termes de l'art. 8 actuel, c'est seulement « *le caractère qui lui a été donné par la déclaration* » et non pas du tout *l'ordre du jour primitif* que le bureau est tenu, sous les peines de simple police, de conserver à la réunion.

Capacité des déclarants. — « *Les déclarants*, dit l'art. 2 de la loi de 1881, *devront jouir de leurs droits civils et politiques.* » Ne pourront donc figurer dans une déclaration de réunion les étrangers et les femmes. Mais rien, bien entendu, n'empêchera ni les uns ni les autres de figurer parmi les organisateurs d'une réunion, et, à fortiori, parmi les assistants.

Cette rédaction du § 2 de l'art. 2 reproduit à peu près la loi de 1868, et mot pour mot les projets de la Commission, du Gouvernement et de la Chambre (15 mai 1880.)

Un député, M. Talandier, dans le but de permettre aux femmes d'organiser, à elles seules, des réunions (le résultat eût, du reste, été acquis de même pour les étrangers) proposa la suppression des mots « *et politiques* ». Son amendement fut repoussé, dans le seul but, il faut l'avouer, de ne pas encore retarder le vote définitif de la loi, qui s'était fait déjà attendre bien longtemps.

Remise de la déclaration. — « *Les déclarations*, dit l'art. 2 de la loi de 1881, *sont faites : à Paris, au préfet de police ; dans les chefs-lieux de département, au préfet ; dans les chefs-lieux d'arrondissement, au sous-préfet ; et dans les autres communes, au maire* » (1). Il n'en a pas toujours été ainsi ; la loi de 1868, en effet, ne faisait pas mention du maire : « Elle est, disait l'art. 2, remise, à Paris, au préfet de police ; dans les départements, au préfet ou au sous-préfet. » Au contraire, en 1879, le projet de la Commission de la Chambre ne faisait mention *que* du maire.

C'est le Gouvernement qui proposa la rédaction actuelle, à laquelle se rallia la Commission et que vota la Chambre dans le projet du 15 mai 1880.

En cas d'absence des fonctionnaires énumérés ci-dessus, c'est naturellement à leur suppléant que la déclaration sera remise, à Paris au secrétaire général de la préfecture de police, et dans les départements, suivant les villes, au conseiller de préfecture, à l'adjoint ou au conseiller municipal appelé d'après son ordre d'inscription.

___

(1) C'est à la lettre qu'il faut appliquer le texte de cet art. 2. En conséquence, c'est pour *Paris seulement* que la déclaration doit être faite au préfet de police, et non pour le département de la Seine et les trois communes de Seine-et-Oise qui dépendent aussi du préfet de police. Dans toutes ces localités c'est donc au maire que devra être faite la déclaration.

· Aucun des déclarants n'est tenu de faire lui-même la remise de la déclaration. Toute autre personne peut le faire en leur nom : aucune procuration ne lui est nécessaire à cet effet, non plus que pour prendre un récépissé de la déclaration.

Du récépissé et de ce qui peut en tenir lieu. — « *Il sera*, dit l'article 2 de la loi de 1881, *donné immédiatement récépissé de la déclaration.*

« *Dans le cas où le déclarant n'aurait pu obtenir de récépissé, l'empêchement ou le refus pourra être constaté par acte extrajudiciaire ou par attestation signée de deux citoyens domiciliés dans la commune.*

« *Le récépissé, ou l'acte qui en tiendra lieu, constatera l'heure de la déclaration.* »

Le récépissé n'est dû immédiatement, bien entendu, que si le porteur de la déclaration s'est présenté aux heures régulières d'ouverture des bureaux des préfets, sous-préfets ou maires.

En outre, le fonctionnaire doit le récépissé alors même que la déclaration ne lui semblerait pas régulière (c'est un point qui est de la compétence des tribunaux) : il suffit qu'elle porte les deux signatures exigées par la loi.

Quant à ce qui peut tenir lieu du récépissé, en cas de refus ou d'empêchement du fonctionnaire chargé de le délivrer, la rédaction actuelle de la loi n'a pas été obtenue sans discussions.

Disons d'abord que la loi de 1868, faisant dépendre la tenue d'une réunion du seul arbitraire de l'autorité,

ne donnait aux organisateurs aucun moyen de remplacer le récépissé refusé : « *Il en est donné immédiatement récépissé qui doit être représenté* (il en est
encore de même aujourd'hui) *à toute réquisition des
agents de l'autorité.* » Tel était, sans un mot de plus,
le texte de l'article 2 de la loi impériale.

Comprenant quelle atteinte serait portée à la liberté
de réunion par l'absence de tout moyen d'obvier à un
refus de récépissé, la Commission de la Chambre, en
1879, proposa tout d'abord qu'une attestation signée de 4
personnes pût suffire à en tenir lieu.

Tel ne fut pas l'avis du Gouvernement, qui dans son
projet refusa d'admettre, pour remplacer le récépissé,
autre chose qu'un *exploit d'huissier*, un *acte extrajudiciaire.* Le projet du Gouvernement tel qu'il fut présenté
à la Chambre portait art. 2 « *Dans le cas où le déclarant
n'aurait pu obtenir de récépissé, il suffira qu'il fasse
constater l'empêchement ou le refus par notification
extrajudiciaire.*

« *Cette notification tiendra lieu de récépissé.* »

La Commission, insistant sur la rigueur d'une telle
disposition, surtout pour les communes où ne réside
aucun huissier, et, dans tous les cas, pour les déclarations à délai restreint (réunions électorales), refusa de se
rallier à cette rédaction qui lui semblait par trop rappeler celle de 1868 et, modifiant son premier projet, elle
proposa à la Chambre le texte suivant : « *Dans le cas
où le déclarant n'aurait pu obtenir de récépissé, il suf-*

fira qu'il fasse constater l'empêchement ou le refus par notification extrajudiciaire ou par une attestation signée de deux témoins domiciliés dans le département ; cette notification ou cette attestation tiendra lieu de récépissé. » C'est cette rédaction plus libérale, qu'adopta la Chambre dans son projet du 15 mai 1880, en remplaçant seulement *domiciliés dans le département* par *domiciliés dans la commune* et en exigeant *la mention de l'heure* sur l'acte destiné à suppléer le récépissé. Le Sénat se rangea à la même opinion et c'est le texte de la Chambre, à peine modifié, qui est devenu, sur ce point, le texte de la loi actuelle.

Ces *actes* destinés à remplacer le récépissé ont pour les déclarants une grande importance : celui qui tient une réunion publique, après s'être contenté d'en faire la déclaration légale, est néanmoins passible des peines de simple police, s'il ne peut représenter un récépissé ou un des deux actes en tenant lieu.

Ajoutons que le serment peut être déféré aux deux témoins signataires de l'attestation et qu'ils doivent jouir de leurs droits civils et politiques, comme les déclarants eux-mêmes.

Délai entre la déclaration et la réunion. — « La réunion, dit la loi de 1881 art. 2, *ne peut avoir lieu qu'après un délai d'au moins 24 heures.* » Il n'en a pas toujours été ainsi ; la loi de 1808, art. 2, disait en effet : « *La réunion ne peut avoir lieu que trois jours francs après la délivrance du récépissé.* »

En 1879, la Commission de la Chambre réduisit d'abord ce délai à 24 heures ; puis consentit à se rallier au projet du Gouvernement qui disait art. 2 *« La réunion ne peut avoir lieu que 48 heures au moins après la délivrance du récépissé ou de l'acte qui en tient lieu. »*

C'est cette rédaction qu'admit la Chambre dans son projet du 15 mai 1880. Le Sénat, plus libéral, réduisit le délai de moitié ; c'est grâce à lui qu'il n'est (il ne s'agit que des réunions publiques ordinaires) aujourd'hui que de 24 heures.

Remarquons en outre que, pour la première fois, dans le projet de la Chambre, (15 mai 1880), comme dans le texte actuel, le récépissé ou l'acte qui en tient lieu doit constater l'heure de la déclaration (à cet effet, s'il s'agit d'un acte extrajudiciaire, les huissiers doivent, par exception à leurs règles habituelles, y faire mention de l'*heure*). Le délai légal court en effet d'heure à heure. Sous l'empire de la loi de 1868, nous l'avons vu, on comptait, au contraire, par *jours francs*.

Voici, d'après M. Constant (Code des réunions publiques, élect. et privées) les formules d'une déclaration, d'un récépissé ou d'un acte destiné à en tenir lieu.

Formule d'une déclaration.

(Elle n'a pas besoin d'être faite sur papier timbré).

A M. le préfet (sous-préfet ou maire) de....., à.....,

Les soussignés, 1°....., 2°....., (indiquer les noms, prénoms, professions ou qualités, et domiciles des deux
citoyens désignés comme déclarants).

*Déclarent par le présent qu'une réunion sera tenue
à ....., salle..... (ou au lieu dit...), le ..... à ..., heures...*

Cette réunion a pour but..... (Indiquer si c'est une
conférence, une discussion publique, ou une réunion
électorale).

A ....., le.....

(Signatures).

Formule d'un récépissé.

Nous..... (Préfet de police, préfet, sous-préfet ou
maire). *de....., reconnaissons avoir reçu une déclaration signée de MM.....* (noms et prénoms des deux déclarants), *annonçant une réunion publique à... le.....
à..... heures, et dont le but est.....* (Indiquer si c'est
une conférence, une discussion publique ou une réunion électorale).

Le présent récépissé délivré ce jour à..... heure (du
matin ou du soir), *conformément aux prescriptions
de l'art. 2, § 4 de la loi du 30 juin 1881.*

(Date et signature).

*Formule d'un acte extrajudiciaire en cas de refus
de récépissé.*

L'an mil huit cent quatre-vingt. .... le..... à l'heure

de..... *à la requête de* (Noms, prénoms, professions ou qualités, domiciles des déclarants).

Je soussigné..... *huissier près le tribunal de*..... *domicilié à*.....

A fait d'abord sommation à (Préfet de police, préfet, sous-préfet, ou maire), *parlant à*.....

D'avoir à délivrer le récépissé d'une déclaration de réunion publique (ou électorale), *faite ce jour à l'heure de* ..... *par mes requérants, de laquelle déclaration je suis porteur et offre de remettre au dénommé, ledit récépissé devant être donné immédiatement, conformément à l'article 2, § 4 de la loi du 30 juin 1881,*

Lequel m'a répondu que... (ou bien *en l'absence de toute réponse ou de tout fonctionnaire représentant le dénommé....*)

J'ai en conséquence déclaré au dit M..... *parlant comme ci-dessus, qu'une réunion publique* (ou électorale) *sera tenue à*...... *le*..... *à l'heure de*..,..

Lui déclarant que le présent vaudra récépissé, conformément à l'art. 2, § 5 de la loi susvisée.

Et ont les requérants signé avec moi sur l'original et la copie.

Formule d'une attestation par témoins en cas de refus de récépissé.

Nous soussignés, 1....., *2*°..... (Noms, prénoms, professions ou qualités, domiciles des deux attestants) *attestons pour servir à qui de droit, que MM*..... (Noms, pré-

prénoms, professions ou qualités, domiciles des deux déclarants) *se sont présentés ce jour* (ou bien ont fait présenter telle personne) *à*..... (Préfecture, sous-préfecture ou mairie de...) *pour y faire la déclaration prescrite par l'article 2 de la loi du 30 juin 1881, en vue d'une réunion publique* (ou d'une réunion électorale) *qui se tiendra à*....., *le*..... *à*..... *heure du soir.*

En foi de quoi nous avons signé la présente déclaration conformément à l'article 2, § 5 de la loi susvisée.

(Date, heure et signatures).

3. Des lieux et heures interdits.

Lieux interdits. — « *Les réunions*, dit l'art. 6 de la loi de 1881, *ne peuvent être tenues sur la voie publique.* »

La loi de 1868 disait au contraire: « Une réunion ne peut être tenue que dans un local clos et couvert. » De la seule comparaison de ces deux textes, il résulte qu'une réunion peut très bien actuellement avoir lieu en plein air, pourvu que ce ne soit pas sur une *voie publique* c'est-à-dire dans un endroit (rue ou place) servant à la circulation publique.

Toute réunion, tout rassemblement se tenant sur la voie publique sera donc considéré comme un attroupement, et, comme tel, soumis à la loi du 7 juin 1848 actuellement en vigueur. (V. cependant *infrà* le chap. de l'attroupement).

En 1879, le premier projet de la Commission de la Chambre mentionnait le droit pour les maires d'autoriser, quand ils le voudraient, la tenue d'une réunion sur la voie publique ; le projet du Gouvernement, auquel s'est ralliée la Commission, ainsi que le projet du 15 mai 1880 sont, comme la loi actuelle, muets à cet égard, ce droit étant déjà reconnu aux maires par des lois antérieures (1).

Heures interdites. — Les réunions « *ne peuvent se prolonger au-delà de 11 heures du soir ; cependant dans les localités où la fermeture des établissements publics a lieu plus tard, elles pourront se prolonger jusqu'à l'heure fixée par la fermeture de ces établissements.* »

Cette rédaction, très-libérale, contient encore une innovation. La loi de 1868 disait seulement art. 3 « *une réunion... ne peut se prolonger au-delà de l'heure fixée par l'autorité compétente pour la fermeture des lieux publics.* » Quelle que fût cette heure, il n'y avait donc aucun minimum légal. Il en était de même dans le projet du Gouvernement adopté par la Commission : c'est la Chambre qui a ajouté le minimum de 11 heures que nous voyons figurer dans son projet du 15 mai 1880.

(1) « Les édifices publics ou communaux ne pourront être affectés, même temporairement à ces réunions. » disait le décret de 1848 sur les clubs. Aucune interdiction de ce genre ne figurant dans la loi de 1881, il en résulte que des réunions pourront se tenir dans ces édifices.

· Mais est-ce vraiment un minimum ? M. Constant soutient la négative et reconnaît au maire le droit de fixer à une heure moins tardive la fermeture des réunions dans sa commune. C'est, selon nous, absolument contraire à l'esprit de la loi 1881 : nous en trouvons la preuve dans la rédaction de l'art. 6 tel qu'il figure dans le projet voté par la Chambre « *les réunions... pourront se prolonger jusqu'à 11 heures du soir, et, dans les localités etc...* comme dans le texte actuel. » La forme affirmative « *pourront se prolonger* » indique bien un droit dont tout organisateur de réunion, si pour le reste il s'est conformé à la loi, pourra se prévaloir.

4. Du Bureau.

Son utilité. — Une assemblée, personne ne l'a jamais nié, a toujours besoin d'une direction, sans laquelle elle n'est plus qu'un rassemblement tumultueux.

Sa composition. — « — *Chaque réunion,* dit l'art. 8 de la loi de 1881, *doit avoir un bureau composé de 3 personnes au moins.* »

Ajoutons que l'une d'elles aura le titre de président.

(1) M. Constant se fonde sur la loi des 16-24 août 1790 titre XI, art. 3, aujourd'hui abrogée et remplacée par la loi municipale de 1884 art. 92, qui donne, comme elle, aux maires le droit de prendre, les mesures de police propres à assurer *le maintien du bon ordre dans les endroits où il se fait de grands rassemblements d'hommes.*

C'était même là la rédaction de l'art 4. de la loi de 1868 :
« *Chaque réunion doit avoir un bureau composé d'un président et de deux assesseurs au moins.* » En 1879, la Commission de la Chambre, dans son premier projet, n'exigeait à la tête des réunions que la présence d'un président, sans assesseurs. Elle consentit cependant à se rallier à la proposition du Gouvernement, laquelle était conforme au texte de la loi actuelle.

Comme l'indique l'art. 8, le nombre de trois n'est qu'un minimum. Mais il sera toujours préférable, au cas d'une décision à prendre par le bureau, que le nombre des assesseurs soit pair, sinon la voix du président devrait être prépondérante.

Sa formation. — « *A défaut de désignation par les signataires de la déclaration,* dit l'art. 8, *les membres du bureau sont élus par l'assemblée* » ajoutons « *ou acceptés par elle, d'une façon expresse ou tacite.* »

Quant aux contestations que peut faire naître cette désignation du bureau, l'assemblée est souveraine et les tribunaux incompétents.

Ses attributions. — « *Le bureau,* dit l'art. 8 de la loi de 1881, *est chargé de maintenir l'ordre, d'empêcher toute infraction aux lois, de conserver à la réunion le caractère qui lui a été donné par la déclaration, d'interdire tout discours contraire à l'ordre public et aux bonnes mœurs, ou contenant provocation à un acte qualifié crime ou délit.* »

Les moyens dont peut disposer le bureau pour obéir

à ces prescriptions de la loi consisteront à interpeller le ou les individus qui s'en écartent, et s'il ne peut obtenir le résultat cherché, à lever la séance ou à prier le délégué de l'administration de faire usage de son droit de dissolution ; lorsque le bureau déclare la séance levée, il se retire ; la réunion, ainsi privée de son bureau, si elle refuse de se disperser, n'est plus alors qu'un attroupement, soumis à la loi du 7 juin 1848. Le bureau n'est plus tenu aujourd'hui, nous le savons, de faire respecter « l'ordre du jour ».

Si le bureau méconnaît son devoir, il est lui-même passible de pénalités que nous étudierons plus bas et peut à ce titre être l'objet de poursuites directes. Toutefois, si le bureau n'est choisi que durant la réunion même, il ne sera responsable qu'à partir du moment de son élection : « *Les membres du bureau,* dit l'art. 8 in fine, *et jusqu'à la formation du bureau, les signataires de la déclaration, sont responsables des infractions aux prescriptions des art. 6, 7 et 8 de la présente loi.* »

Jurisprudence. — A propos du rôle du bureau, supposons qu'après la déclaration du président d'une réunion publique que la séance est levée, la réunion ait continué, sur une réclamation qui s'est produite avant que les membres du bureau et les assistants aient quitté leurs places, et sans que la dissolution de la réunion ait été prononcée par le délégué de l'administration, la réunion peut alors se continuer régulièrement du consentement du bureau et de l'assemblée, et ce, sans que de nouvelles formalités soient nécessaires (Arrêt de Cassation, 24 janvier 1890.) (1).

5. Du fonctionnaire délégué.

Ses attributions. — « *Un fonctionnaire de l'ordre administratif ou judiciaire peut être délégué, à Paris, par le préfet de police, et dans les départements, par le préfet, le sous-préfet ou le maire pour assister à la réunion.*

Il choisit sa place.

Il n'est rien innové aux dispositions de l'article 3 de la loi des 16-24 août 1790, de l'article 9 de la loi des 19-22 juillet 1791, et des articles 9 et 15 de la loi du 18 juillet 1837 » (2), ainsi parle l'article 9 de la loi de 1881.

La délégation de ce fonctionnaire n'est pour l'autorité qu'un droit et non une obligation. Il en résulte que le bureau peut ouvrir la séance, sans attendre l'arrivée du délégué, même lui fût-elle annoncée, et que l'absence momentanée de ce dernier n'interrompt pas le cours de la discussion.

La loi de 1868 exigeait qu'il fût revêtu de ses insignes : il n'en est plus de même aujourd'hui. Toutefois, il doit être muni d'un pouvoir spécial, dont le bu-

(1) Voy. Sirey. 1890. 1.191.

(2) Parmi ces dispositions, celles de 1870 et 1837 ont été, depuis lors, abrogées et remplacées par la loi municipale du 5 avril 1884.

bureau peut demander la représentation. Faute de quoi
le bureau est en droit de dénier au fonctionnaire tout
caractère officiel et de ne le considérer que comme un
simple particulier.

Le délégué peut choisir sa place, mais non celle de
ceux qui l'accompagnent : il pourrait même exiger qu'on
lui donnât celle déjà occupée par une autre personne.

Le délégué n'est pas comme autrefois le grand maître de l'assemblée : il ne peut même pas prendre part
aux délibérations du bureau,

Il n'est pas tenu de dresser procès-verbal des faits
qui viennent à se produire. S'il le fait, son procès-verbal ne fera pas foi en justice jusqu'à inscription de
faux, aucune loi ne lui donnant ce privilège, mais seulement jusqu'à preuve contraire ; l'art 154 du Code d'instruction criminelle dit en effet. « *Quand aux procès-
verbaux et rapports faits par des agents, préposés ou
officiers auxquels la loi n'a pas accordé le droit d'en être
crus jusqu'à inscription de faux, ils pourront être débat-
tus par des preuves contraires, soit écrites soit testimo-
niales, si le tribunal juge à propos de les admettre.* » En
outre, ce procès-verbal n'étant qu'un mode de preuve et
non la base nécessaire de la poursuite, il ne sera pas
indispensable qu'il soit, avant cette poursuite, signifié
au prévenu.

Son droit de dissolution. — « *Toutefois*, dit l'art. 9 de la
loi actuelle, *le droit de dissolution ne devra être exercé
par le représentant de l'autorité que s'il en est requis par*

le bureau, ou s'il se produit des collisions et voies de fait. » Dans tous les autres cas d'une infraction quelconque aux lois, le délégué ne peut que dresser procès-verbal du fait délictueux et le communiquer à l'autorité judiciaire, au Procureur de la République qui se chargera de la poursuite. Ajoutons qu'on ne pourra jamais bien entendu arguer de la présence d'un repré-sentant de l'autorité muni du droit de dissolution, comme mettant obstacle à l'action du pouvoir judiciaire. Ainsi jugé par la Cour d'appel de Paris (appels correc-tionnels) le 25 février 1869.

Ce droit de dissolution du délégué est maintenant bien diminué ; nous nous demanderons même plus loin s'il est aujourd'hui suffisant.

La loi de 1868 art. 6 disait en effet : « *Le fonction-naire qui assiste à la réunion a le droit d'en prononcer la dissolution : 1° Si le bureau bien qu'averti, laisse mettre en discussion des questions étrangères à l'objet de la réu-nion ; 2° si la réunion devient tumultueuse.* »

En 1880, le projet du Gouvernement, tel qu'il fut pré-senté à la Chambre, offrait une rédaction analogue ; il disait, art. 9. « *Il* (le fonctionnaire délégué) *est autorisé à prononcer la dissolution de la réunion :*

  1° Si le bureau, après 3 avertissements, laisse mettre en discussion des questions étrangères au sujet indiqué dans la déclaration, ou maintient la parole à qui commet-trait un délit prévu par les lois. » La Commission refusa d'admettre ce premier paragraphe ;

2° (Paragraphe admis par la Commission), *Si la réunion méconnait l'autorité du président, ou si elle devient tumultueuse, sans préjudice du droit qui lui appartient de dresser procès-verbal de toute contravention aux lois.* »

C'est ce projet du Gouvernement qui fut voté par la Chambre, à l'exception seulement de ce membre de phrase « *laisse mettre en discussion des questions étrangères au sujet indiqué dans la déclaration* », devenu inutile puisque le projet de la Chambre supprimait dans la déclaration la mention de *l'ordre du jour*.

C'est au Sénat, plus libéral que la Chambre (et peut-être trop) qu'est due la rédaction actuelle, la Chambre haute s'étant rangée à l'opinion de son rapporteur, M. Labiche, qui l'engageait à ne pas mettre les assemblées sous la *tutelle* d'un fonctionnaire *parfois peu capable, presque toujours incompétent* et sujet à bien des erreurs d'appréciation.

6. *Du pouvoir des Maires et du Préfet de police.*

Les pouvoirs de police des maires (ou du préfet de police) en matière de réunions publiques sont actuellement régis par les lois générales sur la police municipale, auxquelles la loi de 1881 n'a aucunement dérogé.

Cependant, ne jugeant pas inutile un excès de précautions, le législateur de 1881 a tenu à le rappeler : « *Il n'est*, dit l'art 9, *rien innové aux dispositions de l'art. 3 de la loi des* 16-24 *août* 1790, *de l'art.* 9 *de la loi des* 19-22 *juillet* 1791 *et des art.* 9 *et* 15 *de la loi du* 18 *juillet* 1837. »

De ces dispositions, la première et la troisième ont été, depuis lors, abrogées et remplacées par la loi actuellement en vigueur du 5 avril 1884 sur « l'organisation municipale », dont l'art. 168 porte notamment « *sont abrogés* : « 1° *Le titre* XI, *art.* 3 *de la loi des* 16-24 *août* 1790..... 6° *la loi du* 18 *juillet* 1837. »

Il en résulte que le pouvoir de police des maires, en ce qui touche aux réunions publiques est aujourd'hui régi par la loi des 19-22 juillet 1791, non abrogée, et par la loi municipale de 1884.

La loi des 19-22 juillet 1791, relative «à l'organisation d'une police municipale et correctionnelle », après avoir reconnu que la police municipale « *a pour objet le maintien habituel de l'ordre et de la tranquillité de chaque lieu* », décide dans son art. 46 qu' « *Aucun tribunal de police municipale ni aucun corps municipal ne pourra faire de règlements* » mais que « *le corps municipal néanmoins pourra, sous le nom et l'intitulé de délibération, faire des arrêtés sur les objets qui suivent :*

1° *Lorsqu'il s'agira d'ordonner les précautions locales sur les objets confiés à sa vigilance et à son autorité...*

2° *de publier de nouveau les lois et règlements de police, ou de rappeler les citoyens à leur observation.* »

Quant à la loi de 1884, son article 97, relatif au

droit de police des maires, contient notamment les dispositions suivantes :

Art. 97. « *La police municipale a pour objet d'assurer le bon ordre, la sûreté et la salubrité publiques. Elle comprend notamment : ..... 2° le soin de réprimer les atteintes à la tranquillité publique, telles que.... le tumulte excité dans les lieux d'assemblée publique....., et tous actes de nature à compromettre la tranquillité publique ; 3° le maintien du bon ordre dans les endroits où il se fait de grands rassemblements d'hommes...* »

Enfin les attributions du préfet de police, en ce qui concerne les réunions publiques, sont régies par le décret du 12 messidor an VIII et l'arrêté de brumaire an IX. Elles sont à cet égard pour Paris les mêmes que celles des maires de toutes les autres communes, ce Préfet étant au point de vue de la police un véritable maire de Paris ; ajoutons qu'en ce qui concerne la police des réunions (nous l'avons déjà dit à propos de la *Déclaration préalable*) c'est à *Paris seul* que s'étend la compétence du préfet de police et non aux autres communes de la Seine et aux trois de Seine-et-Oise qui, elles, ne sont sous sa dépendance qu'à certains points de vue fixés par l'arrêté de brumaire an IX. En conséquence c'est aux maires de ces communes qu'incombera la surveillance des réunions ; nous en dirons autant, contrairement à l'opinion de M. Marie (1) pour

(1) Eléments de Droit administratif. Chapitre LI. Organisation municipale de la ville de Lyon pag. 395-6.

la commune de Lyon et celles qui composent l'agglo-
mération Lyonnaise, (Caluire, Cuire, Oullins, Sainte-
Foy, Saint-Rambert, Villeurbanne, Vaux-en-Velin,
Bron, Venissieux et Pierre-Bénite, du département du
Rhône et Sathonay, du département de l'Ain.)

D'après la jurisprudence administrative du département du Rhône, c'est, en effet, dans ces communes, à la
municipalité, *aux maires* qu'appartient la police des
réunions, en conformité du 2ᵉ alinéa de l'article 105 de
la loi municipale du 5 avril 1884, qui porte : « Dans
ces communes (de l'agglomération Lyonnaise) les maires..... sont, en outre chargés du maintien du bon ordre
dans les foires, marchés, réjouissances et cérémonies publiques, spectacles, jeux, cafés et autres lieux publics. »

La jurisprudence administrative du Rhône a inter-
prêté ce texte dans le sens que nous venons d'indiquer.
M. Marie, au contraire, paraît attribuer dans ces
communes la police des réunions au Préfet du Rhône.
L'article 105 de la loi municipale de 1884, en effet,
porte dans son 1ᵉʳ alinéa :

« Dans les communes (de l'agglomération Lyonnaise)
les maires restent investis de tous les pouvoirs de
police conférés aux administrations municipales par
les paragraphes 1, 4, 5, 6, 7 et 8 de l'art. 97 (de cette
même loi). » M. Marie en conclut que les pouvoirs
de police, compris dans les second et troisième paragraphes de cet article 97 doivent appartenir au préfet du
Rhône, c'est-à-dire :

2° « le soin de réprimer les atteintes à la tranquillité
publique, telles que les rixes et disputes accompagnées
d'ameutement dans les rues, le *tumulte excité dans les
lieux d'assemblée publique*..... et tous actes de nature à
compromettre la tranquillité publique. »

8° Le maintien du bon ordre dans les endroits où il se
fait de *grands rassemblements d'hommes*..., tels que
les foires, marchés, réjouissance et cérémonies publiques,
spectacles, jeux, cafés, églises et *autres lieux publics.* »

Or cette interprétation de M. Marie est certainement
contredite par *le second alinéa de l'art. 105*, que nous
avons cité ; d'où, il nous faut conclure que ce n'est pas
intentionnellement, mais par *simple inadvertance* que
le législateur peu expert de 1884 a oublié dans l'art.
105 (1er alinéa) de mentionner les paragraphes 2 et 3
de l'art. 97 de la même loi municipale.

Mais de toutes les dispositions législatives relatives à
la police des réunions, il résulte que les maires (ou le
préfet de police) ne peuvent exercer sur les réunions
publiques leur pouvoir de police que dans un cas, celui
de *tumulte*, de *trouble matériel*, mais non d'*atteinte
verbale* portée aux lois dans un discours, ou d'une
infraction quelconque à la loi sur les réunions publiques.

Ces pouvoirs, ajouterons-nous, seront donc toujours
répressifs et jamais *préventifs*.

Le rôle des magistrats municipaux est, comme on
voit, d'un tout autre ordre que celui du fonctionnaire

délégué : mais, comme les siens, leurs procès-verbaux, dans ce cas, ne feront foi que jusqu'à preuve contraire (art. 154 C. I. Cr.).

Un point cependant rapproche les pouvoirs du maire de ceux du fonctionnaire délégué : ils sont égaux en cas de tumulte, et ne sont que répressifs et jamais préventifs, car ils ne prennent naissance qu'avec la réunion elle-même.

Ajoutons que le maire et le délégué sont entièrement indépendants l'un de l'autre, et qu'ils n'ont nullement à s'inquiéter de leurs décisions et conduite réciproques.

II. Des réunions publiques électorales

Elles sont aujourd'hui régies par l'ensemble de la loi du 30 juin 1881 et plus particulièrement par ses articles 3 et 5 qui leur sont spécialement affectés, et par la loi du 9 décembre 1884, portant modification aux lois sur l'organisation du Sénat et les élections des Sénateurs. Il n'en est, au contraire, fait mention dans aucune des lois relatives à l'élection des Députés. En conséquence, nous diviserons de la manière suivante les règles applicables aux réunions publiques électorales :

1° Règles applicables indistinctement à toutes les réunions électorales;

2° Règles applicables aux réunions électorales autres que celles ayant pour objet une élection sénatoriale ;

3⁰ Règles applicables aux seules réunions électorales pour une élection de sénateur.

I. Règles communes à toutes les réunions électorales.

Terminologie. — La définition des réunions électorales nous est donnée par la loi de 1881 elle-même dans son art. 5 « *La réunion électorale est celle qui a pour but le choix ou l'audition de candidats à des fonctions publiques électives* » ajoutons « *et à laquelle ne pourront assister que les personnes limitativement désignées par la loi.* » C'est même cette dernière partie de la phrase qui en est l'essentielle, car une réunion publique peut très bien avoir « *pour but le choix ou l'audition de candidats à des fonctions électives* » sans, pour cela, être admise par la loi aux privilèges des réunions électorales.

Toutes les réunions électorales, il est utile de le dire en commençant, sont régies par la législation générale des Réunions publiques, qui est contenue dans les articles 1, 2, (moins le dernier paragraphe), 4, 6, 7, 8, 9, de la loi de 1881, déjà étudiés par nous ainsi que dans les art. 10, 11, 12 et 13 de cette loi auxquels nous arriverons bientôt.

Il en résulte que les réunions électorales sont soumises, comme les réunions publiques ordinaires, à toutes les formalités de la Déclaration préalable (art. 2 et 4), à la prohibition de certains lieux et heures, à la nécessité du bureau, à la présence d'un fonctionnaire délégué.

Déclaration préalable. — La loi de 1881 exige, dans tous les cas, des organisateurs d'une réunion publique électorale, une déclaration préalable.

Tel n'était pas le sentiment, en 1879, de la commission de la Chambre. Elle proposait la dispense de toute déclaration, pour les réunions électorales tenues dans les communes de moins de 3.000 habitants ; mais pourquoi ne pas l'étendre alors dans ce cas spécial à toute réunion publique ? Le Gouvernement, s'appuyant sur le double principe qui avait dicté la nécessité de la déclaration (défense de l'ordre public et protection de l'assemblée), refusa de donner dans son projet l'hospitalité à cette proposition, que la commission consentit à abandonner. Cet abandon a été consacré par les Chambres.

Présence du Fonctionnaire délégué. — La loi de 1881 astreint les réunions électorales, comme toutes les autres réunions publiques à la présence possible d'un fonctionnaire délégué. Le projet de la Chambre, du 15 mai 1880, les en dispensait au contraire ainsi qu'une autre espèce de réunions que, nous allons le voir, la Chambre dotait des mêmes privilèges. L'art. 9 de ce projet portait en effet, in fine, *«sont exemptées de l'obligation portée au § 1er* (présence du délégué) *les réunions comprises à l'art. 3* (réunions électorales ou assimilées) *de la présente loi. »* Cette disposition, qui ne figurait pas aux projets du Gouvernement ni de la Commission, était due à un amendement de M. Maigne, député, qui soutenait que « la présence d'un commissaire de police est un signe de suspicion pour les assemblées auxquelles on l'impose ; dès lors, il ne serait pas convenable que le suffrage universel ne s'exerce que sous la suspicion et la surveillance de la police ; ce ne serait pas conforme à la majesté du peuple souverain, etc ».

Telle ne fut pas l'opinion du Sénat, qui refusa d'accorder un pareil privilège aux réunions électorales, et cette opinion a prévalu.

Privilèges des réunions électorales. — A côté de ces caractères, qui leur sont communs avec toutes les réunions publiques, il convient maintenant de placer les immunités dont elles jouissent et jouissent seules.

Elles consistent dans l'abréviation ou même la suppression du délai entre la déclaration et la réunion elle-même, et sont contenues, d'abord dans l'article 3 de la loi de 1881 qui nous dit : « *Ce délai* (entre la déclaration et la réunion) *sera réduit à 2 heures pour les réunions publiques électorales prévues à l'article 5 lorsqu'elles seront tenues dans la période comprise entre le décret ou l'arrêté portant convocation du collège électoral, et le jour de l'élection exclusivement.*

« *La réunion pourra avoir lieu le jour même du vote, s'il s'agit d'élections comportant plusieurs tours de scrutin dans la même journée.*

« *La réunion pourra alors suivre immédiatement la déclaration.* »

Bien que ces derniers paragraphes s'appliquassent

nécessairement aux réunions électorales ayant pour
objet la nomination d'un sénateur, la loi du 9 décembre
1884 l'a répété dans le nouvel article 16 dont elle a doté
celle du 2 août 1875, sur l'élection des sénateurs.

Ce nouvel article 16 porte en effet :

« *Les réunions électorales pour la nomination des
sénateurs pourront être tenues depuis le jour de la
promulgation du décret de convocation des électeurs
jusqu'au jour du vote inclusivement...*

« *Les formalités et prescriptions... de l'art.* 3 (de la
loi du 30 juin 1881) *seront observées.* »

Remarquons tout d'abord que ces immunités n'appartiennent pas de droit à toute réunion électorale,
telle que nous l'avons, d'après la loi, définie tout à
l'heure.

Pour qu'elle soit admise à en bénéficier, il faut en
outre *qu'elle soit tenue dans la période légale,* faute de
quoi ce n'est plus qu'une réunion ordinaire, soumise
comme telle au délai de 24 heures.

Cette période légale, la loi nous la fait connaître ;
c'est « la période comprise entre le décret ou l'arrêté
portant convocation du collège électoral et le jour de
l'élection, inclus ou exclus, suivant la nature de l'élection. » Cette période ouverte aux réunions électorales
a, dans la préparation de la loi de 1881, réuni tous les
suffrages ; elle figure en effet dans les projets de la
Commission, du Gouvernement et de la Chambre (15
mai 1880). C'était une innovation : la loi de 1868 por-

tait, en effet, dans son article 8 : « *Des réunions électo-*
rales peuvent être tenues à partir de la promulgation
du décret de convocation d'un collège pour l'élection
d'un député au Corps législatif jusqu'au cinquième jour
avant celui fixé pour l'ouverture du scrutin. »

Ce délai de *cinq* jours avant l'élection pendant lequel
toute réunion électorale (au moins en matière d'élection
législative) était défendue avait reçu le nom de *période*
de recueillement. Ses partisans pensaient mettre ainsi
l'électeur à *l'abri des influences et des impressions pré-*
cipitées qui pourraient altérer l'expression de ses vrais
sentiments, à l'abri de ce que l'on appelle de nos jours
les « manœuvres de la dernière heure » et dont les candidats ne se font jamais faute de s'adresser mutuellement le reproche.

Nous pensons qu'on a bien fait de supprimer ce temps
de *prétendu recueillement,* que rendait illusoire la
faculté de tenir des réunions électorales privées.

Revenons au privilège lui-même. Nous avons dit plus
haut que cette immunité n'appartient qu'aux seules
réunions électorales : c'est au Sénat qu'est due cette restriction. Le projet voté par la Chambre, le 15 mai 1880,
leur assimilait au contraire, tant au point de vue du
délai que de la dispense de déclaration dans certains cas dont nous avons déjà parlé, les réunions
tenues, même en dehors de toute période électorale,
par un mandataire du peuple dans sa circonscription ;
l'art. 3 de ce projet portait en effet, à la suite de la ré-

daction actuelle : « 2° *si elle* (la réunion) *est organisée par un sénateur, un député, un conseiller général ou un conseiller d'arrondissement dans les limites de la circonscription qui l'a élu.* » Ce texte avait d'ailleurs réuni les suffrages du Gouvernement et de la Commission. Le Sénat a jugé inutile et même imprudent d'accorder pareille immunité à un nombre aussi considérable de citoyens et la Chambre, en dernière analyse, à consenti à se rallier à cette manière de voir, malgré les protestations de M. Maigne qui demandait le rétablissement du § 2° supprimé.

Quant au délai de 2 heures entre la déclaration et la tenue de la réunion, c'est encore une innovation. « La réunion électorale, disait la loi de 1868, dans son art. 8, ne peut avoir lieu qu'un jour franc après la délivrance du récépissé qui doit suivre immédiatement la déclaration. » Ajoutons que sous l'Empire ce délai n'était jamais supprimé.

Cette abréviation du délai figurait déjà dans les projets de la Commission, du Gouvernement et de la Chambre (15 mai 1880).

Sa suppression complète (qu'il ne faut pas assimiler à celle de la *déclaration*, qui, elle, est toujours exigée) est au contraire due au Sénat, pour les cas d'élections comportant plusieurs tours de scrutin dans la même journée, notamment les élections sénatoriales.

Ces mesures de faveur sont, du reste, du tous points justifiées ; il arrive fréquemment, en effet, d'une part qu'un candidat ait à tenir, à des intervalles très rappro-

chés, de multiples réunions parfois imprévues, pour lesquelles le délai de 24 heures serait une véritable gêne,
et d'autres part, au cas de plusieurs tours de scrutin
dans le même jour, qu'il ait à faire jusqu'au dernier
moment d'importantes déclarations, telles qu'un désis-
tement de candidature, ce qui justifie la suppression
d'un délai même de 2 heures.

II. Règles applicables aux réunions électorales autres que celles ayant pour objet la nomination d'un sénateur.

Il s'agit ici de la composition de l'assistance.

Lorsqu'il s'agit d'une réunion autre que celles où
est débattue la nomination des Sénateurs, les personnes
qui limitativement y sont admises sont déterminées par
l'art. 5 de la loi de 1881 ; à cette réunion « *ne peuvent
assister que les électeurs de la circonscription, les candidats, les membres des deux Chambres et le mandataire de chacun des candidats.* »

Les électeurs de la circonscription. — Chacun s'accorde à reconnaître que la loi a sagement refusé l'entrée
des réunions électorales à tous autres qu'aux électeurs
de la circonscription et à quelques autres personnes
ayant un intérêt direct dans l'élection. Tel n'était pas l'o-
pinion de M. Chevandier, député qui, lors de la seconde
discussion du projet à la Chambre, demanda qu'en outre
on permit l'entrée de réunions électorales aux hommes
d'au moins 17 ans et aux femmes. Cet amendement fut
repoussé : il est en effet inutile et nuisible de permettre à

des gens étrangers à la circonscription d'agir sur les esprits et d'exercer sur les votes une influence injustifiable.

Comment se prouvera, à l'entrée de la salle de réunion, cette qualité d'électeur de la circonscription ? La loi étant muette à cet égard, il est, pensons-nous, arbitraire d'interdire l'accès de la réunion à tout individu qui ne pourrait faire la preuve de cette qualité : le seul pouvoir de l'autorité nous semble, à ce point de vue, se restreindre à constater cette infraction aux lois, qui expose son auteur aux pénalités établies par elles.

C'est donc en vertu d'une simple coutume, d'ailleurs fort rationnelle, que la carte d'électeur est d'ordinaire demandée à l'entrée des salles de réunions électorales.

Les candidats. — Cette admission des candidats aux réunions électorales n'a pas, naturellement, besoin d'être expliquée.

Quelle preuve leur demandera-t-on à l'appui de cette affirmation « qu'ils se portent candidats à l'élection en question ? » Sous l'Empire, on leur demandait de prêter serment, cette formalité a disparu.

Notons cependant qu'aux termes de la loi du 17 juillet 1889, relative aux candidatures multiples, art. 2 « Tout citoyen qui se présente ou est présenté aux élections générales ou partielles doit, par une déclaration signée ou visée par lui, et dûment légalisée, faire connaître dans quelle circonscription il entend être candidat. Cette déclaration est déposée, contre reçu provisoire, à la préfecture du département intéressé, le cinquième jour au plus tard avant le jour du scrutin. Il en sera délivré récépissé définitif dans les 24 heures. »

La question peut donc se poser de savoir si l'accès d'une réunion électorale ne pourrait pas être interdit à un prétendu candidat qui se refuserait à représenter *ce récépissé de déclaration de candidature.*

Nous pensons que, pas plus que la carte d'électeur, ce récépissé ne peut être exigé du candidat, aucune loi n'ayant subordonné à cette condition son admission à la réunion électorale. Ajoutons que ce récépissé peut, comme nous le lisons dans la loi de 1889, ne lui être, parfois, remis que 4 jours avant l'ouverture du scrutin. Lui refusera-t-on, dans ce cas, l'entrée de toutes les réunions électorales tenues depuis la convocation officielle des électeurs jusqu'à cette date ? Cette théorie est inadmissible.

Les mandataires des candidats. — Leur présence se justifie aisément. Il est souvent, vu la fréquence des réunions, impossible à un candidat d'assister à toutes en personne ; en outre, il peut lui être très utile de se faire assister d'une personne qui pourra, lui présent, lui fournir au besoin des documents ou renseignements utiles, et notamment, lui permettre de répondre à des objections tirées de discours préalablement prononcés par ce mandataire.

Le projet du Gouvernement (1) exigeait, pour permet-

_____

(1) Auquel s'était ralliée la Commission de la Chambre.

tre l'accès des réunions aux mandataires, que les candidats fussent absents de ces réunions « *ne pourront y assister*, disait l'art. 5 de ce projet, *que.... le mandataire de chacun des candidats, si ceux-ci n'assistent pas en personne à la réunion.* »

Sur un amendement de M. Gatineau, cette condition fut effacée avec assez de raison.

Jurisprudence. — Il résulte des termes mêmes de la loi que le mandataire, pour avoir accès dans la réunion, n'aura pas besoin d'être électeur de la circonscription. (Trib. correct. de Lille. 28 déc. 1892) (1).

D'autre part, comment se prouvera son mandat ? Il faut se référer sur ce point à l'art. 1985 Code Civ. qui nous dit : « Le mandat peut être donné ou par *acte public*, ou par écrit sous seing privé, même par *lettre*. » En conséquence une lettre missive (2), écrite par un candidat à un tiers, pour le prier de venir défendre sa candidature dans une réunion publique électorale, est suffisante pour constituer un mandat régulier et valable dans les termes de l'art. 5 de la loi du 30 juin 1881. (Trib. correct. de Lille, 28 déc. 1892).

Le mandataire d'un candidat peut être nommé membre ou président du bureau de la réunion électorale à laquelle il assiste, sans sortir des termes de son mandat, ni perdre par ce fait seul sa qualité de mandataire.

---

(1) Voy. Dalloz 1893 X. 2.290.
(2) Et même un simple télégramme. (Alger 7 avril 1884).

Ce n'est là, du reste, qu'une conséquence de ce principe que le président d'une réunion publique peut parfaitement, malgré cette qualité et sans en être dépouillé, y prendre la parole pour défendre une candidature électorale (même jugement de Lille).

Enfin ce jugement, interprétant les travaux préparatoires de l'art. 5 et l'amendement de M. Gatineau, constate que la présence du candidat à la réunion électorale ne fait pas obstacle à ce que le mandataire de ce candidat assiste lui-même à la réunion.

Les membres des deux Chambres. — Ce privilège accordé à tous les députés et sénateurs, sans qu'ils aient besoin d'être ni candidats ni même électeurs de la circonscription où a lieu la réunion, a soulevé les protestations de la plupart des auteurs. Et c'est justice. Il n'y a absolument, en effet, aucune raison pour leur accorder un droit (il est vrai que c'est d'eux-mêmes et d'eux seuls qu'ils le tiennent) qui leur permet de jouer dans les élections un rôle très puissant et de peser sur les votes de tout le poids d'une influence, qu'ils doivent le plus souvent aux électeurs d'une circonscription étrangère.

III. Règles applicables aux réunions électorales ayant pour objet une élection sénatoriale.

Ces réunions, nous l'avons déjà dit, sont soumises pour la plupart des cas (et la loi de 1884 prend soin de le répéter) aux règles générales des autres réunions électorales.

Elles en diffèrent toutefois sous deux rapports, celui
de la déclaration préalable et celui de la composition
de l'assistance.

Déclaration préalable. — La déclaration préalable
en matière de réunions électorales pour la nomination
d'un sénateur ne se distingue que par un point de détail de la déclaration des autres réunions électorales.
Il est contenu dans le § 2 du nouvel art. 16 de la loi
relative à l'élection des sénateurs (modifié par l'art. 8
de la loi du 9 décembre 1884) : « La déclaration prescrite par l'art. 2 de la loi du 30 juin 1881 sera faite
par deux électeurs au moins. »

Il en résulte que ce sont *deux électeurs faisant partie
du collège sénatorial* qui devront signer la déclaration.
Pour les autres réunions électorales au contraire, la
qualité d'*électeur de la circonscription* n'est jamais
exigée (aux termes de l'art. 2 de la loi de 1881) que
d'*un seul* des déclarants.

Composition de l'assistance. — Elle est déterminée
par la loi du 9 décemb. 1884 (art. 8 qui modifie l'art. 16
de la loi de 1875) : » Les membres du Parlement élus ou
électeurs dans le département, les électeurs sénatoriaux,
délégués et suppléants, et les candidats, ou leur mandataire, peuvent seuls assister à ces réunions. » La loi de
1884 contient, comme on voit, deux innovations : d'abord
les membres du Parlement n'auront l'accès des réunions électorales sénatoriales qu'à la condition d'être *élus
ou électeurs dans le département*, ce dont il y a lieu de

se louer ; en outre, comme nous l'avions vu déjà figurer dans le projet gouvernemental de la loi de 1881, les mandataires des candidats n'auront accès dans l'assemblée qu'en l'absence de ceux-ci.

Enfin, nouvelle différence avec les autres réunions électorales, la loi de 1884 ordonne que « l'autorité municipale veille à ce que nulle autre personne ne s'y introduise. »

Justification exigée des assistants. — Contrairement à ce qui a lieu pour les autres assemblées électorales, dont la loi n'a soumis l'accès à aucune justification, « les délégués et suppléants justifieront de leur qualité par un certificat du maire de la commune ; — les candidats ou mandataires par un certificat du fonctionnaire qui aura reçu la déclaration dont il est parlé au paragraphe 2. » Quant aux électeurs de droit (députés, conseillers généraux ou d'arrondissement) (1) aucune justification ne semble exigée d'eux, la loi ayant sans doute jugé leur personnalité assez connue dans la circonscription.

III. Règles applicab'es à toutes les réunions publiques (ordinaires et électorales).

Ces règles sont contenues dans les art. 10, 11, 12 et 13 de la loi du 30 juin 1881, ainsi que dans les art. 23 à 41, 45 et 60 de la loi sur la presse du 29 juillet 1881 modifiée, pour les art. 23 et 24, par la loi du 12 dé-

_____

(1) Ou membres des *conseils locaux* dans l'Inde française.

cembre 1893 et pour les art. 45 et 60, par celle du 16 mars 1893.

Ces règles s'appliquent aux pénalités et responsabilités, à l'abrogation de certaines dispositions légales, ainsi qu'à la sphère d'application de la loi de 1881.

I. Responsabilités et pénalités.

Responsabilités.

Avant de parcourir les diverses pénalités édictées à l'occasion des contraventions, délits ou crimes auxquels une réunion publique peut donner naissance, il convient, tout d'abord, de nous demander quelle responsabilité pèse sur les divers acteurs que nous voyons y figurer.

Responsabilité des déclarants. — Il est une condition essentielle à la naissance de cette responsabilité, c'est que les infractions qu'ils ont commises aient été effectivement suivies de la tenue d'une réunion ; si cette réunion n'a pas eu lieu, ils n'ont à craindre aucune pénalité ; l'ordre public n'ayant souffert aucun préjudice, l'intérêt social, qui met en mouvement l'action publique, fait défaut.

Les déclarants sont responsables :

Si la déclaration ne porte pas deux signatures ;

Si l'un des signataires n'est pas domicilié dans la commune ou (dans le cas de réunion électorale sénatoriale), si les deux signataires ne sont pas électeurs sénatoriaux dans le département où s'est tenue la réunion ;

Si les signataires ne jouissent pas de leurs droits civils et politiques ;

Si leurs noms, qualités et domiciles ne sont pas indiqués avec exactitude ;

Si la déclaration n'indique pas avec précision le lieu, le jour et l'heure ;

Si elle ne mentionne pas le but de la réunion ;

Si elle n'a pas été remise à l'autorité compétente ;

Enfin les déclarants sont encore responsables jusqu'à la formation du bureau de toutes les infractions aux prescriptions des art. 6, 7 et 8 de la loi de 1881.

Jurisprudence. — C'est à tort qu'un tribunal de simple police (Jug. du trib. de simple police d'Amiens, 29 janv. 1888. Voy. Gaz. du Palais 1888) saisi d'une prévention d'infraction à la loi sur les réunions publiques relaxe le prévenu signataire de la déclaration de cette réunion sous le prétexte que l'élection du bureau devant être faite par l'assemblée à défaut de désignation par les déclarants, la contravention ne pourrait être reprochée à l'inculpé ; ce n'est là qu'une faculté laissée par la loi aux organisateurs de la réunion, et cette loi créant la responsabilité des déclarants pour toutes les infractions énoncées aux art. 6, 7 et 8, il faut nécessairement y comprendre la non-formation du bureau. (Arrêt de Cassat. du 29 mars 1889 (1). On y lit

---

(1) Voy. Dalloz 1889 première partie, 436. — Sirey 1889 1re part. 288. — Gaz. des Trib. 1889 numéro du 6 avril.

en effet «.....Attendu... qu'en effet la loi du 30 juin 1881
sans établir de distinction entre les diverses prescriptions qu'elle édicte dans ses art. 6, 7 et 8, dispose expressément (art. 8 § 3) que jusqu'à la formation du
bureau, les organisateurs de la réunion, signataires
de la déclaration, sont responsables [des infractions à
ses prescriptions; qu'au nombre desdites prescriptions
est celle qui veut que toute réunion publique ait un
bureau chargé de maintenir l'ordre, d'empêcher toute
infraction aux lois et de conserver à la réunion le
caractère qui lui a été donné par la déclaration; et que
si le § 2 de l'art. 8 laisse aux organisateurs de la réunion la faculté de désigner les membres du bureau
ou de les faire élire par l'assemblée, le défaut de constitution préalable d'un bureau n'en constitue pas
moins dans tous les cas une contravention dont la responsabilité pénale incombe aux signataires de la déclaration, etc. »

Responsabilité du bureau. — Une double responsabilité pèse, comme c'est du reste naturel, sur les membres
du bureau ; ils sont responsables, tant des conditions
préparatoires que des faits concomitants de la tenue de
la réunion. Une fois, en effet, qu'ils ont accepté leur
mission, quoi de plus juste que de leur demander de
s'assurer de l'accomplissement des formalités exigées
par la loi, tant avant que pendant la séance qu'ils sont
chargés de présider. Ils réunissent tous les pouvoirs, il

est naturel qu'ils aient la charge des obligations qui en dérivent.

Ils auront donc, d'une part, quant à la préparation de la réunion, toutes les responsabilités qui, nous l'avons vu, incombent aux déclarants, et d'autre part, en ce qui concerne la tenue de la séance, ils seront responsables :

S'il n'y a pas eu de déclaration préalable ;

Si la réunion a lieu avant l'expiration du délai qui doit suivre la remise du récépissé ;

Si elle se tient dans un lieu ou à une heure interdits par la loi ;

Si le bureau ne se compose pas des trois personnes exigées par la loi ;

S'ils négligent de s'efforcer de maintenir l'ordre, d'empêcher toute infraction aux lois, d'interdire tout discours contraire à l'ordre public et aux bonnes mœurs ou contenant provocation à un acte qualifié crime ou délit ;

S'ils laissent la réunion changer de caractère ;

Si la réunion se tient en dehors de la période détermi- née par la loi (il s'agit ici des réunions électorales).

Ajoutons que, conformément à la jurisprudence de la Cour de Cassation, les membres du bureau encour- raient toutes les resposabilités que nous venons d'énu- mérer, alors même qu'ils ne seraient ni désignés par les déclarants ni élus par l'assemblée. Bien que ne consti- tuant pas alors un *bureau régulier*, ils n'en constitue- raient pas moins un *bureau*, responsable comme tel des infractions commises à l'occasion de la réunion.

Jurisprudence. — Les membres du bureau d'une réunion publique (1) sont responsables pénalement des contraventions résultant du défaut de déclaration préalable (Cassat. Chambre Criminelle, 9 décembre 1882 et 9 mars 1883) ou de l'irrégularité de la déclaration (Cassat. Chambre criminelle, 9 mars 1883).

En ce qui concerne le défaut de déclaration, le premier arrêt cité porte notamment « ..... attendu qu'en procédant en l'absence de déclaration, les membres du bureau contreviennent aux dispositions tant des art. 1, 2 et 4 qui la prescrivent et en précisent l'objet qu'à celle de l'art. 8 qui oblige le bureau à conserver à la réunion le caractère qui doit lui être donné par la déclaration, etc. » (2).

Inversement, les membres du bureau d'une réunion publique ne peuvent être responsables des désordres qui se produisent dans la réunion, alors qu'il est constant en fait que loin de tolérer le désordre, ils y ont mis fin par l'expulsion de celui qui s'en était rendu l'auteur et que le président n'a pas hésité à lever la séance aussitôt que la demande lui en a été adressée par le commis-

(1) Soit qu'ils aient pris d'eux-mêmes cette qualité, soit qu'ils la tiennent d'une élection par l'assemblée.

(2) Voy. Dalloz 1884 première partie. — Journal *le Droit* 1882 page 292. — Gaz. des Trib. 1882, 10 décembre; 1883 31 mars. — Sirey 1882. 1.438. — 1885. 1. 140.

saire de police délégué. (Arrêt de Cassat. 24 janvier
1890) (1).

De même encore les membres du bureau d'une réunion publique *électorale* ne seront pas responsables de
l'infraction résultant de ce que, contrairement à la prohibition de l'art. 5 de la loi du 30 juin 1881, un certain
nombre de femmes et de jeunes gens non encore électeurs se sont introduits dans la salle de la réunion
(même arrêt).

Responsabilité des organisateurs. — Les organisateurs d'une réunion peuvent très bien ne pas s'identifier
avec les déclarants, (ceux-ci peuvent en effet se contenter de signer la déclaration sans collaborer aux mesures prises pour préparer la réunion).

La responsabilité des organisateurs (qui n'est d'ailleurs pas mentionnée par la loi), nous semble n'exister
qu'assez rarement. C'est d'abord lorsqu'il n'y a pas eu
de déclaration ou qu'il a été fait une déclaration irrégulière et qu'il n'y a pas ou pas encore de bureau. Ils en-
courent alors l'ensemble des responsablités que nous
avons précédemment énumérés à la charge du bureau.
Il faut encore mentionner à leur charge la responsabilité de n'avoir formé aucun bureau ; ou enfin d'attirer
le public à une réunion (au moyen d'affiches ou autrement) par des promesses (telles que l'audition de tel ou
tel orateur) qu'ils savent ne pas devoir se réaliser
escroquerie).

(1) Voy. Sirey 1890. 1.191. — Gazette du Palais 1890.

Jurisprudence. — Les organisateurs d'une réunion publique sont (aussi bien que les membres du bureau) responsables pénalement des contraventions qui résultent du défaut de déclaration préalable (Cassat. Chambre Criminelle, 9 déc. 1882 ; idem, 9 mars 1883) ou de l'irrégularité de la déclaration (Cass. 9 mars 1883) (1).

Seront passibles des peines de l'escroquerie les organisateurs d'une réunion publique payante qui y attirent le public à l'aide de promesses mensongères : le tribunal correctionnel de Paris a, le 14 mai 1888 (2), condamné pour escroquerie, à des peines variant de 1 à 6 mois d'emprisonnement, des organisateurs inculpés d'avoir sur leurs affiches mentionné, sans le consentement de ceux-ci, l'audition d'orateurs qui n'ont pas paru à la réunion.

Responsabilité des assistants. — La responsabilité des assistants peut être de deux natures différentes : la première résulte du fait seul de leur présence dans une réunion dont ils n'ont pas l'accès aux termes de la loi, ce fait ne peut se produire qu'au sujet des réunions électorales, dont l'assistance est limitativement fixée par les lois de 1881 et de 1884 (3) ;

(1) Voy. Dalloz, 1884 première partie. — Journal *le Droit* 1882, page 292. — Sirey 1882 1.438. Sirey 1885 1.140. — Gaz. des Trib. 1882) 10 décembre ; 1883, 31 mars.

(2) Voy. Gaz. des Trib. 1888, 16 mai.

(3) Elle résulte encore de leur refus d'obéir aux ordres du fonctionnaire délégué, agissant dans la sphère de ses droits, ou aux

La seconde résultera des délits ou crimes par eux commis au sein d'une réunion publique.

Pénalités

Il y a lieu de distinguer en deux catégories les pénalités édictées contre les infractions commises à l'occasion d'une réunion publique : pénalités édictées contre les infractions à la loi de 1881 ; pénalités édictées contre les crimes et délits qui pourraient être commis dans les réunions.

Pénalités relatives aux infractions à la loi de 1881.

Elles font l'objet des articles 10 et 11 de cette loi.

ART. 10. « Toute infraction aux dispositions de la présente loi sera punie des peines de simple police, sans préjudice des poursuites pour crimes et délits qui pourraient être commis dans les réunions.

ART. 11. « L'article 463 du Code pénal est applicable aux contraventions prévues par la présente loi. L'action publique et l'action privée se prescrivent par 6 mois. »

Les infractions à la loi de 1881 sont donc toutes, sans exception, des contraventions, soumises comme telles aux peines de simple police. Ces peines, nous le savons, sont énumérées notamment dans les articles 464, 465, 466 et suivants du Code pénal. Rappelons en quoi elles consistent :

injonctions du bureau (M. Constant toutefois conteste ce dernier point).

(1) Que nous venons d'énumérer au chapitre des diverses responsabilités.

Art. 464. « Les peines de police sont :

L'emprisonnement,

L'amende,

Et la confiscation de certains objets saisis. »

Art. 465. « L'emprisonnement, pour contravention de police, ne pourra être moindre d'un jour, ni excéder cinq jours... »

Art. 466. « Les amendes pour contravention pourront être prononcées depuis 1 franc jusqu'à 15 francs inclusivement... »

Art. 467. « La contrainte par corps a lieu pour le paiement de l'amende... »

Nous avons, à dessein, tenu à citer ces textes, pour bien montrer que rien dans la loi pénale ne vient défendre au juge de prononcer cumulativement, s'il le trouve utile, une condamnation à l'amende et une à l'emprisonnement, à l'occasion d'une même contravention : de même que rien ne vient lui prescrire de ne prononcer, dans le cas d'une première contravention, que la peine la moins forte, c'est-à-dire l'amende. Telle est, avec raison, la jurisprudence de la Cour de cassation, tant sur les contraventions en général que sur celles énumérées par la loi de 1881 (Cassat. 22 juillet 1882.) (1).

Les infractions à la loi sur la liberté de réunion étant des contraventions comme les autres, il en résulte

(1) Voy. Dalloz 1883. 1.45. — Sirey, 1883. — Gaz. des Trib. 1882, 29 septembre.

qu'elles en présenteront tous les caractères. En conséquence :

La question d'intention ne doit pas être prise en considération ; on n'admettra donc pas les excuses tirées
de l'erreur ou de la bonne foi du délinquant : (Voy.
Cassat. 13 nov. 1858; 9 décemb. 1859 ; 27 avril 1860 ;
22 fév. et 5 déc. 1863 ; 2 janv. 1864).

Toutefois, comme le dit l'arrêt de Cassat. du 9 déc.
1859 : « il faut du moins que le fait poursuivi ait été
librement et volontairement accompli. »

De même sera admise l'excuse tirée de la force majeure, dont il est toujours tenu compte en matière
pénale.

Les principes généraux de la complicité ne s'appli-
queront pas ici (Cass. 26 décemb. 1857) ; nul ne pourra
être recherché ou puni comme complice d'une contravention à la loi de 1881.

Les délinquants ne pourront être excusés sous prétexte de permissions à eux accordées par l'autorité municipale au mépris des prescriptions de la loi. (Cassat.
8 et 22 août 1856 ; 13 avril 1861 ; 27 avril 1866).

Enfin, les infractions à la loi de 1881 commises par des
militaires ou des marins sont, aux termes des Codes
militaire (art. 271) et maritime (art. 369) de la compétence
des autorités militaires, qui ne peuvent infliger au
délinquant un emprisonnement supérieur à 2 mois.
Cette pénalité est pareillement applicable aux gendarmes
(Cassat. 21 nov. 1873).

La disposition de la loi de 1881 qui fait des infractions à cette loi des contraventions de simple police ne figurait pas dans le projet du Gouvernement, auquel s'était ralliée la Commission de la Chambre. On y lisait au contraire, art. 11 « Toute infraction aux articles 2, 3, 4, 5, 6, 7, 8, 9 et 10 (1) sera punie d'une amende de 100 à 500 fr. et d'un emprisonnement de 15 jours à 2 mois ou de l'une de ces deux peines, suivant les cas, sans préjudice des poursuites pour crimes, etc. »

Un député, M. Gatineau, fit comprendre à la Chambre combien ces peines étaient excessives, ajoutant que leur principal résultat serait de faire du condamné une victime aux yeux du public et de lui donner une célébrité dont il saurait tirer parti notamment dans une période électorale. Ces arguments prévalurent et décidèrent la Chambre, dans son projet du 15 mai 1880, à adopter la rédaction actuelle.

L'art. 11 déclare applicable aux infractions à la loi de 1881 l'art. 463 du Code Pénal, qui a trait à l'admission des circonstances atténuantes. Le résultat de leur admission sera alors de faire « prononcer séparément l'une ou l'autre des deux peines (amende ou emprisonnement) et même substituer l'amende à l'emprisonnement, » aux termes du décret du 27 nov. 1870.

---

(1) « *et* 10 » était seul repoussé par la Commission qui n'admettait pas l'art. 10 (*ajournement possible des réunions par l'administration*).

Le même article 11 déclare prescrites par 6 mois l'action publique et l'action privée.

Le délai ordinaire est, nous le savons, d'une année, mais cette faveur se justifie aisément.

Pénalités relatives aux crimes et délits commis dans les réunions publiques.

La loi de 1881, dans son art. 10 fait allusion à ces pénalités, en disant «... sans préjudice des poursuites pour crimes et délits qui pourraient être commis dans les réunions. »

Nous les trouvons énumérées dans le Code pénal (1) et dans la loi sur la presse qui a suivi de près la loi sur les réunions (29 juillet 1881). Elles sont contenues surtout dans les art. 23 à 37 (moins l'art. 27), ainsi que l'art. 45 de cette loi dont nous ne croyons pas inutile de donner ici le texte, en y joignant celui des modifications dues aux lois des 16 mars et 12 décembre 1893 (2).

---

(1) Nous faisons ici allusion aux crimes et délits de droit commun qui, pour être commis dans une réunion publique, n'en changent pas pour cela de nature. Ainsi le Trib. correct. de Paris a, le 10 avril 1883, condamné à 3 mois de prison un individu inculpé d'avoir porté des coups et blessures à trois personnes dans une réunion publique.

(2) Ces lois furent motivées, on s'en souvient, la première par des attaques de journaux à l'égard de certains représentants de puissances étrangères, et la seconde par l'attentat d'un anarchiste à la Chambre des Députés. — Cette dernière fait partie d'un

Les art. 23 à 37 constituent les quatre premiers paragraphes du chapitre IV de la loi sur la Presse.

CHAPITRE IV. — DES CRIMES ET DÉLITS COMMIS PAR LA VOIE DE LA PRESSE OU PAR TOUT AUTRE MOYEN DE PUBLICATION.

§ 1. — PROVOCATION AUX CRIMES ET DÉLITS.

Art. 23. « Seront punis comme complices d'une action qualifiée crime ou délit ceux qui, soit par des discours, cris ou menaces proférés dans des lieux ou réunions publics, soit par des écrits, des imprimés vendus ou distribués, mis en vente ou exposés dans des lieux ou réunions publics, soit par des placards ou affiches exposés aux regards du public, auront directement provoqué l'auteur ou les auteurs à commettre ladite action, si la provocation a été suivie d'effet.

« Cette disposition sera également applicable lorsque la provocation n'aura été suivie que d'une tentative de crime prévue par l'art. 2 du Code pénal. »

Nous donnons maintenant en regard l'un de l'autre les textes ancien et nouveau du § 1 de l'art. 24.

Art. 24 § 1.

ANCIEN TEXTE.	NOUVEAU TEXTE.
(Loi du 29 juillet 1881).	(Loi du 12 décembre 1893).
Ceux qui par les moyens énoncés en l'article précé-	Ceux qui, par l'un des moyens énoncés en l'article

ensemble de quatre lois contre l'anarchisme, auxquelles une certaine presse a donné le nom de *lois de décembre* (décembre 1893).

dent auront directement provoqué à commettre les crimes de meurtre, de pillage et d'incendie ou l'un des crimes contre le sûreté de l'État prévus par les articles 75 et suivants, jusques et y compris l'art. 101 du Code Pénal, seront punis, dans le cas où cette provocation n'aurait pas été suivie d'effet, de 3 mois à 2 ans d'emprisonnement et de 100 fr. à 3,000 fr. d'amende.

précédent, auront directement provoqué soit au vol, soit aux crimes de meurtre, de pillage et d'incendie, soit à l'un des crimes punis par l'art. 435 du Code Pénal, soit à l'un des crimes et délits contre la sûreté extérieure de l'État prévus par les articles 75 et suivants, jusques et y compris l'art. 85 du même Code, seront punis, dans le cas où cette provocation n'aurait pas été suivie d'effet, d'un an à 5 ans d'emprisonnement et de 100 fr. à 3,000 fr. d'amende.

Ceux qui, par les mêmes moyens auront directement provoqué à l'un des crimes contre la sûreté intérieure de l'État prévus par les articles 86 et suivants, jusques et y compris l'article 101 du Code pénal, seront punis des mêmes peines.

Seront punis de la même peine ceux qui, par l'un des moyens énoncés en l'art. 23, auront fait l'apologie des crimes de meurtre, de pillage, ou d'incendie, ou du vol ou de l'un des crimes prévus par l'article 435 du Code pénal.

Jurisprudence. — C'est en exécution de l'ancien texte

du § 1 de cet art. 24, que, le 26 avril 1883, la Cour d'Assises de l'Allier condamna deux inculpés à 6 mois d'emprisonnement pour excitation à la guerre civile dans trois réunions publiques, « attendu, porte l'arrêt, que toutefois ces provocations n'ont pas été suivies d'effet. »

Le § 2 de l'art. 24 n'a pas été modifié, on y lit :

« Tous cris ou chants séditieux proférés dans des lieux ou réunions publics seront punis d'un emprisonnement de 6 jours à un mois et d'une amende de 16 fr. à 500 fr. ou de l'une de ces deux peines seulement. »

L'art. 25, comme l'art. 24, a subi une modification de la loi du 12 déc. 1893. En voici les deux textes, ancien et nouveau.

Art. 25

ANCIEN TEXTE.	NOUVEAU TEXTE.
(Loi du 29 juillet 1881).	(Loi du 12 décembre 1893).
« Toute provocation par l'un des moyens énoncés en l'art. 23, adressée à des militaires des armées de terre ou de mer, dans le but de les détourner de leurs devoirs militaires et de l'obéissance qu'ils doivent à leurs chefs, dans tout ce qu'ils leur commandent pour l'exécution des lois et règlements militaires, sera punie d'un emprisonnement d'un à 6 mois et d'une amende de 16 à 100 fr.	« Toute provocation par l'un des moyens énoncés en l'art. 23, adressée à des militaires des armées de terre ou de mer, dans le but de les détourner de leurs devoirs militaires ou de l'obéissance qu'ils doivent à leurs chefs, dans tout ce qu'ils leurs commandent pour l'exécution des lois et règlements militaires, sera punie d'un emprisonnement de un à 5 ans et d'une amende de 100 a 3,000 fr.

(1) Gaz. des trib. 17 avr. et 1er mai 1883.

Nous avons dit que cette aggravation des pénalités contenues dans les art. 24 et 25 avait été motivée par l'agitation anarchiste et les récents attentats des adeptes de la prétendue théorie de la « propagande par le fait. »

C'est la même pensée de répression de l'anarchisme qui fit envoyer le 23 décembre suivant par le Garde des Sceaux, M. Antonin Dubost, aux Procureurs Généraux une circulaire destinée à servir de commentaire aux « Lois de décembre ». Nous y lisons notamment, en ce qui concerne les réunions publiques :

« Dans un intérêt d'ordre public qui n'est plus à démontrer, il importe que ces dispositions nouvelles soient appliquées toutes les fois que les infractions seront commises, et que dans ce but, de concert avec l'autorité administrative, vous exerciez la plus active surveillance notamment sur *certaines réunions publiques* qui sont devenues des foyers d'agitation et de désordre, où se produisent les excitations les plus coupables à commettre des crimes, et où la propagande par le fait est ouvertement conseillée.

« Vous n'omettrez pas non plus de faire constater et de poursuivre les provocations à des militaires dans le but de les détourner de leurs devoirs et de l'obéissance. Dans des cas semblables, réprimer c'est défendre la patrie. »

Enfin, avant de passer au commentaire d'autres dispositions pénales, le Ministre reconnaissait que « la loi du 29 juillet 1881 était impuissante à réprimer les excitations à commettre des crimes lorsque ces excitations se dissimulaient sous la forme d'une apologie...... »

Le ministre continuait en réclamant des procureurs généraux une répression à la fois prompte et énergique.

« Telles sont, Monsieur le Procureur général, les dispositions nouvelles que les Chambres ont introduites dans notre législation pour vous mettre en état de concourir, d'une manière efficace, à la défense des institutions et de l'ordre. Vous les appliquerez avec résolution. Aucune infraction ne devra demeurer impunie. »

Après avoir recommandé l'étroite solidarité des autorités administratives et judiciaires, M. Dubost ajoutait :

« Dans le cas d'urgence ou quand les infractions seront évidentes, vous n'hésiterez pas à prendre l'initiative des poursuites... Dans la plupart des cas, une prompte répression est seule véritablement utile. Vous veillerez, en conséquence, à ce que les poursuites soient toujours conduites avec la plus grandes célérité, et vous provoquerez des sessions extraordinaires d'assises toutes les fois que cela vous paraîtra nécessaire.

« Le Gouvernement, disait en terminant M. Antonin Dubost, espère que l'application énergique et persistante des lois nouvelles suffira pour mettre un terme à une propagante criminelle. »

La loi nouvelle, qui modifiait les art. 24 et 25 de la loi sur la presse, s'abstint au contraire de toucher aux pénalités édictées par elle contre les autres infractions qui peuvent se commettre dans une réunion publique c'est-à-dire les délits contre la chose publique (art. 26 et 28), contre les personnes (art. 29 à 35 inclus) enfin contre les chefs d'États et agents dipplomatiques étrangers (art. 36 et 37). Ajoutons cependant qu'en ce qui concerne ces derniers, la juridiction et le mode de pour suite ont été modifiés par la loi du 16 mars 1893.

Nous continuons à citer cette loi :

§ 2. — Délits contre la chose publique.

Art. 26. « L'offense au Président de la République par l'un des moyens énoncés dans l'article 23 et dans l'article 28 est punie d'un emprisonnement de trois mois à un an et d'une amende de cent francs à trois mille francs, ou de l'une de ces deux peines seulement.

Art. 28. « L'outrage aux bonnes mœurs commis par l'un des moyens énoncés en l'article 23 sera puni d'un emprisonnement d'un mois à deux ans et d'une amende de seize francs à deux mille francs....................

§ 3. — Délits contre les personnes.

Art. 29. « Toute allégation ou imputation d'un fait qui porte atteinte à l'honneur ou à la considération de la personne ou du corps auquel le fait est imputé est une diffamation.

« Toute expression outrageante, terme de mépris ou

invective qui ne renferme l'imputation d'aucun fait est une injure.

Art. 30. « La diffamation commise par l'un des moyens énoncés en l'article 23 et en l'article 28, envers les cours, les tribunaux, les armées de terre ou de mer, les corps constitués et les administrations publiques, sera punie d'un emprisonnement de huit jours à un an et d'une amende de cent francs à trois mille francs, ou de l'une de ces deux peines seulement.

Art. 31. « Sera puni de la même peine la diffamation commise par les mêmes moyens, à raison de leurs fonctions ou de leur qualité, envers un ou plusieurs membres du ministère, un ou plusieurs membres de l'une ou de l'autre Chambre, un fonctionnaire public, un dépositaire ou agent de l'autorité publique, un ministre de l'un des cultes salariés par l'État, un citoyen chargé d'un service ou d'un mandat public, temporaire ou permanent, un juré ou un témoin, à raison de sa déposition.

Art. 32. « La diffamation commise envers les particuliers par l'un des moyens énoncés en l'article 23 et en l'article 28 sera punie d'un emprisonnement de cinq jours à six mois et d'une amende de vingt-cinq francs, à deux mille francs ou de l'une de ces deux peines seulement.

Art. 33. « L'injure commise par les mêmes moyens envers les corps ou les personnes désignés par les articles 30 et 31 de la présente loi sera punie d'un emprisonnement de six jours à trois mois et d'une amende de dix-huit francs à cinq cents francs, ou de l'une de ces deux peines seulement.

‹ L'injure commise de la même manière envers les particuliers, lorsqu'elle n'aura pas été précédée de provocation, sera punie d'un emprisonnement de cinq jours à deux mois et d'une amende de seize francs à trois cents francs, ou de l'une de ces deux peines seulement.

« Si l'injure n'est pas publique, elle ne sera punie que de la peine prévue par l'article 471 du Code pénal. »

Art. 34. « Les articles 29, 30 et 31 ne seront applicables aux diffamations ou injures dirigées contre la mémoire des morts, que dans les cas où les auteurs de ces diffamations ou injures auraient eu l'intention de porter atteinte à l'honneur ou à la considération des héritiers vivants.

« Ceux-ci pourront toujours user du droit de réponse prévu par l'article 13. »

Art. 35. « La vérité du fait diffamatoire, mais seulement quand il est relatif aux fonctions, pourra être établie par les voies ordinaires, dans le cas d'imputations contre les corps constitués, les armées de terre ou de mer, les administrations publiques et contre toutes les personnes énumérées dans l'article 31.

« La vérité des imputations diffamatoires et injurieuses pourra être également établie contre les directeurs ou administrateurs de toute entreprise industrielle, commerciale ou financière, faisant publiquement appel à l'épargne ou au crédit.

« Dans les cas prévus aux deux paragraphes précédents,

la preuve contraire est réservée. Si la preuve du fait diffamatoire est rapportée, le prévenu sera renvoyé des fins
de la plainte,

« Dans toute autre circonstance et envers toute autre
personne non qualifiée, lorsque le fait imputé est l'objet
de poursuites commencées à la requête du ministère
public ou d'une plainte de la part du prévenu, il sera,
durant l'instruction qui devra avoir lieu, sursis à la
poursuite et au jugement du délit de diffamation. »

§ 4. — DÉLITS CONTRE LES CHEFS D'ÉTAT ET AGENTS DIPLOMATIQUES ÉTRANGERS.

Art. 36. « L'offense commise publiquement envers les
chefs d'État étrangers sera punie d'un emprisonnement
de trois mois à un an et d'une amende de cent francs à
trois mille francs, ou de l'une de ces deux peines seulement. »

Art. 37. « L'outrage commis publiquement envers les
ambassadeurs et ministres plénipotentiaires, envoyés,
chargés d'affaires ou autres agents diplomatiques accré-
dités près du Gouvernement de la République, sera puni
d'un emprisonnement de huit jours à un an et d'une
amende de cinquante francs à deux mille francs, ou de
l'une de ces deux peines seulement ».

Juridiction compétente et mode de procédure. — Les
détails de la répression des crimes et délits commis
dans les réunions publiques sont contenus dans le

chapitre V de la loi sur la Presse, intitulé : « Des poursuites et de la répression. » Nous ne pouvons, pour ces détails, que renvoyer au texte même de la loi du 29 juillet 1881, nous bornant à en extraire les articles qui se réfèrent à la juridiction compétente, aux circonstances atténuantes et à la prescription des actions.

Juridiction compétente. — Elle est indiquée dans l'art. 45 qui a été modifié par la loi du 16 mars 1893.

Voici en regard l'un de l'autre ces deux textes :

Art. 45

ANCIEN TEXTE	NOUVEAU TEXTE.
(Loi du 29 juillet 1881).	(Loi du 16 mars 1893).
Les crimes et délits prévus par la présente loi seront déférés à la Cour d'assises.	Les crimes et délits prévus par la présente loi sont déférés à la Cour d'assises.
Sont exceptés et déférés aux tribunaux de police correctionnelle les délits et infractions prévus par les articles... 32, 33 paragr. 2.. de la présente loi.	Sont exceptés et déférés aux tribunaux de police correctionnelle, les délits et infractions prévus par les articles... 32, 33 paragr. 2, 36, 37.. de la présente loi.
Sont encore exceptées et renvoyées devant les tribunaux de simple police les contraventions prévues par les articles... et 33, paragraphe 3 de la présente loi.	Sont encore exceptées et renvoyées devant les tribunaux de simple police les contraventions prévues par les articles.. et 33 paragraphe 3 de la présente loi.

Ajoutons, sans en donner le texte, que l'art. 60, relatif à la procédure, a subi une modification analogue de cette loi du 16 mars 1893.

Mentionnons encore, comme utiles à consulter, les articles 61 et 62 relatifs au pourvoi en Cassation ; 63, relatif à la récidive et au non-cumul des peines.

Circonstances atténuantes. — L'art. 64, qui leur est consacré est ainsi conçu :

Art. 64. « L'art. 463 du code pénal est applicable dans tous les cas prévus par la présente loi.

« Lorsqu'il y aura lieu de faire cette application, la peine prononcée ne pourra excéder la moitié de la peine édictée par la loi. »

Prescription des actions. — Elle est régie par l'art 65 :

Art. 65. « L'action publique et l'action civile résultant des crimes, délits et contraventions prévus par la présente loi se prescriront après 3 mois révolus, à compter du jour où ils auront été commis, ou du jour du dernier acte de poursuite, s'il en a été fait. » La fin de l'article a trait à des mesures transitoires.

II. Abrogation de certaines dispositions légales.

La législation actuelle sur les réunions proprement dites dont nous venons de terminer l'étude ne s'accordait pas, comme on a pu le voir, avec bien des dispositions du passé.

L'abrogation des dispositions contraires aux lois actuelles sur les réunions a été, en conséquence et suivant une coutume rationnelle, expressément formulée dans ces lois.

Comme le remarque, avec justesse, M. Petit, en

matière d'abrogation la formule à employer n'est jamais
sans importance. Il importe que sa rédaction soit bien
explicite et que sa clarté écarte tous les doutes sur le
point de savoir si tel ou tel texte ancien est ou n'est
plus en vigueur.

A ce point de vue, l'abrogation contenue dans la loi
de 1881, telle que l'avait d'abord votée la Chambre, le
15 mai 1880, n'était pas exempte de reproches. L'art. 12
de ce projet portait :

Art. 12 « Le décret du 28 juillet 1848, le décret du 25
mars 1852, la loi des 6-10 juin 1868 sont abrogés dans
leurs dispositions qui concernent le droit de réunion,
notamment dans le § 2 de l'art. 1er de la loi des 6-10
juin 1868 et dans le § 1er de l'art. 3 de la même loi. »

Comme on l'a fort bien remarqué, de cette rédaction
résultait d'une part que l'art. 13 du décret de 1848,
qu'avait maintenu le décret de 1852, allait être abrogé désormais ; et d'autre part que la Chambre semblait croire
que les dispositions de 1852 et de 1868 n'étaient pas en
entier consacrées au droit de réunion.

Aussi, d'après l'avis de sa Commission, le Sénat a-t-il
adopté et fait admettre par la Chambre la rédaction
actuelle, qui écarte tous les doutes, et que voici :

« Le décret du 28 juillet 1848 demeure abrogé, sauf
l'art. 13 qui interdit les sociétés secrètes ; sont également abrogés : le décret du 25 mars 1852, la loi des 6-10
juin 1868, et toutes dispositions contraires à la présente loi. »

D'autre part, la loi sur la Presse du 29 juillet 1881, bien qu'elle ne le dît pas en propres termes, abrogeait implicitement les dispositions contraires des lois antérieures relatives aux crimes et délits commis dans les réunions publiques.

La loi municipale du 5 avril 1884, dans son art. 168, abrogeait les dispositions des lois de 1790 et 1837 relatives à la police des réunions publiques. Enfin, la loi du 9 décembre 1884 abrogeait dans son art. 8 l'art. 16 de la loi du 2 août 1875, relatif aux réunions électorales sénatoriales.

III. Sphère d'application des lois relatives aux réunions publiques.

Les lois aujourd'hui en vigueur qui ont trait aux réunions publiques sont, en général, et d'après leur texte même, applicables tant à la France qu'à l'Algérie et aux autres colonies représentées au Parlement.

Cela résulte, pour la loi du 30 juin 1881, de son art. 13 et dernier, ainsi conçu :

« La présente loi est applicable aux colonies représentées au Parlement. »

Pour la loi sur la Presse du 29 juillet 1881, de son art. 69, où nous lisons :

« La présente loi est applicable à l'Algérie et aux colonies. »

Toutefois, n'est applicable qu'à l'Algérie et à 4 colonies qu'elle énumère, la loi du 9 décembre 1884, en vertu de son art. 2, in fine, qui nous dit :

« Les 3 départements de l'Algérie, les 4 colonies de la Martinique, de la Guadeloupe, de la Réunion et des Indes françaises élisent chacune un Sénateur. »

Enfin la loi municipale de 1884 n'est applicable, et encore sous les conditions énumérées par ses art. 164, 165 et 166, qu'à l'Algérie, à la Martinique, à la Guadeloupe et à la Réunion.

Nous avons ainsi terminée l'étude des réunions proprement dites.

CHAPITRE II

DES ATTROUPEMENTS

Les attroupements, c'est-à-dire les rassemblements tumultueux sur la voie publique qui sont de nature à faire craindre du trouble pour l'ordre et la tranquillité publics, sont aujourd'hui régis par les lois du 7 juin 1848 et du 22 juillet 1879.

Il y a lieu d'en distinguer les réunions séditieuses formées dans le but de commettre un des crimes énumérés par les articles 86, 87 et 91 du Code pénal, c'est-à-dire un attentat contre la vie du chef de l'État, ou ayant pour but de changer la forme du Gouvernement ou de provoquer la guerre civile. Ces réunions séditieuses sont alors soumises aux articles 97 à 101 inclus du Code pénal.

En conséquence, nous traiterons en deux paragraphes distincts :

1º Des attroupements proprement dits.

2º Des réunions séditieuses ayant pour but un crime contre la sûreté intérieure de l'État.

I. Attroupements proprement dits.

Ils sont toujours défendus, la loi interdisant (sauf autorisation spéciale) toute réunion, tout rassemblement, tenus sur la voie publique.

La loi, actuellement en vigueur, du 7 juin 1848, les divise en deux catégories, suivant qu'ils sont ou ne sont pas armés. Les premiers constituent un crime et les seconds seulement un délit : les sommations à faire varient suivant les cas.

La juridiction qui, d'après l'art. 10 de la loi de 1848 était toujours la Cour d'assises, est maintenant, depuis le décret du 25 février 1852, le tribunal correctionnel, pour les délits, et la Cour d'assises pour les crimes.

A l'exception de l'art. 10 et dernier, abrogé par l'art. 4 du décret de 1852 que nous venons de citer, la loi de 1848 est aujourd'hui encore entièrement en vigueur : en voici le texte :

Loi du 7 juin 1848 sur les attroupements.

Art. 1ᵉʳ. « Tout attroupement armé formé sur la voie publique est interdit. Est également interdit, sur la voie publique, tout attroupement non armé qui pourrait troubler la tranquillité publique.

Art. 2. « L'attroupement est armé : 1° quand plusieurs des individus qui le composent sont porteurs d'armes apparentes ou cachées ; 2° lorsqu'un seul de ces individus, porteur d'armes apparentes, n'est pas

immédiatement expulsé de l'attroupement par ceux-là
mêmes qui en font partie.

Art. 3. « Lorsqu'un attroupement, armé ou non
armé, se sera formé sur la voie publique, le maire ou
l'un de ses adjoints, et, à leur défaut, le commissaire
de police ou tout autre agent ou dépositaire de la force
publique et du pouvoir exécutif, portant l'écharpe
tricolore, se rendra sur le lieu de l'attroupement. —
Un roulement de tambour annoncera l'arrivée du magistrat. — Si l'attroupement est armé, le magistrat lui
fera sommation de se dissoudre et de se retirer. —
Cette sommation restant sans effet, une seconde sommation, précédée d'un roulement de tambour, sera faite
par le magistrat. — En cas de résistance, l'attroupement sera dissipé par la force. — Si l'attroupement
est sans armes, le magistrat, après le premier roulement, exhortera les citoyens à se disperser. S'ils
ne se dispersent pas, trois sommations seront successivement faites. — En cas de résistance, l'attroupement
sera dissipé par la force.

Art. 4. « Quiconque aura fait partie d'un rassemblement armé sera puni comme il suit : — Si l'attroupement s'est dissipé après la première sommation, et sans
avoir fait usage de ses armes, la peine sera d'un mois
à un an d'emprisonnement. Si l'attroupement est formé
pendant la nuit, la peine sera d'un an à trois ans
d'emprisonnement. — Néanmoins, il ne sera prononcé
aucune peine pour fait d'attroupement contre ceux qui,

en ayant fait partie sans être personnellement armés, se seront retirés sur la première sommation de l'autorité. — Si l'attroupement ne s'est dissipé qu'après la deuxième sommation, mais avant l'emploi de la force, et sans qu'il ait fait usage de ses armes, la peine sera de un à trois ans, et de deux à cinq ans, si l'attroupement s'est formé pendant la nuit. — Si l'attroupement ne s'est dissipé que devant la force, ou après avoir fait usage de ses armes, la peine sera de 5 à 10 ans de détention pour le premier cas, de 5 à 10 ans de réclusion dans le second cas. Si l'attroupement est formé la nuit, la peine sera la réclusion. — L'aggravation de peine résultant des circonstances prévues par la disposition du § 5 qui précède ne sera applicable aux individus non armés faisant partie d'un attroupement réputé armé dans le cas d'armes cachées, que lorsqu'ils auront eu connaissance de la présence dans l'attroupement de plusieurs personnes portant des armes cachées, sauf l'application des peines portées par les autres paragraphes du présent article. — Dans tous les cas prévus par les 3e, 4e et 5e paragraphes du présent article, les coupables condamnés à des peines de police correctionnelle, pourront être interdits pendant un an au moins et cinq ans au plus, de tout ou partie des droits mentionnés en l'art. 42 du Code pénal.

Art. 5. « Quiconque faisant partie d'un attroupement non armé, ne l'aura pas abandonné après le roulement de tambour précédant la deuxième sommation, sera puni d'un emprisonnement de quinze jours à six mois. — Si l'attroupement n'a pu être dissipé que par la force, la peine sera de six mois à deux ans.

Art. 6. « Toute provocation directe à un attroupement armé ou non armé, par des discours proférés publiquement, et par des écrits ou des imprimés affichés ou distribués, sera puni comme le crime et le délit, selon les distinctions ci-dessus établies. — Les imprimeurs, graveurs, lithographes, afficheurs et distributeurs seront punis comme complices quand ils auront agi sciemment. — Si la provocation faite par les moyens ci-dessus n'a pas été suivie d'effet, elle sera punie, s'il s'agit d'une provocation à un attroupement nocturne et armé, d'un emprisonnement de six mois à un an ; s'il s'agit d'un attroupement non armé, l'emprisonnement sera de un mois à trois mois.

Art. 7. « Les poursuites dirigées pour crime ou délit d'attroupement ne feront aucun obstacle à la poursuite pour crimes ou délits particuliers qui auraient été commis au milieu des attroupements.

Art. 8. « L'article 463 du Code Pénal est applicable aux crimes et délits prévus et punis par la présente loi.

Art. 9. « La mise en liberté provisoire pourra toujours être accordée avec ou sans caution. »

Une sorte d'appendice à ces dispositions sur les attroupements est contenue dans les art. 6, 7, 8 et 9 de la loi du 22 juillet 1879, relative au siège du Pouvoir Exécutif et des Chambres à Paris.

Art. 6. « Toute pétition à l'une ou à l'autre des Chambres ne peut être faite et présentée que par écrit. Il est interdit d'en apporter en personne ou à la barre.

Art. 7. « Toute infraction à l'article précédent, toute provocation par des discours proférés publiquement ou par des écrits ou imprimés, affichés ou distribués, à un rassemblement sur la voie publique, ayant pour objet la discussion, la rédaction ou l'apport aux Chambres ou à l'une d'elles, de pétitions, déclarations ou adresses, que la provocation ait été ou non suivie d'effet, sera punie des peines édictées par le paragraphe 1er de l'article 5 de la loi du 7 juin 1848 (1).

Art. 8. « Il n'est en rien dérogé, par les précédentes dispositions, à la loi du 7 juin 1848 sur les attroupements.

Art. 9. « L'article 463 du Code Pénal est applicable aux délits prévus par la présente loi. »

II. Réunions séditieuses ayant pour but un crime contre la sûreté intérieure de l'État.

Ces crimes contre la sûreté intérieure de l'État sont énumérés dans la section II du chap. I du titre premier du livre III du Code Pénal et consistent notamment dans : l'attentat contre la vie du chef de l'État ; l'attentat ayant pour but soit d'exciter la guerre civile, soit de

(1) Emprisonnement de 15 jours à 6 mois.

porter dans les communes la dévastation et le pillage.

Si ces crimes ont été commis par une bande ou réunion séditieuse, les peines encourues sont les suivantes, que nous trouvons énumérées aux articles 97 à 101 inclus du Code Pénal :

Art. 97. « Dans le cas où l'un ou plusieurs des crimes mentionnés aux articles 86, 87 et 91 (attentat contre la vie du chef de l'État, attentat ayant pour but de changer la forme du Gouvernement ou d'exciter la guerre civile) auront été exécutés ou seulement tentés par une bande, la peine de mort sera appliquée, sans distinction de grades, à tous les individus faisant partie de la bande et qui auront été saisis sur le lieu de la réunion séditieuse.

« Sera puni des mêmes peines, quoique non saisi sur le lieu, quiconque aura dirigé la sédition, ou aura exercé dans la bande un emploi ou commandement quelconque.

Art. 98. « Hors le cas où la réunion séditieuse aurait eu pour objet ou résultat l'un ou plusieurs crimes énoncés aux articles 86, 87 et 91, les individus faisant partie des bandes dont il est parlé ci-dessus, sans y exercer aucun commandement ni emploi, et qui auront été saisis sur les lieux, seront punis de la déportation.

Art. 99. « Ceux qui, connaissant le but et le caractères desdites bandes, leur auront, sans contrainte, fourni des logements, lieux de retraite ou de réunion, seront condamnés à la peine des travaux forcés à temps.

Art. 100. « Il ne sera prononcé aucune peine, pour le fait de sédition, contre ceux qui, ayant fait partie de ces bandes sans y exercer aucun commandement et sans y remplir aucun emploi ni fonctions, se seront retirés au premier avertissement des autorités civiles ou militaires, ou même depuis, lorsqu'ils n'auront été saisis que hors des lieux de la réunion séditieuse, sans opposer de résistance et sans armes. Ils ne seront punis, dans ces cas, que des crimes particuliers qu'ils auraient personnellement commis ; et néanmoins ils pourront être renvoyés, pour cinq ans, ou au plus jusqu'à dix, sous la surveillance spéciale de la haute police.

Art. 101. « Sont compris dans le mot armes, toutes machines, tous instruments ou ustensiles tranchants, perçants ou contondants.

« Les couteaux et ciseaux de poche, les cannes simples, ne seront réputés armes qu'autant qu'il en aura été fait usage pour tuer, blesser ou frapper. »

Avant de quitter cette matière des attroupements, il nous reste à signaler une question délicate qui peut s'élever à leur sujet.

Si nous supposons une réunion, paisible et dépourvue de tout caractère tumultueux ou agressif, se tenant sur la voie publique (1), il y a, semble-t-il, lieu de se demander si l'on se trouve simplement en face d'une infraction à la loi de 1881 (qui prohibe les réunions sur la

(1) Nous voyons ces sortes de réunions tolérées dans certains pays étrangers et notamment en Angleterre.

voie publique) ou au contraire d'un attroupement véritable.

La question est utile à trancher : dans le premier cas, l'infraction n'est en effet qu'une contravention, punie des peines de simple police ; dans le second, c'est un délit qui tombe sous le coup de la loi de 1848.

Pour résoudre cette question, une proposition de loi fut déposée le 16 fév. 1884 par M. Waldeck-Rousseau ; ce projet, qui portait formellement application de la loi de 1848 à ces sortes de réunions, n'a pas eu de seconde délibération.

Devant le silence actuel de la loi, nous croyons qu'il faudra faire une distinction entre les réunions inoffensives qui ne troublent pas la liberté de circulation, par exemple celles qui ont pour but des intérêts économiques ou industriels, ou de simples divertissements et des traditions, comme la « petite bourse du soir », les cortèges vulgairement appelés « monômes », les meetings en plein air, et, au contraire, celles qui pourraient présenter un danger pour l'ordre public : à ces dernières seules se ferait l'application de la loi de 1848 sur les attroupements.

CHAPITRE III

DE QUELQUES MATIÈRES CONTROVERSÉES

Nous avons, au début même de cette étude, en établissant la distinction de la réunion et de l'association, aperçu entre elles certains points de contact qui justifient la confusion qui s'établit parfois à leur égard.

On comprend ainsi qu'il puisse se présenter certains cas d'une nature assez délicate, où, moyennant seulement certaines modifications, on pourra se trouver tantôt en face d'une réunion et tantôt d'une association, quand il n'arrivera pas, quelquefois même, qu'on ait à la fois sous les yeux l'une et l'autre.

Dans le premier cas, nous aurons affaire à des *comités*, de nature et de nom variables, dans le second, aux *clubs*. Commençons par ces derniers.

DES CLUBS.

Nous ne reviendrons pas sur l'étude que nous avons faite, en commençant, de leur nature et de leurs carac-

tères. Bornons-nous à rappeler que ce sont essentiellement des associations,sur lesquelles viennent se greffer
des réunions publiques, des sociétés politiques dont les
membres discutent et délibèrent dans la forme des
assemblées législatives, en présence du public, c'est-à-
dire au milieu d'une réunion publique.

Les deux caractères association et réunion sont donc
assemblés dans le club, mais c'est inconstablement
l'association qui domine. C'est donc logiquement dans
une loi sur les associations que devraient figurer les
dispositions relatives au club.

Quoi qu'il en soit, et par excès de prudence, dans le
but de bien établir que la législation de 1848 sur les
clubs n'était pas remise en vigueur, et qu'ils restaient
toujours soumis à l'abrogation qui, pour eux, résulte de
la loi du 19 juin 1849 et des décrets des 6 juin 1850,
21 juin 1851 et 25 mars 1852, le législateur de 1881 a
introduit dans la loi sur la liberté de réunion un art. 7
qui porte :

« Les clubs demeurent interdits. »

Ajoutons que, contrairement à l'opinion de M. Constant, nous pensons que ces associations sont prohibées,
alors même que le nombre de leurs membres serait inférieur à 20 : de plus, le Gouvernement, pensons-nous,
ne pourrait dans aucun cas en autoriser l'existence. En
un mot, les clubs ne sont pas plus soumis aux lois sur
les associations qu'à celles qui régissent les réunions :
ils sont l'objet de dispositions spéciales contenues dans

la loi de 1849 et les décrets de 1850, 1851 et 1852 ainsi que dans l'article 7 de la loi de 1881 (1).

Terminons en ajoutant qu'il nous semble inutile de refaire ici l'historique des clubs depuis la Révolution, date de leur naissance. Nous avons étudié cette histoire en même temps que celle des réunions depuis 1789 : elle lui a toujours été étroitement liée, comme, du reste, celle des associations elles-mêmes.

COMITÉS DIVERS.

Comités de coalition et syndicats professionnels.

Quelques mots seulement à ce sujet. Jusqu'au vote de la loi du 21 mars 1884 qui a créé les *syndicats professionnels* et les a soumis, tout en y voyant des associations, à un régime spécial et de faveur, d'assez nombreuses controverses avaient pu s'élever sur le point de savoir si la loi impériale du 25 mai 1864, qui proclamait le *droit de coalition pacifique*, établissait pour ce droit un régime spécial, ou s'il restait soumis aux lois générales sur les associations et sur les réunions. La ques-

_____

(1) La rédaction actuelle de l'art. 7 a été substituée, comme plus claire, à celle du Gouvernement, admise par la Commission : « Toutes réunions publiques périodiques dans le but de traiter de matières politiques sont interdites.

« Toutefois, cette interdiction ne s'applique pas aux conférences. » Ajoutons enfin que l'art. 7 a été voté malgré l'opposition de biendes Députés et du rapporteur lui-même, qui ne le jugeaient à sa place que dans une loi sur les associations.

tion, qui, dès l'Empire, ne faisait déjà plus de doute pour
personne (Voy. Discours de M. Émile Ollivier, rapporteur de la loi. Moniteur du 15 mai 1864 ; — Arrêts de Cas.
du 22 fév. 1866 et de la Cour de Paris du 21 nov. 1867)
est aujourd'hui bien nettement tranchée.

Lorsque les coalisés entendront s'unir par un lien
durable et former une association professionnelle dans
le but de défendre leurs intérêts communs, c'est à une
association que nous aurons affaire, mais à une association d'un genre spécial, soumise à des règles différentes de celles qui régissent les associations en général ; lorsqu'au contraire les coalisés, par exemple en cas
de *grève* ou de *lock-out*, n'entendront s'assembler, se
réunir que passagèrement, sans s'engager dans des liens
permanents, c'est alors des réunions que nous aurons
devant nous et la législation applicable sera simplement
celle qui régit les réunions ordinaires.

La question est donc très simple : il y a-t-il ou non
un *syndicat professionnel* constitué? S'il y en a un, les
réunions seront soumises à la loi spéciale du 21 mars
1884 ; sinon, elles tombent sous le coup de la loi du
30 juin 1881, si toutefois elles sont publiques ; sont-elles
privées, elles sont entièrement libres.

Comités électoraux.

Les *comités électoraux*, c'est-à-dire les comités formés aux approches des élections dans le but de choisir

et de faire triompher certaines candidatures, peuvent, suivant les cas, être considérés comme des « réunions » ou comme des « associations », et soumis dès lors aux lois diverses qui régissent les unes ou les autres.

Si le comité n'est établi que pour la période électorale et n'étend son action qu'aux candidatures d'une circonscription ou d'un département, on s'accorde à n'y voir qu'une simple réunion.

Lorsqu'au contraire le comité s'affilie aux comités d'autres départements, dans un but d'action générale et permanente, il constitue alors une association, soumise, pour le cas où elle dépasse 20 personnes, aux dispositions générales sur les associations : et c'est naturel. Il présente alors en effet les deux caractères essentiels de toute association, l'affiliation et la permanence.

Cette théorie que chacun s'accorde à admettre aujourd'hui a successivement été établie et affirmée en 1834, lors de la discusion de la loi sur les associations, puis, sous l'Empire, à diverses reprises.

En 1834, lors de la discusion de la loi sur les associations, la Commission de la Chambre avait adopté un amendement portant que la loi n'était pas applicable aux « *réunions électorales* » (le mot de *comités électoraux* n'a jamais été légal) qui auraient lieu dans chaque département, après l'ordonnance de convocation du collège, à moins qu'il n'y ait affiliation avec d'autres départements. » Et le rapporteur de la loi, M. Martin, du Nord, disait dans le même sens : « Il faut aussi re-

connaître que si ces réunions s'affiliaient à d'autres
réunions, elles dégénéreraient en associations dont
l'existence légale serait subordonnée à la condition de
l'autorisation. » (Moniteur du 7 mars 1834). L'amendement cependant ne fut pas adopté, même pour sa première moitié dont un député, M. Legrand, demanda en
vain le maintien dans la loi.

Quoi qu'il en soit, la théorie était admise ; elle fut
consacrée par la jurisprudence sous l'Empire, à l'occasion d'une affaire célèbre, connue sous le nom de « Procès des Treize. »

Au mois de mars 1863, s'était constitué à Paris un
comité central dont l'action, s'étendant à toute la France,
avait pour but de l'unir aux comités électoraux de
province et d'étendre son influence sur tout le pays.
Les membres principaux de ce comité électoral furent
bientôt poursuivis comme faisant partie d'une association non autorisée de plus de 20 personnes ; ces membres poursuivis étaient au nombre de 13 (d'où le nom
donné à ce Procès). Ils furent condamnés, le 5 août
1864, par le tribunal de police correctionnelle de la Seine.
Ce jugement fut confirmé le 7 décembre suivant par
la Cour de Paris, puis le 11 février 1865 par la Cour de
Cassation. Les considérants de ces deux arrêts, dictés
par le même esprit juridique, sont à noter.

La Cour de Paris constatait « qu'un lien commun
existait entre tous ceux qui feraient acte d'adhésion à
l'œuvre concertée et poursuivie dans une communauté

dé sentiments et d'efforts ; que tous ces individus étaient rapprochés, non pas seulement parce qu'ils avaient appartenu comme électeurs à une même circonscription, et pour s'entendre sur le choix d'un candidat, mais par la volonté de s'unir, de se concerter, et d'agir dans un but déterminé et permanent, à savoir: le mouvement à imprimer au parti démocratique à l'occasion des élections ; qu'une réunion, ainsi constituée, et bien que dénommée : « Comité électoral et de consultation », présentait les caractères d'une véritable association ; qu'elle avait son siège social connu et publié, ses agents et sa caisse...... ; que l'objet principal et essentiel de l'association était non la consultation, mais l'action, et que son but était d'exercer la propagande la plus active et la plus large, non seulement à Paris, mais dans le pays tout entier...... ; que la permanence de la réunion incriminée, en présence des documents du procès, ne pouvait être contestée ; que ces documents, en effet, démontraient qu'il n'avait existé qu'un seul comité permanent, et non 3 comités distincts et isolés entre eux, comme quelques-uns des prévenus voulaient le prétendre ; qu'en outre, l'action exercée par ce comité n'avait pas été limitée aux périodes qui ont précédé soit les élections, soit les réélections, mais qu'elle s'était manifestée avant, pendant et après ces périodes, etc..... »

Enfin la Cour de Cassation, dans son arrêt rejetant le pourvoi des « Treize », établissait les principes en ces termes :

« Au fond, sur le moyen pris d'une fausse application et d'une violation des articles 291 et 292 du Code Pénal, 1, 2 et 3 de la loi du 10 avril 1834, et d'une violation
des principes sur lesquels repose le droit constitutionnel
français, en ce que l'arrêt, tout en reconnaissant que la
prétendue association dont il déclare l'existence était un
comité électoral qui ne s'est jamais occupé d'élections,
a néanmoins décidé que les dispositions des lois préci-
tées lui étaient applicables ; attendu que l'article 291 dispose en termes généraux, que nulle association de plus
de vingt personnes, dont le but sera de se réunir tous
les jours ou à certains jours marqués pour s'occuper
d'objets religieux, littéraires ou autres ne pourra se former qu'avec l'agrément du Gouvernement ; que l'article 292 punissait d'une amende de 16 à 200 francs les
chefs, directeurs et administrateurs de l'association : que
la loi du 10 avril 1834 a eu pour objet d'étendre l'application de ces articles et d'en fortifier la répression :
qu'il ressort de sa discussion que le législateur a voulu
comprendre et a réellement compris dans sa prohibition
toutes associations quelconques, sans en excepter celles
qui seraient formées en matière électorale : qu'en sup-
posant que le décret du 28 juillet 1848 eût apporté des
modifications à cette loi, le décret du 25 mars 1852 qui
en a prononcé l'abrogation et n'a maintenu que son article 13, aurait rétabli l'intégrité des articles 291 du
Code pénal, 1 et 2 de la loi de 10 avril 1834 ; attendu
d'ailleurs que le régime du suffrage universel ne porte

aucune atteinte au droit et au devoir du législateur de
pourvoir, avec la plénitude de son autorité, à la protection de l'ordre et de la paix publique, et de prendre dans
ce but, même sur le fonctionnement du suffrage universel, les mesures qu'il juge convenables ; — sur les 2e, 3e,
et 4e moyens du pourvoi, tirés de la violation des mêmes
articles et en outre de l'article 7 de la loi du 28 avril 1810,
en ce que la Cour impériale a considéré comme associées
un grand nombre de personnes vis-à-vis desquelles elle
n'a constaté ni permanence dans les actes, ni permanence
dans le but ; qu'enfin l'arrêt attaqué n'a pas constaté
suffisamment que l'association fût composée de plus de
vingt personnes ayant été poursuivies ou ayant été poursuivies ou ayant figuré à un titre quelconque dans la procédure, ou étant connues nominativement ou ayant été
personnellement désignées ; attendu qu'il est reconnu
et déclaré en fait, par l'arrêt dénoncé, que onze des demandeurs, Garnier-Pagès, Carnot, Dréo, Hérold, Hé-
risson, Clamageran, Floquet, Ferry, Durier, Corbon et
Jozon ont formé à Paris une association non autorisée,
ayant sa caisse spéciale, son siège connu et publié,
dans le but permanent de se rattacher les comités électoraux des départements et d'imprimer au parti démocratique, dans toute la France, le mouvement à l'occasion des élections générales alors prochaines, association qui a également exercé son action avec permanence :
que les deux autres demandeurs, Borg et Melsheim,
comme présidents des comités de Marseille et de Schles-

ta.lt, ont, au nom de leurs comités respectifs, sollicité
ou accepté le concours ou l'appui du comité central de
Paris et fait ainsi acte d'adhésion à ce comité ; que
l'arrêt déclare, en outre, que l'on doit ajouter à ces
treize associés, d'autres membres de l'association non
désignés personnellement, mais dont l'existence est
affirmée, qui élevaient le nombre des associés à un
chiffre bien supérieur à vingt-et-un ; attendu que si les
actes de coopération énoncés dans l'arrêt contre Borg et
M.dsheim et surtout à l'égard des comités et des autres
agents ou adhérents de l'association, pourraient paraî-
tre insuffisants pour établir contre eux les caractères
de l'affiliation, l'arrêt prend soin de reconnaître qu'on
ne peut, en effet, considérer comme étant de droit membres d'une association tous ceux qui en sont les auxi-
liaires, les correspondants ou qui lui fournissent une
cotisation, mais il ajoute immédiatement qu'il doit en être
autrement à l'égard de toute personne qui, avec une volonté libre et un concours intelligent, coopère au but et à
l'action de ce comité ; attendu que, de cette explication et
de la combinaison des diverses constatations de l'arrêt,
il résulte suffisamment que la cour impériale a reconnu
que Borg, Melsheim et les membres complémentaires
non dénommés ne sont considérés par elle comme affiliés à l'association que parce qu'ils ont eux-mêmes coo-
péré à son but et à son action avec une volonté libre et un
concours intelligent... attendu que, dans cet état de faits,
l'arrêt n'a point violé l'art. 7 de la loi du 20 avril 1810

et n'a fait d'ailleurs qu'une juste application de la loi du 10 avril 1834, en condamnant les demandeurs solidairement chacun à 500 fr. d'amende pour délit d'association illicite ; attendu enfin la régularité de l'arrêt, — rejette. »

Cette jurisprudence, défendue par l'un des ministres, M. Vuitry, à la tribune du Corps législatif a encore été affirmée par M. Chassaigne-Goyon, conseiller d'État, dans son exposé des motifs de la loi du 6 juin 1868.

« Il ne s'agit pas, disait-il, dans cette disposition de modifier la législation actuelle en ce qui touche les associations qui pourraient se former en vue des élections partielles ou générales des députés. Les règles qui régissent ces associations ont été exposées avec une remarquable netteté par M. le ministre présidant le Conseil d'État (M. Vuitry) et la jurisprudence de la Cour de Cassation les a formellement consacrées. Elles continueront à recevoir leur application, en ce sens que les comités électoraux présentant les caractères d'affiliation, de permanence et d'organisation qui constituent les associations illicites devront être préalablement autorisées.. »

Aucune disposition législative n'étant, depuis l'Empire, venue modifier cette théorie telle qu'elle résulte de tous ces documents (la question n'a même pas été agitée dans la discussion de la loi de 1881), il en résulte que, suivant les cas, qui sont aisés à distinguer, les comités électoraux devront être soumis aux dispositions qui régissent soit les associations, soit les réunions.

Ajoutons enfin, qu'en ce qui concerne les Comités électoraux assimilés aux associations, ils doivent, pour être soumis aux articles 291 à 294 du Code Pénal et à la loi du 10 avril 1834, nécessairement fonctionner au grand jour ; ceux, au contraire, dont l'action et l'organisation seraient clandestines, seraient régis par l'art. 13, encore en vigueur, du décret du 28 juillet 1848, article relatif aux sociétés secrètes.

Remarquons, en terminant, que les motifs qui ont fait diviser en deux catégories les *comités de coalition* et les *comités électoraux*, s'appliquent également, et pour les mêmes raisons, à tous autres comités quel qu'en soit le but.

Nous dirons donc que, lorsqu'un comité quelconque présentera les caractères de la permanence et de l'affiliation, il devra par là même être considéré et traité comme une association ; au cas contraire, comme une réunion.

APPENDICE

Nous venons de parcourir à grands traits la législation passée et la législation présente du Droit de réunion en France. Nous pensons qu'il n'est pas inutile
de donner maintenant, sur l'ensemble des dispositions
qui le régissent aujourd'hui chez nous, le jugement et
l'appréciation que l'usage a permis d'en déduire. En un
mot, la Liberté de réunion, telle que nous l'avons aujourd'hui, semble-t-elle bien appropriée à la nature
comme aux besoins de notre race ? L'avenir du droit de
réunion chez nous ne doit-il être que la continuation
pure et simple du présent ?

Impuissant à deviner les besoins nouveaux et inconnus que demain apportera peut-être avec lui, nous ferons cependant une réponse à cette question, mais une
double réponse. Oui, dirons-nous, en ce qui touche la
législation des réunions privées, et celle des attroupements ; non, au contraire, pour celle des réunions publiques.

On a dit et répété que la trop grande liberté engendra le plus souvent la licence. C'est, pensons-nous, ce qui
s'est produit chez nous dans le domaine de la liberté

de réunion, comme du reste aussi dans celui de la liberté de la presse.

Le droit de réunion aujourd'hui en France s'exerce, en ce qui concerne les réunions publiques, avec une liberté voisine de la licence.

De cette extrême liberté résultent des abus et des dangers sérieux pour la tranquillité publique. Le Gouvernement, n'ayant dans les mains que cet instrument émoussé qui s'appelle la loi de 1881 ne peut aucunement les *prévenir* et n'arrive qu'incomplètement à les *réprimer*.

Supposons que le Gouvernement reçoive aujourd'hui deux ou trois cents déclarations de réunions publiques, qui doivent se tenir le même jour, à la même heure, dans un même but d'attaque contre l'ordre de choses actuel. La loi de 1881 lui défend d'*interdire* ces réunions ; elle s'oppose même à ce qu'il les *ajourne*.

Le législateur de 1881 et celui de décembre 1893 ont-ils suffisamment comparé le fait de prévenir et celui de réprimer ? Le résultat leur a peut-être semblé le même. A nos yeux un monde les sépare. Quand un homme de désordre aura, dans une réunion publique, répandu pendant plusieurs heures à la tribune ses théories subversives, s'imagine-t-on qu'il suffira alors, pour réparer le mal, de le condamner à la prison ? Sa parole bien souvent aura semé dans son auditoire des germes destinés à porter leurs fruits. C'est à la racine et non dans ses branches qu'il faut atteindre le mal. *Prévenir*

plutôt que *réprimer*, voilà le vrai principe qui con-
vienne, pensons-nous, à notre société actuelle.

Or, non seulement il est impossible de prévenir les
dangers journaliers qu'engendre chez nous la liberté
de réunion, mais encore n'est-il qu'à moitié possible
de les réprimer. Le fonctionnaire délégué présent à
une réunion publique est à peu près désarmé
contre les délits de parole, les provocations de tout
genre et le tumulte dont il peut être le témoin.
*Si le bureau ne l'en requiert pas et si l'assistance
s'arrête juste au seuil des collisions et voies de fait*
le commissaire de police, représentant officiel du pouvoir, est réduit à regarder, impassible, le tumulte qui
l'entoure, se contentant de noter dans un procès-verbal
les éléments d'une poursuite tardive et peu efficace,
contre le bureau et les autres délinquants.

Les partisans de cet état de choses allèguent qu'on
s'habitue à ces scènes de désordre, qu'on en arrive à ne
plus prendre au sérieux les billevesées déversées par
les orateurs extrêmes. Ils ajoutent qu'une répression
immédiate serait inefficace et que la liberté absolue
dont jouit le droit de réunion est un obstacle à la création des sociétés secrètes, qui n'ont désormais plus de
raison d'être.

La vérité est que les partisans de cette doctrine se
gardent avec religion de pénétrer dans les réunions
publiques, et que les citoyens paisibles en ont peu à
peu désappris le chemin. Reconnaissons que c'est un

grand mal : la liberté de réunion, bien ménagée, peut,
par le juste groupement des activités individuelles,
produire des résultats féconds et variés.

Sans doute, comme le disait M. le Professeur Jalabert
à son cours, les réunions doivent être libres, mais seulement en tant qu'elles sont utiles à l'exercice des droits
politiques et à la discussion des intérêts généraux ;
elles doivent cesser de l'être quand ceux qui les composent oublient les motifs qui les rassemblent et font
du droit de réunion une menace pour l'ordre public.

Le pouvoir, qui représente la nation, a le droit et le
devoir de se défendre, quand il reste dans les limites
de la Constitution ; la répression qui n'est pas immédiate perd la moitié de son effet moral : aussi toute
réunion où les orateurs excitent les citoyens à des
crimes ou des délits, toute réunion tumultueuse, avant
même l'emploi des voies de fait, devrait être dissoute.

Pour nous résumer, nous souhaitons donc qu'une loi
prochaine vienne reconnaître au pouvoir le droit de
prévenir, en l'armant, tout au moins, du *droit d'ajournement* (l'*interdiction* est excessive, comme permettant
trop aisément les abus de pouvoir) et qu'elle y joigne un
droit de répression immédiat en cas de crimes ou de
délits commis dans une réunion, comme aussi en cas
de tumulte, en armant le fonctionnaire délégué d'un
droit de dissolution deux fois, au moins, plus étendu
que son droit actuel.

La liberté de réunion, ainsi modifiée, serait encore

très belle, d'une démarche plus vigoureuse et plus sûre.
Qu'on n'aille pas nous objecter les abus possibles du
pouvoir : il est contre eux une garantie infaillible, c'est
le principe même du Gouvernement parlementaire qui
n'est pas, Dieu merci, un inconnu pour nous, et qui s'appelle la responsabilité ministérielle !

TABLE DES MATIÈRES

TROISIÈME PARTIE

Législation actuelle du Droit de réunion en France

POSITIONS

———

DROIT PUBLIC

I. — Les signataires d'une déclaration de réunion publique peuvent n'en pas être les organisateurs.

II. — Les signatures de la déclaration n'ont pas besoin d'être légalisées.

III. — Les procès-verbaux du maire ou du fontionnaire délégué ne font foi que jusqu'à preuve contraire.

IV. — Les infractions à la loi de 1881 sont des contraventions ordinaires, entièrement régies comme telles par les art. 464, 465 et suivants du Code Pénal.

POSITIONS PRISES EN DEHORS DE LA THÈSE

—

DROIT ROMAIN

I. — Le donateur n'est jamais tenu de l'obligation de garantie.

II. — Lorsque, en matière de société, les parties n'ont pas précisé l'espèce de société qu'elles entendent former, on présume la société *omnium quœstuum*.

III. — Il ne peut y avoir de *plus petitio* dans les actions *incertæ*.

IV. — L'interdit *quorum bonorum* n'a trait qu'à la question de possession, sans toucher à la question de propriété.

DROIT CIVIL

I. — La reconnaissance des enfants naturels, faite par testament authentique, n'est pas révocable comme le testament lui-même.

II. — La reconnaissance d'un enfant naturel peut avoir lieu après sa mort et produit tous ses effets.

III. — Le divorce ne porte aucune atteinte aux liens de parenté et d'alliance créés par le mariage des époux divorcés.

IV. — En matière de gestion d'affaires, les intérêts des avances faites par le gérant ne lui sont dûs qu'à compter de la demande en justice, conformément au droit commun.

DROIT INTERNATIONAL PUBLIC

I. — L'acte de médiation n'a que la valeur d'un simple conseil à l'égard des parties en cause.

II. — Le blocus dit *pacifique* peut n'être établi que par une seule puissance.

III. — Le pavillon *couvre* la marchandise, mais ne la *confisque* pas.

IV. — Les céréales peuvent, dans certains cas, être considérées comme constituant de la *contrebande de guerre*.

Vu : le Président de la thèse

CHAVEGRIN.

Vu : le Doyen,

COLMET DE SANTERRE.

Vu et permis d'imprimer :

Le Vice-recteur de l'Académie de Paris,

GRÉARD

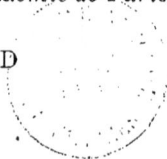

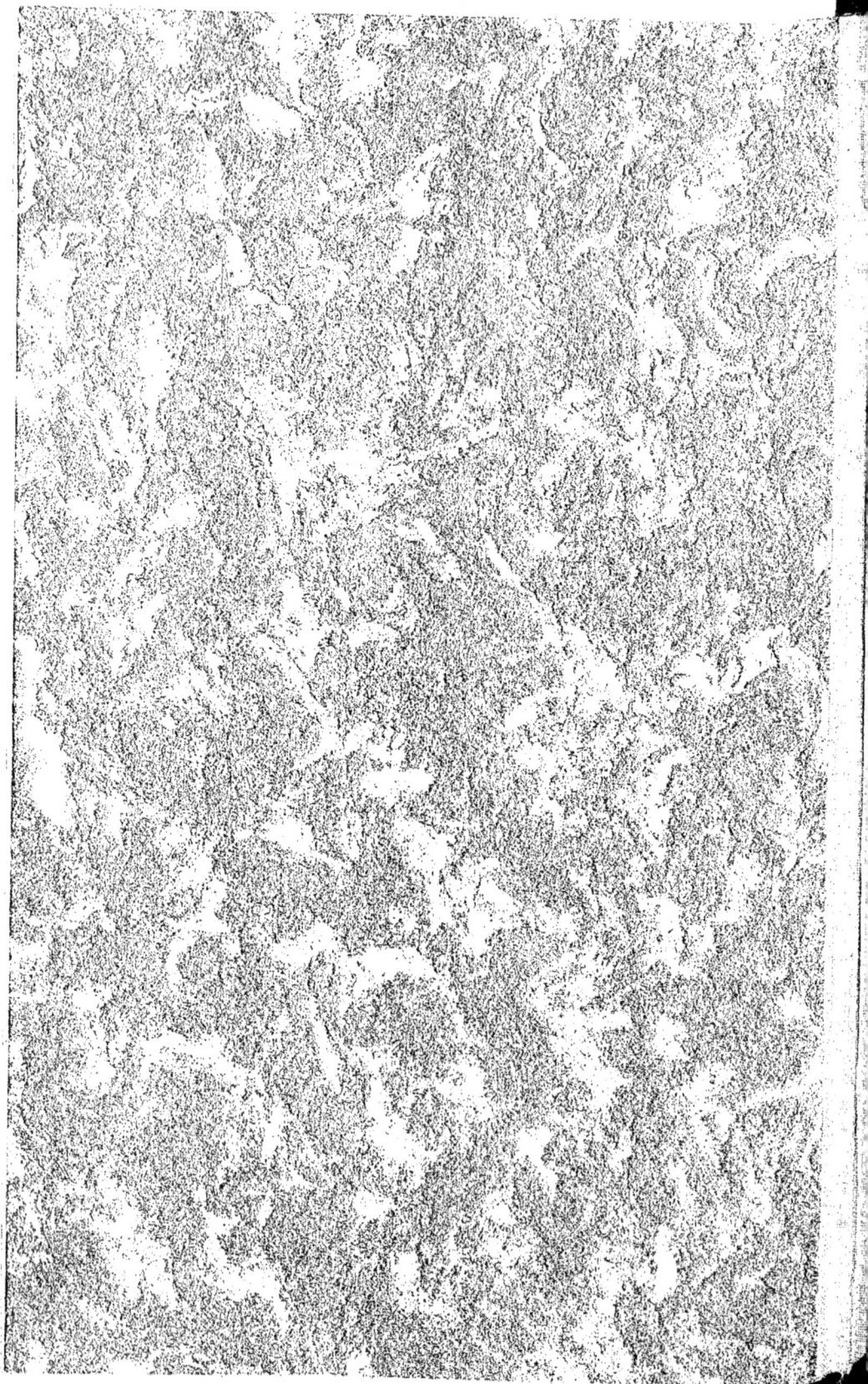

www.ingramcontent.com/pod-product-compliance
Lightning Source LLC
Chambersburg PA
BHW060523220326
599CB00022B/3402